GOBOOKS & SITAK GROUP©
U0540205

不要太努力愛一個只愛自己的人

五段真實諮商故事，看見自戀型愛情的真相，
學習辨識、修復與離開

邱雨薇——著

前言

你是否也經歷過這樣的「有毒」關係？

起初他看起來有自信且有魅力，對你十分熱情。你們總有說不完的話，有太多的相似處，讓你認定自己終於找到了那個「靈魂伴侶」。雖然你有時也會覺得這一切來得太突然，但是看到他的篤定和真誠，很快就把疑慮拋諸腦後。

可是過了不久，你逐漸意識到他似乎變了一個人。

他的態度變得拒絕、迴避和不耐煩。他對你和周圍的人冷嘲熱諷，時不時還疑神疑鬼。那些他曾經稱讚過的你的優點成了攻擊你的理由。他的這些改變讓你開始懷疑自己，可能太把重心放在感情上了，情緒敏感，缺少安全感。

一開始你覺得這只是你們關係中的小插曲，很快就會過去。你會幫對方找理由，心想：「他只是最近比較忙」、「他這兩天壓力比較大」、「他在感情裡曾受過傷」、「沒有一段關係是完美的」。同時，你希望透過自己的努力去化解兩人之間的矛盾。漸漸地，你發現自己無論多努力嘗試溝通，他好像總是聽不明白或者拒絕聽你在說什麼，更不想做出改變。

如果你堅持表達自己的立場和感受，他可能會突然情緒失控，對你和你周圍的人進行言語甚至肢體攻擊。他也可能會用冷漠、謊言和出軌等方式迴避問題。一旦你跟他對峙，他會把所有的責任推到你的身上，控訴你控制欲太強，或者乾脆一言不發。你的情緒一激動，他就會覺得你瘋了，心理有問題。因此，你會深深陷入自我責備的循環中，好像這一切會發生都是自己的錯。你想不通，如果不是自己的問題，當初如此善解人意的伴侶，如今怎麼會判若兩人呢？

於是，你在這段關係中變得小心翼翼，生怕不知不覺又犯了錯，觸發對方的情緒。出於羞恥和恐懼，你會疏遠周圍的人，選擇把自己孤立起來。或者，你積極地尋求幫助，希望透過心理諮商解決你們關係中的矛盾。遺憾的是，對方要嘛直接拒絕，要嘛在諮商師面前戴著一副「完美」的面具。他可能會誇誇其談自己在這段關係中的「付出」，也可能扮演受害者的角色控訴你的「情緒問題」，彷彿你就是一切問題所在。

你開始產生離開的念頭，但還是想盡最後的努力。當你竭盡全力想要修復這段關係，卻只換得對方的一句「你控制欲太強」；當你無數次流著淚跟他分享你的傷痛，卻只換得對方不耐煩的表情；當你為這段關係再次賭上僅剩不多的愛與信任，卻只換得對方再一次的欺騙。你突然意識到眼前的這個人冷酷傲慢、自私自利、謊話連篇，絲毫不把你的情緒和感受放在眼裡。面對衝突，他可能會暴怒，也有可能脆弱不堪，就是無法承擔起自己的責任。

相信離開這個人是你一生中做出的最艱難的選擇之一。每次當你終於下定決心，信誓旦旦地說要分手後，卻又忍不住回了頭。直到你已經被消耗到筋疲力盡，才可能會選擇斷掉這段關係，也可能會突然被對方分手。總之，你們的關係很難有一個妥善的告別。離開這個人後，你總是會有一種「不知道自己到底經歷了什麼」、「看不清對方是個什麼樣的人」的感覺，甚至午夜夢迴的時候還頗感遺憾，時常冒出「再努力一點是不是就會不一樣」的念頭。他可能會無縫銜接到下一段關係，開始在社交網路上展示自己的新生活，讓你感覺自己孤身一人在痛苦中徘徊。他也有可能釋放模棱兩可的訊號與你藕斷絲連，讓你無法擺脫他的陰影。

如果這個故事讓你覺得似曾相識，那你很可能遇到了一個「自戀伴侶」（narcissistic partner）。

目錄 CONTENTS

目錄 CONTENTS

第二章
為什麼你會被自戀伴侶吸引？

第三章
我從「有毒」關係中倖存

目錄 CONTENTS

序章

遇見靈魂伴侶後，我懷疑自己被情感操控

越自戀的人，內心越脆弱

「自戀」一詞源自希臘神話中的人物納西瑟斯（Narcissus），傳說他在湖邊休息時，在水中看到了自己的影子，越看越入迷，最後愛上了自己的倒影。

在日常生活中，當形容一個人自戀的時候，我們或多或少想傳達出一些積極的含義，比如說這個人很有自信，很相信自己的實力，非常知道自己想要什麼。

精神分析學家將「自戀」這一概念引入心理學領域，將自戀描述為一種以優越感和自我中心為特徵的人格模式，也就是自戀型人格（narcissistic personality）。

人格類似於心理的免疫系統，幫助我們應對外部的挑戰。心理成熟度越高的人，人格越穩定，越會採用有效的方式去應對關係中的衝突和矛盾。舉個例子，當一個人覺得自己被人誤解的時候，人格穩定的人會把自己不舒服和真實的想法表達出來，人格不穩定的人可能會使用發脾氣、迴避、討好的方式處理。

心理學家普遍認為人格是一種建構（construct）。一個人的人格建構由其屬性（attributes）、特質（qualities）和特徵（characteristics）來定義，人格結構有不同的種類，大家最熟知的就是內向型人格和外向型人格。

當我們說一個人是自戀型人格的時候，我們在形容這個人擁有一系列的特質，包括：缺乏同理心、有優越感、浮誇、傲慢、尋求認可和崇拜、有控制欲、以自我為中心以及容易情緒失控。[1]

另一個與之相似的人格類型（有時可以替換使用）是對抗型人格（antagonistic personality）。對抗型人格的人往往與他人格格不入，喜歡誇大自己的重要性，認為自己應該得到特殊的待遇，對他人缺乏同理心，對他人的需要和感受知之甚少，並且不顧他人的感受，利用他人去滿足自己的需要。[2]

可能會有讀者產生疑問：「我好像也喜歡別人認可和關注我，難道我是自戀型人格嗎？」

答案是：不一定。

按照從健康自戀到病態自戀（pathological narcissism）的心理狀態，心理學家用連續的光譜來衡量一個人的自戀程度。[3]

健康的自戀包括有相對穩定的自我價值感，並且對自己和他人的需要持一種慈悲、接納、尊重的態度。面對人際關係中的挑戰，自戀程度比較健康的人可能會有處理不當的時候，但是大多數情況下他們都能夠覺察反思自己，共情理解對方，嘗試溝通協商並滿足彼此的需要。

當說到不健康的自戀或者「病態自戀」的時候，我們在描繪一個人的內在太過於脆弱，以至於缺少對自己和他人情緒感受的覺察力。在人際交往中，這些人可能會覺得自己高人一等，不顧他人的感受，以滿足自己的需要為中心。[4]

當自戀程度發展到病態，並且導致嚴重的心理功能紊亂，為患者帶來困擾和痛苦時，自戀的人格特質會發展為自戀型人格障礙（narcissistic personality disorder, NPD）。

自戀的人，沒有愛的能力

精神分析學派創始人弗洛伊德（Sigmund Freud）曾說過：「有愛的能力的人是謙遜的。為了愛，他們已經讓渡了部分的自戀。」有愛的能力的人勢必要超越自我，去看到、聽到他人的需要和感受。

遺憾的是，我們處在一個自戀的時代。自戀已經成為這個時代的流行病，讓人變得「愛無能」。有研究顯示，如今二十歲左右的美國人中，將近五分之一呈現自戀特質。[5]隨著個人主義、物質主義在全球的流行以及網路、社交媒體的普及，自戀流行病已經蔓延到全球。

需要強調的是，自戀型人格和自戀型人格障礙是兩個截然不同的概念。人格意在描述一個人的行為模式。它不是診斷，也不是疾病。

自戀型人格障礙是一種臨床診斷的心理疾病。心理學界的權威診斷手冊《精神疾病診斷與統計手冊》第五版（DSM-5）將自戀型人格障礙定義為一種虛榮、需要讚美和缺乏同理心的普遍心理行為模式。自戀型人格障礙患者的典型症狀包括：脆弱的自我，對無限成功、完美愛情抱有不切實際的幻想，相信自己是獨特的，高人一等，剝削他人，嫉妒，傲慢，共情能力差等。[6]依據不同的測量標準，自戀型人格障礙的平均盛行率為一・二%～六・二%。[7]

在社交媒體上很多人會使用「自戀型人格障礙」或者「NPD」這類診斷性的詞彙，但診斷自戀型人格障礙需要有資質的心理學家或者精神科醫生，對患者進行長時間、系統性的觀察、評估、調查、走訪。而很多人沒有相關的專業背景和資質，當他們描述表現自戀特質的個體時，自戀型人格是一個比較適合的詞彙。

這種現象積極的一面是自戀這個議題受到越來越多的關注，而消極的一面是，這會削弱表達者的可信度，同時也會造成概念歧義。

比PUA更可怕的，是情感吸血鬼

之前提到，有自戀傾向的個體缺少共情和自我反思的能力，很難意識到自己的行為對他人造成的影響。當自戀傾向達到極端程度，病態自戀者因為以自我為中心、情緒不穩定，性格上敏感易怒，面對批評時他們會用蔑視、狂怒或挑釁的方式來應對，容易對人產生敵意，所以他們常常有人際關係問題，例如與同事、家人頻繁發生衝突。

特別是在親密關係中，病態自戀者表現出控制、攻擊傾向，情緒失控時可能會發生嚴重的暴力和虐待行為。長期處在這種關係中，他們的伴侶會出現焦慮、憂鬱的症狀。

尋求心理援助的人往往是被自戀型人格障礙者影響的人（伴侶、家人、朋友、工作夥伴），而障礙者自己由於缺少共情力和自我反思力，很難意識到自己的問題，基本上不會主動尋求幫助，進而不會被診斷和統計。很多資深的實務工作者認為自戀型人格障礙的實際比例會比診斷資料高很多。

出於同樣的原因，我沒有機會深入接觸到來訪者的自戀伴侶，但基於來訪者的身心體驗，我能夠描繪出他們伴侶的行為模式，從而做出人格方面的判斷。在這本書裡，我會使用「自戀伴侶」去指代來訪者所遇到的疑似展現出自戀型人格障礙的伴侶。

在一段關係開始時，自戀伴侶可能看起來很有魅力和禮貌，但隨著時間的推移，他們的行為會逐漸展示出具有操縱、支配和剝削性的一面。而後者才是他們人格真實的底色。這會讓受害者感到孤獨、無助、焦慮、憂鬱，總覺得自己做錯了什麼，失去了自我意識和邊界，難以做出自主的選擇，無法面對並離開自戀伴侶。

這幾年我所接手的情感諮商案例中，有超過一半都跟自戀伴侶和親密關係暴力有關，並呈現出愈演愈烈的趨勢。

越來越多的人在情感諮商過程中向我哭訴自己所經歷的傷害，這些受害者無時無刻不處在憂鬱、焦慮、懷疑、恐懼和悲痛之中，甚至遭受親密關係暴力和自戀型虐待（narcissistic abuse）。自戀型伴侶透過一系列的心理、情感、經濟和性等方面的虐待手段，企圖操控受害者，以獲得關注和認可，滿足膨脹的自我重要性。自戀型虐待也稱為自戀虐待症候群或自戀受害者症候群，在學術研究和臨床實踐裡是一個比較新的非醫學術語，並不為人所熟知。

有的人花了很多年甚至一生的時間試圖理解和證明發生在自己身上的事情，他們時常感慨：「我根本不瞭解這個人」、「我對自己的經歷一知半解」、「這段關係把我變成了一個自己討厭的人」，等等。我知道這不是簡單的「戀愛腦被PUA」或者「焦慮型人格遇到迴避型人格」的故事。他們的經歷是真實的，背後是有深層次的心理、社會、文化等原因。

在心理諮商中，自戀型人格障礙幾乎是一個無法被治療的禁區。因為這種人格難以改變，且在關係中呈現出極大的虐待性，被心理諮商師稱為「情感吸血鬼」。[8]

這本書的目的是想喚起大眾對自戀型伴侶的認識，幫助大家更能夠辨別和療癒親密關係暴力。我相信愛與被愛應該是一項基本人權。在任何一段關係中，沒有誰應該被攻擊，沒有人應該被不公平對待。

第一章

自戀型伴侶：一切都是你的錯

從事心理諮商的初期，我經常被問到的是：「你覺得我的伴侶是不是個自戀狂？」回答這個問題有一定的難度。

那麼自戀型人格的行為模式組成是什麼呢？臨床心理學家拉瑪尼．杜瓦蘇拉（Ramani Durvasula）博士提出的CRAVED模型，總結了自戀型人格常見的六種行為模式。CRAVED模型是由六種行為模式的首字母縮寫組成，包括：

1. C＝衝突性（Conflict）。自戀型人格的人往往是高衝突性的人，容易把人與人之間的不同視為攻擊的對象，極易跟他人起爭執，[1]比如：當你給對方善意的回饋時，他會立刻覺得你在指責他，並開始跟你爭辯是非。

2. R＝僵化（Rigidity）。僵化是指人格缺少變通性，以自己的標準作為唯一的標準，黑白分明，好勝心強。[2]

3. A＝對抗性（Antagonism）。對抗性跟衝突性聽起來有些類似，但是它更強調的是在人際關係中出現的「有毒」的行為動態，比如：煤氣燈效應（gaslighting）。[3]

4. V＝報復性／受害者／脆弱性（Vindictiveness/Victim/Vulnerability）。當說到一個人很自戀的時候，我們可能會覺得這個人起碼看起來會很有自信、很強大，其實不然。有相當一部分的自戀型人格者會透過扮演受害者，展現自己的脆弱，從而獲得他人的信任，繼而在關係中實施虐待行為。[4]這類自戀型人格也被稱為脆弱型自戀。

最常見的例子是，他們看起來可能是患有焦慮症、憂鬱症，但是傳統的抗焦慮和抗憂鬱的治療無法徹底消除他們內在病態的不安全感。這一種人群服藥後，從表面上來看，焦慮、憂鬱的情緒似乎有所緩解，但是他們總覺得周圍的人對不起自己，無法承擔起自己的責任。自戀型人格的人報復心也很強。當遇到不符合自己心意的事情，他們會銘記在心，再趁機打擊報復。即使事情過去很久，他們也會懷恨在心，絕不允許自己有任何利益的損失。

5. E＝特權感和剝削性（Entitlement/Exploitativeness）。特權感和剝削性是自戀型人格的顯著特徵。[5]他們認為自己是獨特的，需要特殊對待，漠視規則和法條，為了達成自己的目的不惜代價。即使沒有付出任何努力，他們也覺得自己需要得到貴賓等級的待遇。如果沒有得到，他們就會暴怒。總之，自戀型人格的人希望任何事情都按照他們的想法來。

6. D＝失控（Dysregulation）。自戀型人格的人在壓力的情況下（期待落空、被拒絕、被質疑），很容易在情緒、行為上失控，即刻就會把顯著的情緒宣洩出來，[6]比如：暴怒。可能上一秒兩個人還很甜蜜，下一秒一旦遇到不開心的事情，他的情緒就會爆發，瞬間判若兩人。

以上就是對自戀型人格行為模式的概述，希望能提供一個框架給大家去識別自戀型伴侶。需要注意的是，這些模式需要放在關係的互動中去判斷，而非從關係中單獨抓出來看。如果不瞭解前因後果，很容易會把受害者遭遇虐待後所產生的壓力反應視作自戀者的行為模式，這就是「反應性虐待」（reactive abuse）。這些壓力反應行為看起來跟自戀型虐待有很多相似之處，但是它們是遭受虐待的結果，而非實施虐待的原因。如果缺乏對於關係脈絡的梳理，把行為單獨抓出來看，很容易會把受害者視作自戀型伴侶。[7]我會在本章詳細跟大家論證反應性虐待是什麼以及其表現形式。

如果用一個詞去描述自戀型人格的話，那就是病態的不安全感。不安全感具體落實在不同個體身上表現各異。有些自戀型伴侶看起來自信滿滿，或者看起來文質彬彬，或者看起來內向謙和，或者看起來精力充沛。這些人乍聽起來都有截然不同的風格，但是內在核心是一致的。我會透過講述五種自戀型伴侶，包括：浮誇型、脆弱型、忽略型、惡性型和良性型，跟大家分享如何透過觀察對方的行為模式，識別自己是否處在一段自戀型虐待關係中。

1. 浮誇型自戀伴侶

蓓兒二十歲出頭，是個眼神很乾淨、說話柔聲細語的女孩。

「你好，我是蓓兒，來自廣州。這兩天一直在聽你的電臺，得到了療癒與陪伴。很高興認識你，我想跟你分享我和前任的故事，我覺得他是個『有毒』的人。

「我是一個典型的『乖乖牌』——從小品學兼優，多才多藝。父母希望我有一份穩定的工作，所以考大學的時候我選了家鄉一所頂尖師範大學的教育系。畢業後我成為當地知名小學的一名語文老師，是正式教師，工作穩定。周圍的人都說我內心很柔軟，像隻沒有刺的小綿羊。之前朋友還經常會對我說：『希望你未來的另一半是真的因為你的單純簡單喜歡你，而不是利用這一點傷害你。』

「沒想到真的被她們說中了。」蓓兒苦笑著說。

林家豪和蓓兒是同鄉。他比蓓兒大六歲，剛離開國營金融機構，準備接手他父親的房地產公司。

「我們是透過熟人介紹認識的。聽介紹人說，家豪不僅外表看起來陽光、有自信，還是個事業心強、情商高的『前』金融男。可是深入接觸後，我發現他很自大，目的性很強，不把任何人放在眼裡。他一直強調『我從不在乎外界的眼光』，但他其實很在乎外界怎麼看他。」感覺蓓兒一口氣把積壓在內心的很多真實想法告訴了我。

我聽到蓓兒認為家豪有言行不一的地方，這是一個很關鍵的線索。我繼續問下去：「聽起來好像對方有很多前後言行不一的地方，能夠詳細說一下這部分嗎？」

一見鍾情，可能是被愛情轟炸欺騙了

「他言行不一的例子太多了！我們剛認識的時候，他對我很用心，我覺得遇到了理想伴侶，還覺得自己很幸福，後來才發現他只關注自己。這種改變讓我覺得莫名其妙，懷疑是不是自己不夠好，或者做錯了什麼事情讓他對我的印象大打折扣。現在我還覺得混亂，時常搞不清到底是他的問題，還是我不夠好。」說到最後，蓓兒皺起了眉頭。

我問蓓兒：「你懷疑是自己不夠好，是什麼會讓你有這種感受呢？」

「我之前也談過戀愛，可是分手過後沒有感覺到這麼混亂的。本來想自己寫下來梳理，但是總覺得會陷入自我懷疑的漩渦中。我覺得自己應該尋找專業的幫助。我想把我們的故事從頭到尾講一遍，請你幫我從專業的角度看一看我到底經歷了什麼。」

蓓兒告訴我，認識家豪之前不久，她剛結束了一段親密關係，還沒有完全從分手的狀態中走出來。透過介紹人認識家豪後，他們一開始只是保持線上聯絡。蓓兒起初沒有太把家豪放在心上，但是家豪卻異常熱情，比如：從認識第一天開始就會像老朋友一樣拍照報備自己每天的行程；每天定時問候；他還跟蓓兒要八字，說他奶奶找了當地有名的「大師」算了一卦，兩個人八字很合。

我問蓓兒：「聽起來對方在關係的初期很『熱情』，那當時你的感受如何呢？」

「我隱隱覺得有點奇怪，就覺得你又不瞭解我，幹嘛對我這麼熱情？但我也沒有多想，反正就按照自己的節奏回覆對方的訊息，有時甚至會隔幾個小時。」

蓓兒接著說：「我們第一次見面是透過一場『相親局』。我第一眼見到家豪的時候，出於禮貌，對他微笑了一下，點點頭。席間我很少講話，都是在聽別人說。我對家豪的印象和熟人介紹的差不多，感覺他很優秀、有自信且有禮貌。」

飯局結束後到了家，家豪就開始傳訊息給蓓兒，關懷備至地問蓓兒沒怎麼吃東西是不是不合口味，並且約蓓兒第二天再一起吃飯。蓓兒出於禮貌答應了家豪的邀請後，他就開啟了火熱聊天的模式。兩人一開始還在聊共同感興趣的電影，但是家豪很快就把焦點轉移到了自己的身上，大說特說自己「風光」的工作經歷。家豪覺得打字聊得不夠盡興，乾脆打電話過去。蓓兒當時已經睏到哈欠連連，跟家豪說聊十分鐘就要去睡覺了，但是最後她足足聽家豪講了一個多小時，整個聊天話題都聚焦在家豪的身上。

「他的語氣聽起來就像一個興奮的小男孩，我都不好意思打斷他，就一直聽著。」

第二天吃飯的地點是一家私人餐廳。兩人剛進去的時候，家豪就跟服務生說認識這家店的老闆，跟服務生提出要「最棒的服務」。

吃飯過程中，大部分時間都是家豪在介紹他自己。其間他只打聽了蓓兒所在的學校，但還沒等蓓兒說太多，他很快就把話題又扯回自己身上，說自己跟蓓兒學校的校長和教育局的主管打過幾次照面，話裡話外似乎很熟絡的樣子。他又說自己在前公司是管理階層最年輕的，還跟蓓兒分享自己管束拿捏員工的經歷。然後他大談特談自己後來跳槽到父親的公司當主管，如何樹立威嚴，以及對未來的規劃和願景。家豪還說自己非常看不起那些「隨遇而安」的年輕人，他們只想為別人打一輩子的工，沒有眼界和想法，不求上進。

飯後，家豪又開車帶蓓兒去一家豪華飯店吃下午茶，說那是他們家一個有權有勢的遠房親戚開的。整個過程中，兩人都在聊家豪現在的工作。雖然家豪從來沒有出國留過學，但是言談中很愛夾雜英文，用蓓兒的話說，就是給人一種「超級有自信」、「我最棒」、「自信無限」的感覺。

我問蓓兒：「在這個過程中我沒有怎麼聽到你的想法和感受。」

「唉……」蓓兒嘆了一口氣，告訴我，「出於禮貌，整個交流過程中我在不斷地附和他，盡量保持微笑，時不時地還讚美他兩句，關鍵時刻還投以崇拜的眼光，說『好厲害』。現在想想覺得自己好傻好委屈喔，為什麼不打斷他呢？可是，他看起來既有自信又長得善良正派，是我的菜。我當時沒有介意那麼多。」

蓓兒覺得交往初期自己好像活在粉紅色的泡泡裡。

「第一次約會完後，我們的交往進度發展得非常快。他每天都約我，時刻跟我聊天，想要知道我在做什麼。我當時還跟我朋友說：『原來一個人喜歡你會非常明確地讓你知道，根本憋不住。』現在想起來覺得自己好傻。」蓓兒感嘆道。

我追問：「是什麼會讓你覺得自己『好傻』呢？」

「好像他並不是真的對我感興趣，而是希望我當一個『聽眾』，去證明他是一個多麼棒的人。現在想想，真的是太可怕了，我當時根本就沒有意識到。」

在戀愛初期，家豪表現出重複性的行為模式，即「特權感」。

特權感的一個表現形式是「我最重要」。在交流的過程中，家豪總是把焦點放在自己的工作履歷上，強調自己多麼年輕有為，取得了多少成就，還認識蓓兒學校的校長和教育局的主管，甚至把自己和那些「不求上進」的年輕人區分開來，突顯自己的與眾不同。即使言語中說非常關心蓓兒，但是家豪在交流過程中總是把焦點拉回自己身上，非常以自我為中心，對蓓兒的想法和感受缺少興趣。特權感的另一個表現形式是需要「特殊對待」。家豪在餐廳強調自己認識老闆，需要最棒的服務。自戀型伴侶會把自己的價值建立在外界的認可和期待上，所以他們希望自己被不一樣對待，甚至享受特殊待遇，這樣才能夠展現出自己的重要性。

有一天，家豪約蓓兒去海邊度假。蓓兒感覺到對方有很明顯的性暗示，比如，他把想要預訂的房間傳給蓓兒，都是單間的海景大床房，並有想要同床共枕的表達：「想要摟著你入睡，醒來第一件事就是要看到你。」蓓兒覺得自己還沒有準備好，委婉地拒絕了家豪的好意，希望兩個人能夠「慢慢來」。

當天晚上，兩人視訊聊天的過程中，蓓兒明顯感到家豪的心情不太好。蓓兒問他怎麼回事，家豪也不說。當蓓兒跟家豪分享自己的朋友哭著打電話告訴她甲狀腺癌的檢測結果時，家豪冷冷地說：「那有什麼辦法，哭也沒有用。」當蓓兒提到母親不太同意她單獨跟家豪去度假，自己不知如何是好時，家豪卻不耐煩地說：「你問我怎麼辦我怎麼知道，你媽又不是我媽。」

「就在當天我拒絕他的邀約後，他的態度就有了一百八十度大轉變。」

我跟蓓兒說：「他好像十分介意你的拒絕。你的感受如何呢？」

「是的！那個時候就覺得很奇怪，怎麼他的態度和以往很不一樣，變得很不耐煩。我的確有點委屈，但是也沒多想。現在想起來覺得滿氣憤的，沒按照他的要求，態度就有這麼大的轉變，憑什麼啊！」蓓兒繼續說道，「但是，第二天，他就邀請我去吃日本料理，一改前一晚冷淡的態度，恢復原先非常熱情的樣子。」

吃日本料理的過程中，家豪很急切地向蓓兒告白。他問蓓兒相不相信緣分，他說第一次見到蓓兒的時候就知道，她就是他一直在尋找的能共度一生的那個人。言談間，他的眼神看起來也十分誠懇且真摯。他說他最喜歡蓓兒的微笑，她的笑似乎能夠沖走自己心中的苦悶、煩躁和陰霾。家豪還告訴蓓兒，自己理想中的伴侶就是像她這樣簡單、善良、單純，隱隱之中總覺得對蓓兒有一種難以描述的熟悉感。他還特別強調，感覺蓓兒沒什麼閱歷，就想把她培養成「養成系女友」（「養成系」這一概念最早起源自日本，被運用於模擬養成類的電子遊戲中，指遊戲玩家可以透過設定遊戲角色的各種屬性，將角色培養成自己喜歡的樣子，此處的意思是培養伴侶使其成長）。

家豪還告訴蓓兒，他之前在親密關係中總是被動的一方，一直是女生用各種方法主動引起他的注意，但是他都不以為然，愛理不理。不論女方的身分、地位多麼顯耀，哪怕是有很多集團的大老闆想把女兒嫁給他，他只要不喜歡就直接走人。但是他說不知道為什麼他對蓓兒就十分有耐心，彷彿沒有辦法發脾氣，無論蓓兒說什麼他都很願意聽。包括，他從來不會幫女生拿包包、綁鞋帶、開車門等，但是遇到了蓓兒就覺得這一切都彷彿理所當然，他一點都不排斥。

「經歷了飯桌上的瘋狂示愛，隔天我就跟家豪去他在廣州的家了。那個時候我就覺得他已經這麼愛我了，話都說到那個地步了，不去不太好吧。」

我問蓓兒：「似乎對方很希望把你塑造成他期待的樣子。你聽了他的告白後，感覺如何呢？」

「現在回想起來，我覺得有點莫名其妙。但是當時他看起來非常真誠，容不得我分辨真偽，我頭腦一熱也就相信了，而且還很感動。」蓓兒說道，「之後家豪還不只一次跟我提及有哪些漂亮女生主動向他示好，包括性暗示。很多家世、職位顯赫的長輩還在搶著幫他介紹對象。這讓我非常疑惑不解，覺得自己很卑微，沒有安全感。」

當蓓兒拒絕家豪的邀約，他後續的處理方式是一種情感操控（emotional manipulation），屬於自戀型人格中對抗性行為的範疇。情感操控是指意圖在情感上利用、控制或影響某人以滿足自己的利益或欲望。[8]在自戀型虐待中，最常見的情感操控的技巧，包括煤氣燈效應、忽冷忽熱（push-pull）、三角測量（triangulation）、偽造未來（future-faking）等。[9]家豪使用的是忽冷忽熱和三角測量這兩種情感操控手段。

忽冷忽熱是指操控者對伴侶一會冷淡，一會熱情，讓伴侶失去對自己判斷力的信任，從而順從操控者的心意。這也就是「打個巴掌又給點甜頭」。蓓兒感受到，家豪提出要求一旦沒有得到回應和滿足，對她的態度一下子就變得極其冷漠——不僅對她朋友不幸的遭遇漠不關心，還對她的處境愛理不理，甚至會說一些落井下石的話。第二天，家豪一改前一晚的冷漠，開始不斷對蓓兒說情話，哄她開心。這讓蓓兒感到困惑，但她很快放下了警惕，順從了家豪的要求。

三角測量是試圖利用關係之外的第三方來操控他人，從而達成自己的目的。家豪表面上誇讚蓓兒，製造「萬人之中選擇了你」、「你很特別」的氛圍，其實背後一直在表達自己的喜好，即喜歡「簡單」、「善良」、「單純」的女孩，而且在刻意強調周圍有很多

「優質」的選擇對象，言下之意是：如果你不按照我的意思做，我就直接走人。這是利用自己的期待或者第三方製造不安全感，讓蓓兒服從自己的要求，符合情感操控的特徵。

情感操控難以在當下被覺察，是一個溫水煮青蛙的過程：可能從剛開始對日常生活選擇的無心評論，再到對你自我價值的打壓、交友的干涉、財產的控制，直到你完全被對方控制住，無法信任自己的判斷力和感受。在這個過程中，受害者如果不按照對方的要求做，往往就會有一種焦慮、愧疚和羞恥感，總是感覺自己「沒什麼選擇」、「要照著他的意思做」、「不好意思表達自己」。在蓓兒的表述中，她也提到一種「不去不太好」的為難情緒。

很多人在戀愛初期會把對方這種「操控」當成一種「愛」，覺得「因為她太愛我了，所以才時時刻刻查看我的手機」、「他對我太著迷了，所以才會對我有這麼多要求」，而忽略了這些強勢的行為背後可能是控制。這也是可以理解的。畢竟，我們都渴望獲得愛與關注。在健康的親密關係中，我們會選擇信任伴侶，但是自戀型伴侶會濫用這種信任，從對方身上獲取情感、金錢和性的價值，而很少在乎對方的感受。時過境遷，當把那些點點滴滴的記憶拼湊出來之後，受害者才會意識到自己原來一直在被對方操控，有一種「恍然大悟」的感覺。

愛我就是服從我

時間快轉到蓓兒跟著家豪到了海邊的度假飯店。家豪早已在飯店外的沙灘上準備了鮮花、禮物和香檳。這讓蓓兒感到很錯愕，但是也糊裡糊塗地接受了。於是，家豪馬上就要吻蓓兒。儘管蓓兒覺得感情還沒發展到那個程度，要接吻有些奇怪，但是她怕影響氣氛，也就沒拒絕。

「他之後說覺得我的反應沒有在他的預期內。他以為我會跟他合照，並開心得落淚。」

第二天，兩人就發生了性關係。

家豪不顧蓓兒的要求，沒有採取任何避孕措施。事後，蓓兒再次強調希望對方採取避孕措施，因為她一時還不想懷孕。家豪不僅沒有尊重蓓兒的要求，反而強調如果有了小孩，那「順其自然就好」、「都是緣分」。

「分手後，他竟然拿這個說嘴，埋怨我說當初我提出要採取避孕措施，是因為不夠愛他，心裡還有別人。」

我問蓓兒：「我聽到家豪並沒有回應你的需求，反而一直在強調自己的想法。你感受如何呢？」

蓓兒無奈地告訴我：「我覺得很羞恥，但也不敢和任何一個人說。畢竟，我沒告訴我爸媽我要跟他旅行這件事情，所以我不敢告訴他們他這樣對我。我的朋友們也不太能理解，大家都覺得我找到了一個很理想的對象，都要談婚論嫁了，所以這種小事無所謂。我的一個女性朋友還跟我說，男人都這樣，他想跟你生小孩，這是想對你負責的表現，叫我別多想。」

回到廣州後，蓓兒把和家豪旅行的事情一五一十地告訴了自己的父母。蓓兒的父親打電話給家豪，大意是想見一下他的父母討論年底結婚的事情。家豪嘴上雖然答應了，但是掛了電話就跟蓓兒抱怨：「你才二十多歲，為什麼你爸這麼急著要你結婚？我們兩個得自然而然相互吸引才行。」

「我當時其實不是很清楚他的意思，覺得為什麼之前給我的感覺是這輩子非你不娶，現在又說要慢慢相處？」蓓兒皺著眉頭跟我說，「現在想來他雖然嘴上說認定了我，但是當需要他面對具體的責任時，他的態度就有些迴避。」

「他真的不想負責任。」蓓兒低下了頭，長嘆一口氣，「家豪之前有一個交往六年後分手的女友。他說他當時想跟那個女孩結婚，但是因為女孩已經考上了家鄉的公職，女孩的父母不同意她辭去穩定的工作到廣州。家豪並沒有跟女孩一起解決遠距離戀愛的問題，而是說他給女孩半年時間自己考慮以及說服父母。半年時間一到，女孩依然迫於父母的壓力無法辭職陪伴家豪。家豪就單方面直接分手了。家豪的語氣十分決絕，彷彿在說一件發生在別人身上的事情一般。當然，他還連帶著用嫌棄的口氣說道，他的媽媽當時也嫌前女友太嬌氣、氣色不好，太瘦小，不適合生小孩。」

「我還滿心疼那個女孩的。我又問家豪如果父母反對我們在一起怎麼辦，他卻說：『那我也沒辦法，我又不知道該怎麼辦。』」

在自戀型虐待中，我經常會告訴來訪者：「不要聽對方說了什麼，要看對方做了什麼。」熱戀時期對方會說很多浪漫的話，做出山盟海誓的承諾，但是一旦涉及具體的事情，需要承擔責任、付出心力的時候，自戀型伴侶往往就會後退。這是一種情感操控的手段——偽造未來。

當熱戀的階段逐漸冷卻下去，自戀型伴侶在關係中的剝削性就會慢慢顯露出來。剝削性具體是指為了達到自己的目的會不擇手段，不顧伴侶的情緒和感受。無論是在性關係中不採取避孕措施，還是對結婚前後不一的態度，家豪都展現出不負責任的一面。在這個過程中，他刻意迴避了伴侶的需求，總是以自己的想法為主，沒有在關係中承擔起理解和溝通的責任，反而把責任推卸給了女方。家豪的這種模式不僅在跟蓓兒的關係中有所呈現，在跟前任的關係中也有發生。

之後的一段時間，用蓓兒的話說，家豪對自己「還不錯」。他出差的時候還是天天保持著視訊、電話不停報備。他還要求蓓兒每天自己做早午晚餐，然後傳照片給他。他像是一位「完美女友培訓師」。家豪不停地向蓓兒灌輸「女子無才便是德」以及要扶持丈夫、操持好家事、女生不需要有太強的事業心等觀念。

「他跟我說女生老得快，還是不要太辛苦。他周圍很多女性親戚朋友過了三十歲，身體機能就有斷崖式的下降，不好找對象也不好懷孕。他建議我別讀書了，打理好家事，有時間了到他的公司協助他做事就好。」

蓓兒真正開始感覺這段關係有點「不對」，是第一次跟家豪一家共同旅行。幾天相處下來，蓓兒感覺她心目中家豪一家人的「完美人設」徹底坍塌了。

第一次見面的時候，蓓兒覺得家豪家裡的氣氛非常好。家豪的媽媽看起來優雅知性，話語間都是對兒子的讚美，感覺家庭成員間充滿著愛。深入瞭解家豪的媽媽，蓓兒發現她是一個認同男尊女卑思想的家庭主婦。在相處過程中，家豪的媽媽一直告訴蓓兒要如何討好男人，懂得男人的需求。這讓蓓兒感到很不習慣。因為在蓓兒的家庭中，父母兩人地位比較平等，各自都有話語權。

蓓兒告訴我：「他媽媽對我過往比較優秀的經歷一點都不感興趣，總是在我面前強調他們家族的勢力多麼強大，每個人都有頭有臉。她的兒子有多麼優秀，滿臉驕傲自豪。她希望我能好好代替她伺候好她兒子，當男人在外打拚事業的時候，女人應該操持好大小家務等，滿腦子這種封建思想。她還幫我『規劃』未來，希望我多生小孩，最好湊滿六個，因為六六大順。」

蓓兒後來跟家豪抱怨他媽媽控制欲有點強，沒想到家豪卻覺得是蓓兒不夠「懂事」，對蓓兒非常「失望」。家豪非常認同媽媽的思想觀念，覺得自己的媽媽「不是普通的女人」、「樣樣精通」，希望蓓兒向他媽媽學習，比如：他媽媽會為丈夫準備第二天穿的衣服，搭配三到四套，觀察他喜歡什麼樣的款式然後記下來；她在工作方面很努力，能夠協助他爸爸管理人事方面的業務（我會在第二章詳細講述和分析家豪與母親之間的情感糾纏）。

「我聽到家豪和他媽媽對待你的模式有很多相似之處。」我回應道。

「是的，我現在才意識到他和他的媽媽控制欲都很強……之前還一度覺得是我不夠『聽話』、『努力』，現在看來，我覺得在他們眼裡，我就是一個高攀他們家，被他兒子看上的『傻白甜』吧。」蓓兒無奈地說，「之後他的控制欲就越來越明顯，比方說，他叫我不要化妝，不要經常染頭髮、做美甲，不要打耳洞。他喜歡樸素的女生，覺得染髮不好看，美甲太輕浮。他說他的媽媽也是這種習慣。他說他喜歡他媽媽那樣的樸素端莊的女生，這樣對老公運勢好。那一刻我就感覺，他並不是真的喜歡我，他只想把我改造成他喜歡的樣子。」

家豪對蓓兒的情感控制和剝削性慢慢展現出來：從一開始兩個人交往聊天中的以自我為中心，再到對蓓兒身體邊界的侵犯、推卸責任，然後是對蓓兒的個人發展開始干涉，目的是滿足自己的利益，而幾乎完全沒有顧及蓓兒的想法和感受。很多來訪者告訴我，自己被自戀型伴侶當成「免費勞動力」使用，似乎對方要榨乾自己一切可利用的價值。但是，無論自己多努力，似乎對方都不會因此而滿意，反而會提出更多的要求，覺得這一切都是理所當然，像一個無底洞一樣消耗著自己的精力。

同時，蓓兒講述，家豪和他的家人認為女性就一定要相夫教子，男性要在外打拚。當蓓兒提出不同的想法時，家豪選擇的是打壓她的感受（「不懂事」），想要蓓兒按照自己家裡的想法來（「向我媽學習」）。每個人因為出生環境不同，有著不同的觀念。當自己和伴侶的觀念發生衝突的時候，如何處理得更好，就展現了一個人人格的成熟度。自戀型伴侶因為自我太脆弱，總是會有僵化的價值觀，以自己的標準論對錯，很難站在對方的立場上去想問題。所以，面對不同的觀點，自戀型伴侶往往會採用攻擊性較強的方式去應對，企圖讓伴侶按照自己的意思來。思維僵化也是自戀型人格的組成部分之一。

斷崖式分手：前一天談婚論嫁，後一天消失斷聯

「我想，如果當我感到不對勁的時候就當機立斷，之後也就不會出現這麼多狗血的劇情和痛苦了吧？」蓓兒眼眶有些濕潤，略顯悔恨地說道，「可是還沒等我反應過來，就已經被拋棄了。」

蓓兒和家豪的分手突如其來。

分手前一個星期，蓓兒已經感覺家豪不再那麼頻繁地回自己的訊息。每晚固定的通話，他也以「工作忙」、「見客戶」為由拒絕。有一天，蓓兒主動問詢家豪最近是不是有煩心事，感覺他有點冷淡，她卻突然收到家豪的一封簡訊，寫道：「你是一個很優秀的女生，但是我是一個對自己要求極為嚴格的人。經過這段時間的相處我認為我們各方面都不太適合。祝你找到更適合的另一半。」

那一刻蓓兒感覺天都塌下來了，不知道自己做了什麼會突然「被分手」。

蓓兒回覆家豪說想跟他講電話，具體聊聊分手的原因是什麼，為什麼會覺得「各方面都不適合」。家豪回蓓兒訊息，說他在外面出差，忙完了再打給蓓兒。結果一直到第二天傍晚，蓓兒都沒有家豪的消息。

因為兩家已經到了談婚論嫁的程度了，當蓓兒把「被分手」的消息告訴父親後，父親非常生氣，就打電話給家豪，希望他回個電話給女兒，告訴她分手的原因。據蓓兒回憶，蓓兒的父親在電話中語氣雖然有點著急，但話語中沒有任何謾罵和指責。

幾天之後，家豪才回了電話給蓓兒。他列出了蓓兒和她家人的三大「罪狀」。蓓兒說家豪通話全程態度冷漠，說到關鍵還十分憤怒，對蓓兒大吼大叫。大致內容是：

第一，自己不被關心。他認為蓓兒不懂得分寸，且十分自私，不尊重他的工作，在他十分繁忙的時候卻還在糾纏分手理由。他對蓓兒父親打電話給他的事情還耿耿於懷。家豪不明白明明是兩個人在談戀愛，為什麼會是蓓兒的父親打電話來質問他。整個過程中，家豪覺得蓓兒的父親在偏袒自己的女兒。家豪憤怒地告訴蓓兒：「他以為他是誰啊，竟然用這樣的態度跟我說話。你們家的人就是這麼以自我為中心，你也一樣，這種觀念你最好改改，我是為你好。」

第二，自己不受尊重。家豪控訴蓓兒沒有使用自己特地給她買的第一份禮物——保養品組，而是仍舊用她自己原先的保養品，這是對他不尊重。他還控訴蓓兒沒有好好保存他送的名牌包，而是隨意扔在一邊。自己幫蓓兒做的飯菜，蓓兒也沒有全部吃掉。

蓓兒委屈地告訴我：自己習慣保養品用完一組再開新的一組；名牌包掛在衣架上也沒有隨便亂丟；家豪那天為她一個人煮了三人份的麵，她實在吃不下。她並不覺得這些是不尊重他的表現。

第三，對生活現狀不滿。家豪覺得和蓓兒在一起很平淡，不浪漫，彼此生活習慣也不同。用他的話來說：「從一開始跟你在一起我就很難受，感覺我們認知水準不在同一個層次上。我見過更多世面，更成熟，相比起來你差多了。但是我一直在磨合，努力磨合。我很珍惜我們在一起的時間，我問心無愧。」

最後他說，他發現沒辦法跟蓓兒深入交流，總是自己說得多，蓓兒卻沒什麼表達。自己為了讓蓓兒變得更好，建議她做一系列的事情，比如：健身、人生規劃，結果反倒成了自己的負擔。他覺得蓓兒把自己都快拖到深淵了，感覺身心疲憊，唯一能做的是把蓓兒「扔掉」。

蓓兒聽了家豪說出的這一番話，頓時滿肚子火。蓓兒質問他：「你不覺得這麼做很傷人嗎？」結果換來的只是他冷冷的一句：「如果不及時止損，我就會繼續被你傷害。」

家豪這種突然的轉變雖然聽起來讓人毫無頭緒，但是在自戀型虐待關係中並不少見。這種從一開始覺得遇到了「真愛」，到之後的虐待打壓，再到最後的拋棄，這是自戀型虐待關係中的經典模式。我之後在第二章會具體跟大家分享自戀型虐待的循環。

在分手的過程中蓓兒聽到，家豪一直在指責她和她家人的「罪狀」，對自己的責任沒有任何的反思，還把自己的價值觀強加在她的身上，對她一家人指指點點，完全不在乎她的感受。在這個過程中，他情緒還很失控，責怪蓓兒的父親，還對蓓兒大吼大叫，很容易暴怒，一改自己往日「情商高」的一面。

家豪在與蓓兒相處的這段關係中，前後不一致的地方非常明顯。從一開始把蓓兒當成「夢中情人」，用各種浮誇的手段博得芳心，到後來控制打壓，最後只用簡訊的方式分手。

家豪在這段關係中的表現基本符合自戀型人格的六類行為模式，包括：

1. 高衝突性：在分手的時候，家豪要嘛就迴避蓓兒的請求，要嘛就攻擊蓓兒和她的家人，無法妥善地解決分歧。

2. 理念僵化：家豪以自己的價值取向作為是非對錯的唯一標準，缺少對於蓓兒想法的尊重和理解。

3. 對抗性強：在這段關係的中期，面對蓓兒的拒絕，家豪使用了情感操控的手段，包括忽冷忽熱、三角測量、偽造未來，讓蓓兒失去對自己情緒和感受的判斷力，從而順從家豪的想法；不到半年的時間，到分手時轉變為冷漠無情，家豪有意地操控情感，滿足他的需要。一旦對蓓兒不感興趣，家豪的共情能力就會消失。

4. 扮演受害者：從家豪跟蓓兒分手的方式、態度和理由來看，家豪缺少自我反思的能力，把分手的責任全部推卸給蓓兒和她的家人，認為都是蓓兒一家人的錯，這是典型的扮演受害者的手段，也是自戀型伴侶常見的一種行為模式。家豪透過證明自己是那個受害者，從而站在道德的制高點，指責蓓兒和家人種種對不起自己的地方，而且不顧對方的情緒，處理得十分草率，這是不負責任的表現。

5. 特權感和剝削性：家豪在關係中總覺得自己的想法和需要是最重要的，需要被特殊對待和持續性地被認可，沒有承擔起與伴侶溝通的責任。他希望蓓兒未來的選擇完全以他的利益為中心，而忽略蓓兒的想法和感受。

6. 情緒失控：面對蓓兒的質疑，家豪會變得暴怒，無法情緒穩定地處理異議。

浮誇型自戀伴侶的特點是在關係的初期看起來自信健談、風趣幽默，對伴侶讚賞有加、關懷備至，但是一旦伴侶信任自己後，他就會變得極度以自我為中心，虐待性的一面就逐漸展現出來。浮誇型自戀伴侶最大的特點就是控制欲強，善於使用情感操控的手段去處理親密關係中所產生的衝突，缺少對伴侶深度的共情和理解。[10]

我對蓓兒說：「基於家豪的行為模式可以推斷出，對方很可能是個浮誇型自戀者（grandiose narcissist）。這種人表面上看起來有自信、能力強，但其實內心很脆弱，總是以自我為中心，缺少對自己的覺察和反思。這並不是你的錯，蓓兒，你很可能在不知情的情況下遇到了一個自戀型伴侶。」

「我現在終於明白為什麼自己會這麼混亂了，原來是被控制的結果。雖然心裡大概知道對方是個什麼樣的人，但聽完了你的分析之後還是有點委屈地想哭……」蓓兒頓了頓，有些哽咽，「不過，認清了現實讓我感到有一部分的遺憾放下了，謝謝你信任我。」

2. 脆弱型自戀伴侶

如果說蓓兒遇到的浮誇型自戀伴侶所表現出的行為模式比較容易識別，那麼小艾遇到的自戀型伴侶所表現出的行為模式更隱性。因為她很可能遇到了一個脆弱型自戀者（vulnerable narcissist）。

小艾在上海出生、長大。她的父母是生意人，家庭條件優渥。

小艾從小就很努力上進，是那種「別人家的小孩」。

父母希望她有更好的眼界和發展，高中時就把她送到美國讀書。她在大學主修金融，目前在美國西雅圖從事金融產品的銷售工作。

小艾留著過肩長髮，戴著黑框眼鏡，說話語速很快。她給我留下的第一印象是一個真誠、直率的女孩。

她一出現就開門見山地說：「我之前因為跟男朋友的問題找了好幾個諮商師，但感覺都沒有觸及核心的問題。直到我聽了你發布的有關自戀型伴侶的Podcast，我開始懷疑自己遇到了一個『有毒』伴侶，但不太確定……」小艾猶豫了一下，接著說：「我現在鼓起勇氣想要和男友分手，卻一直被對方糾纏，不知道該怎麼辦。」

我問小艾：「具體發生了什麼事情讓你感到無法跟他分手呢？」

「我三天前已經提出了分手，對方如我所料不能接受，但是我不會動搖的。我懷疑他對我進行情感控制，我又非常心軟，所以就再一次陷入了我想分手但對方拒絕的境地裡。我們目前住在我的房子裡，他昨天大半夜進我房間躺在我的床上不肯走，我們僵持了半個多小時。他指責我單方面提出分手是不負責的表現，說我這樣什麼關係都不會經營成功。雖然我知道他都在胡扯，只是想讓我感到愧疚從而控制我，但我心裡還是有點難受和自責。」小艾快速地把目前的狀況告訴了我，「如果你能夠幫助我分析確定一下對方到底是個什麼樣的人，可能會讓我能夠更妥善地跟他分手。」

我回覆小艾：「聽起來這的確是一個艱難的處境。你說對方展現出了控制性的行為，不過因為不知道這些行為具體是指什麼以及如何形成的，所以我需要瞭解更多的背景資訊，才能做出判斷。那你覺得從哪開始講比較好呢？」

「那我就從我們怎麼認識，以及我到底經歷了什麼說起吧。」

共情能力越強，越容易被操控

遇到丹之前，小艾有過兩段不太愉快的戀愛經歷。即便如此，她仍對愛情抱有憧憬，認為愛能夠戰勝一切，她是個真愛至上的人。

她和丹在社交App上相識。丹是一個土生土長的美國人。

一想到剛和丹認識的那段時間，小艾就忍不住感嘆：「丹就是我小時候讀到的童話中白馬王子的形象——金髮碧眼，溫文爾雅，有一點靦腆害羞，無論是長相還是價值觀都符合我對理想伴侶的想像。

「我們的愛好也很相近。他跟我一樣都喜歡寫作。第一次見面，他從外套中把自己隨身的筆記本拿出來，隨時隨地記錄。這一點對我來說很加分，因為我平時也很喜歡寫日記。我們還發現彼此都曾轉過行。我本科讀的是金融，在銀行工作了一段時間感覺不是自己想要的生活，之後轉行學了法餐，做了一段時間廚師。他也從文學院退學轉行到餐飲業。我們還有共同認識的朋友，覺得很有緣。」

幾次約會過後，兩人的感情迅速升溫。

兩個月後，正值感恩節，丹就邀請小艾到自己家裡一起過節，把小艾以女朋友的身分正式介紹給了自己的家人。

「丹的爸爸是個大學教授。他的兄弟姐妹們也都有穩定的工作，很早就結婚生子，一家人看起來其樂融融。整個聚會過程中丹一直在照顧我的感受，時不時地就會問我覺得如何，非常貼心。這讓我覺得這個人滿可靠的。

「之後過耶誕節、新年，他都把我帶到了他家，或者見他的好朋友。在跨年那天晚上，他還告訴我，自己讀書的時候遇到了很多不好的人和事，包括高中的時候因為家裡窮被其他同學霸凌，大學沒錢繳學費因此退學在餐廳打工，為了討好朋友們被迫學會了打架、抽菸。現在遇到一個可靠的人真的不簡單，他非常珍惜我們之間的關係。」

說到這裡，小艾言語中流露出了一種感傷的情緒。「他還把他小時候不幸的經歷告訴我。他的母親在他十歲的時候不幸得了腦癌，病情迅速惡化，成了植物人。父親任勞任怨地在床邊照顧母親整整十年，無暇顧及小孩們。他念國中的時候沒有人幫他準備午餐，他經常餓肚子。他跟第一任女朋友在一起也是因為對方能幫他帶午餐，但是那個女友對他很不好，不僅情緒不好的時候對他又打又罵，還在他們戀愛期間不斷出軌。第二任女朋友是個從小被寵大的女孩，無法理解丹從小經歷的創傷性的體驗，經常鼓勵他積極一點，還總是把自己的想法強加在他的身上，讓他倍感壓力。」

我問小艾：「聽完他的故事你感覺如何呢？」

「我覺得他很孤獨，很同情他的遭遇。那一刻，我下決心一定要對他好，不能像他的前女友們一樣。我要懂事，不要忽略他的情緒和感受。」

聽了小艾的描述，丹表達脆弱的方式讓我略感不安。

表達脆弱是一把雙刃劍。在一段健康的關係中，表達脆弱可以讓感情中的雙方迅速建立信任。如果不幸遇到了一個自戀型伴侶，表達脆弱很可能是情感操控的先兆。對方透過扮演受害者以博取伴侶的信任和同情，繼而站在道德的制高點上去把自己的想法和感受強加在伴侶身上。

丹把之前兩段親密關係的結束都歸因於伴侶，沒有提到自己的責任，這會讓我對他自我反思的能力有所懷疑。我已準備在小艾的講述中繼續關注這一點。

煤氣燈效應：他用一件件小事把我逼瘋

我問小艾：「聽起來你們交往初期一切進展順利，那是什麼讓你懷疑對方是個自戀型伴侶呢？」

「第一次跟他發生性關係的時候，他竟然不想用保險套。他給的理由是他很久沒跟人親密接觸過了，想徹底爽一下。我沒答應，還為他科普性教育，他也勉強接受了。沒過多久他又開始不想用保險套了，也可能是因為他知道我在吃事前口服避孕藥，可是……」這時小艾皺起眉頭，繼續說道，「讓我覺得不舒服的是他事先根本沒有跟我商量可不可以不用保險套，而是在我們性生活過程中拒絕使用。我覺得他完全無視我的安全和感受。

「他解釋說因為之前交往過的女生都不喜歡用保險套，都是吃避孕藥的。我那個時候接受了這個解釋。因為他之前說自己是個女權主義者，我覺得他應該是尊重女性的，就沒想太多。」小艾突然眼睛一亮，語速變得急促，「這讓我突然聯想到另外一件事情，就是他前女友為他墮過胎。我主動問他這件事，他也沒隱瞞。他不覺得自己做錯了什麼，認為是前任沒有按時吃藥才會懷孕的。這讓我覺得這個人不太負責任，還很冷血。

「另外一件讓我印象深刻的事情是，有一次他邀請我參加他家的耶誕節聚會。我按照約定的時間準時到了他家的門口，傳訊息告訴他我到了。我等了很久都沒有收到任何回覆，我就按了門鈴。為我開門的人不是他，而是他們家的一個親戚。我進屋去找他，結果看到他和他的侄子侄女們在打電動遊戲。我就又呆呆地站在那裡很久，他沒有跟我打招呼，只把焦點放在遊戲上，讓我覺得很不舒服。等聚會結束後，我跟他提起過這件事情，他只是簡單安慰了我一下。我當時很不滿，覺得他道歉的態度很敷衍。」

我問小艾：「描述這些經歷的過程中，我聽到了很多的感受，比如不舒服、不滿意、敷衍。你覺得這些感受在向你表達著什麼呢？」

小艾想了想，告訴我：「我的情感需要沒有被看到。之後吵架的時候，我會提起這件事情，他也無法理解我。他給我的理由是：『那個時候正在陪小朋友們玩遊戲，如果跟你打招呼，輸掉了遊戲會讓小朋友們感到很失望。』我是一個崇尚理性的人，他這麼說雖然讓我感到不爽，但是我覺得邏輯上講得通。

「我們產生矛盾經常會陷入這種模式：他總是講道理，用幾個點就把我繞暈了，我反應不過來。比如，他會跟我說：『如果遊戲結束小朋友是否會傷心？』我說：『會。』他接著說：『那跟你打招呼會不會有可能讓遊戲結束？』我說：『會。』他最後說：『那如果是你，你會不會先玩遊戲，然後再跟我打招呼呢？』我說：『有可能。』然後，我們的對話就結束了。」

當小艾渴望丹安撫自己情緒的時候，丹會用道理證明自己的做法是合理的。這是在伴侶溝通中常見的矛盾，即一個想要情，另一個想講理。

面對衝突，最有效的做法是先共情再講理。如果想共情的伴侶聽到對方在講理，就會感覺到自己的情感需要被壓制下去，很難進行有效的溝通。小艾有一種感覺，她說：「我覺得對方只是在讓我明白他的做法，而沒有看到我的情感需要。」

小艾想了想，繼續補充道：「當初我也沒想太多，後來覺得越來越不對勁。有一次我跟幾個朋友自駕旅行，他沒跟我們一起去。旅行途中我傳了很多自己拍的風景照給他，他一直沒理我。我問他為什麼不理我，他一下子就急了，說：『那我該說什麼？好好享受嗎？』我一聽就很生氣，問他為什麼會用這樣的態度來敷衍我。他跟我說他那幾天身體不舒服，還要去我家照顧我的貓，覺得我一點都不體諒他。」

「聽到他的回覆，你感覺如何呢？」

「我覺得生氣，但是又愧疚。」

「那你覺得這些情緒在潛意識裡告訴著你什麼呢？」

「他儘管生病感冒，但還是每天去我家餵貓、鏟屎，再去上班，感覺他已經付出這麼多了，我還不體諒他。這讓我覺得他是有理的那一方，自己是做錯事的那個人。但是轉念一想，我只是想要他回個簡訊而已，他為什麼這麼激動呢？雖然我心裡很不爽，但是又不知道怎麼回他。我當時心裡很委屈，朋友還勸我如果不開心就分手吧，我吃飯的時候都哭了出來，想跟他分手。

「等回去之後，我們發現我家大門都沒鎖。但是當我問起時，他堅持說鎖了，還說是我們看錯了，太敏感了。這讓我覺得很不爽，我和我的朋友們都看得清清楚楚，門是開著的。朋友們也覺得丹在有意地推卸責任。但最後他還是用各種甜言蜜語又把我哄回去了，唉……只要他生氣了，就時常否定之前說過的話，比如，前兩天說要帶我去我喜歡的餐廳吃飯，之後我問他什麼時候帶我去，他就對承諾矢口否認。我把自己失落的感受告訴他，他說我太情緒化了，跟他前任一樣。聽完後我心裡很不舒服，但是希望做得比他的前任好，就是有種競爭心理吧，所以就把委屈的情緒強忍了下去。」

丹矢口否認小艾和朋友們看到的大門沒鎖的事實，是一種典型的情感操控方法，即煤氣燈效應。煤氣燈效應是透過否認受害者的經歷和感受，讓受害者懷疑自己的判斷力，從而服從控制者，以達到操控的目的。[11]受害者因此會感到是自己的錯，覺得自己太敏感了，要求太高了，進而否定自己。煤氣燈效應不同於普通的撒謊。撒謊的主要目的是逃避自身的責任，而煤氣燈效應是故意否定現實以打壓受害者的自尊。長期生活在煤氣燈效應之下會讓受害者產生憂鬱、焦慮、無助、羞恥等一系列的感受，甚至會引發身體和心理問題。這是一種隱性的親密關係暴力，雖然看不見摸不著，但是對人的自尊感有破壞性的影響。[12]

我告訴小艾：「我聽到面對衝突，丹選擇站在自己的立場上解釋，還否認了你和朋友目睹的事實。煤氣燈效應的一種顯著表現就是故意否認現實和誤導對方。」

「我也感覺到了，但是又不確定，只是覺得他有些情緒問題。」小艾說道，「確定關係之前，他說自己是個注重溝通的人。他說過之前幾段關係的失敗，歸根究柢都是溝通的問題，感覺前任們只考慮自己，太情緒化，不理解他的感受，面對衝突拒絕溝通，有時她們還使用冷暴力，讓他覺得很絕望。檢討之後，他覺得人吵架的時候很難溝通到位，所以我們可以交換日記，把彼此當下沒有辦法說出來的話寫下來。我當時就覺得他好貼心呀，這個人好認真，一副想跟你認真交往的樣子。」

「那這種交換日記的溝通方法讓你感覺如何呢？」

「我反而覺得我需要把很多複雜的情緒寫出來告訴他，因為直接說好像他並不明白。看到我的回覆後，他總是用邏輯把我的行為一條條寫出來，指出問題在哪裡，讓我感到他的方法好像沒什麼問題，卻總感覺怪怪的。」

「那這種『怪怪的』感覺背後是什麼呢？」

「這讓我覺得雖然說了很多，但是沒有解決實質性的問題。我還覺得問題都出在我這裡，是我太敏感了。」

我覺得小艾陷入了自我懷疑的模式裡，於是問她：「如果不去看丹說了什麼，而是看他到底做了什麼，你覺得丹的行為在告訴著你什麼？」

「他只在乎他自己，很難真正看到我，也很難溝通……」小艾停頓了一下，若有所思地說，「這使我想到另一個讓我想跟他分手的原因，就是他和其他女生曖昧不清。當我跟他對質的時候，他不僅不能理解我的痛苦，還矢口否認。這對我打擊很大。」

「那具體發生了什麼呢？」

「我們關係確定後不久，他開始在日記裡對一夫一妻制進行質疑。他覺得自己跟一個女生生活會很開心，跟兩個女孩生活也會很開心。他希望在關係的早期告訴我這件事情，萬一以後碰到更喜歡的人，希望不會耽誤其他的可能性。」

「那你感覺如何呢？」

「當時我就覺得很不對勁，但是因為我已經陷進去了，所以就沒多想。我當時還天真地認為這種想法可能來自過去關係中所經歷的傷害，導致他對穩定的親密關係充滿不安全感。那個時候我覺得我能改變、開導他。我帶著好奇的態度問他為什麼有這樣的想法，並告訴他這對我來說是絕不可能接受的一件事。他當時告訴我，那只是他的一個想法，如果我不接受就算了，他也不會強迫我接受。但是，他也勸我不要放棄這個想法。他給的理由也讓我覺得很不舒服，他告訴我：『我不會因為一個新人而放棄現有的愛我的伴侶，因為我不知道這個新人是否喜歡我呀。放棄現任不是很傻嗎？』」

「是什麼讓你感到不舒服呢？」

「好像不是因為他多喜歡我，或者多麼在乎我們之間的關係才繼續在一起的，而是我很喜歡他，他好像不太想失去我對他的付出才這麼做的。那個時候我還覺得他對我滿忠誠的，但現在想想其實他只是希望給自己一個很保險的選擇。」

「那之後發生了什麼事呢？」

「有一天他突然跟我說他的夢中情人回西雅圖了，還明目張膽地告訴我他要陪這個女生一段時間。這個女生是他的高中同學，高中畢業後就一直在其他城市讀書，現在要回家過暑假。因為這件事情，我十分認真地寫了一封信給他，第一次正式地表達對我們這段關係的擔憂和顧慮，以及對他和這個女生關係的困惑。

「第二天一早我收到他的信，裡面都是他的長篇大論。他花了一半多篇幅講這個女生對他的重要性，但是又說他是不會輕易相信這個女生的。雖然現在想起來這封信通篇都是胡言亂語，但是那個時候我因為開頭的那句『我看到郵件第一時間就回覆你了，希望你不要擔心』和最後的那句『我不會為了一個沒有為我付出過的人而放棄一個我喜歡、為我付出過的人』，就被說服了，選擇繼續相信他。

「這件事情發生沒多久，我們一起參加了一次當地的煙火慶典。一開始我們還聊得不錯，後來他就開始忙著傳簡訊。我問他在跟誰傳訊息，他支支吾吾地說跟一個日本女性朋友聊天。我問他他們在聊什麼，他就說沒什麼，這讓我覺得他在敷衍我。之前他通常都會很坦誠地告訴我自己跟朋友在聊什麼，但是這一次的反應卻很不一樣。

「後來，他突然起身，說是要去和他的日本女性朋友打個招呼。我告訴他可以邀請她過來一起慶祝，他卻仍然堅持要過去找她。事後我跟他發脾氣，他竟然說：『你因為這種事情都會生氣，簡直不可理喻。那如果是我朋友的老婆，你會生氣嗎？』我說：『我不會。』他說：『對呀。那你現在生什麼氣呢？』這的確在邏輯上是通的，但是我就想，我認識你朋友的老婆，但是我不認識那個日本女生呀。他就是會用這種偷換概念的方式，明明是他做的不對，但是讓你總覺得是你的問題。

「有衝突時，丹總是質疑、否認我的情緒。我明明是想跟他解決問題，他總是會跳出來反問我，讓我承認是我的錯，但是他從來不會承認自己做錯了什麼，更不會做出改變。他還會搬出前任們舉例子，說之前的交往對象們就是一直不停地在拿一件事情吵來吵去。他經常會抱怨前女友疑神疑鬼，覺得他跟其他女生有染，想要控制他的交友圈。後來他忍了好幾年才分手，這讓他感到後悔，下定決心以後不慣女朋友的這種臭毛病。那時候我想，為了一件小事而分手確實不值得，還是算了吧。

「但後來我實在受不了了，就寄了一封分手信給他。我等了兩個星期都沒有等到他的回覆。我當時還覺得是不是寄分手信不太厚道，還傳了簡訊給他，但他也一直沒理我。最後，我實在按捺不住，覺得應該當面告訴他。結果他非常憤怒，開始對我大吼大叫。這讓我感到害怕，頓時僵在那裡，不知道如何應對。他看我站在那裡不動了，情緒才緩和了一些，但是也沒有跟我道歉。我們之後的關係中他也時常暴怒，讓我很沒有安全感。

「他最後還是回覆了我的分手信，裡面竟然寫道：『既然我們都要分手了，那我們要不要嘗試跟其他人在一起呢？』我那個時候已經很混亂了，想最後把自己真實的感受表達給他，希望他能夠理解我，我告訴他：『我愛你。』他卻說了一句很驚悚的話：『如果你愛我，那你願意為我做什麼？』我當時就感覺很恐怖，鐵定了要跟這個人分手的決心。於是，我又一次單方面跟他提出了分手，然後很長一段時間都沒有聯絡他。」

丹在親密關係中的行為模式展現出很多可疑的訊號。丹在性生活中多次拒絕採取避孕措施，當小艾發現他跟其他異性邊界不清，提出疑問時，他採取自辯、迴避、否認、暴怒、情感操控的方式去回應。這些都是無效的應對衝突的模式。從關係初期的關愛到這個階段的剝削，丹可能在利用小艾的信任，從而進一步滿足自己的需求。

丹雖然說自己很注重溝通，還提議以交換日記的方式去交流，但是實際上他還是停留在分析問題的階段，缺少解決問題的行動力。這讓我懷疑交換日記只是另一種無效溝通的形式。在很多自戀型虐待的案例中，受害者告訴我自己會用各種各樣的方式，希望對方能夠「明白」自己的情緒感受，比如寫大段的訊息，寫長信，甚至要把對話錄下來，不斷檢討交流。

遺憾的是，無論受害者多麼努力，自戀伴侶都會用自己的邏輯去打壓受害者的情感需要，並把問題的矛頭指向受害者，拒絕自我反思，更難做出改變。這會加深受害者的愧疚、無助和自責的感覺。這種只能用文字溝通的方法也側面說明了關係中雙方難以有效溝通。

有時敏感內向的人，更可能是自戀者

「是什麼讓你跟他恢復聯絡了呢？」我問她。

和丹分手之後，小艾就辭了職，選擇回國休息一段時間。再次回到西雅圖後，她開始一個人的嶄新生活。其間丹也曾傳訊息給她，但是小艾都克制住自己想要復合的衝動，沒有回覆他。

直到有一天大清早，她家的警報響了。她似乎聽到外面有人要非法入侵的聲響，獨居的她當時非常害怕。

就在那一刻，小艾想到了丹。

「那個時候才早上五點，我打了通電話，沒人接。我又傳了個訊息給他。六點多的時候，我們家警報又響了，原來是丹過來看我了。當時我還滿感動的。我知道他喜歡睡懶覺，一大早過來看我對他來說不容易。就這樣，我又跟他恢復了聯絡。

「當時正是美國疫情最嚴重的那段時間，我沒工作，一個人在家覺得很孤獨、焦慮，不知道未來如何，很需要有個人陪在我的身邊。他用同樣的方法把我拉了回去——拿出筆和紙梳理我們之間的矛盾，再一次讓我覺得他很認真、很用心，不久之後我們就復合了。那個時候我內心裡其實有很多問號，只不過還沒有意識到他本質是個什麼樣的人。

「我也不是沒有顧慮。我問諮商師的意見，他告訴我：『其實這樣也好，疫情在家隔離時你還有個人陪伴著你，也許不是件壞事。』不過，我也沒再把他當成一個男朋友，更像是個性伴侶。那個時候我就下定決心，等疫情好轉後我就跟他分手。結果，疫情比我想的要嚴重得多。後來，我就想等我父母來了我就分手，畢竟我把他『渣』的一面告訴了他們。我父母來看我之前，正好遇到他爸生日，丹邀請我最後一次去他家聚會。他在聚會上時不時地感嘆『Nothing lasts forever』（沒有什麼是永恆的），我那個時候很傷感，直到我父母來看我，也沒有分手成功。

「我也跟我父母說了我跟他復合的事情。我媽對我有婚姻焦慮，害怕我跟他分手後會因為年紀太大找不到更好的了。她告訴我：『無論之前發生過什麼，只要現在他願意對你好，就可以重新開始。』我爸卻不太喜歡他。雖然語言交流有障礙，但是他覺得丹不夠光明磊落，不敢跟他對視，還說他有點自視高人一等的感覺。我爸平時會根據一個人的言行對其做出批判。」

我問小艾：「這個階段你跟丹的相處過程中，你的感受如何呢？」

「其實那個時候我已經覺得很不好了，情感上已經很疏離這個人了，但是我還沒有意識到他真正『可怕』的那一面。之後真正讓我徹底決定分手的原因，是我無法原諒他的出軌……」小艾頓了頓，開始跟我講述令她至今印象深刻的一次目睹對方出軌的經歷。

「今年二三月份的時候，我計畫週末邀請同事來家裡聚會，丹說不方便參加。後來，聚會被取消，我下午傳簡訊問他週末怎麼安排，一直到了晚上他都沒回覆我。我一開始也沒多想。他那個時候沒有工作，沒日沒夜地打遊戲，可能在睡覺。我也不想去打擾他。晚上我又傳了一封簡訊給他，他還是沒有回，就打了通電話給他，沒有人接。那個時候我就著急了，直覺告訴我：有問題。

「我就開車去他們家了。到了他們家，敲門，沒人開門。我就透過窗戶向房子裡看，竟然看到臥室的床上有一雙女人的腿！」這時小艾的情緒變得激動起來，右手不斷撥著自己的頭髮，整個人感覺陷入了緊張的狀態，「說到這裡，我現在腦子都一片空白。那雙腿上還有刺青，那個刺青這輩子都難以從我腦海中抹去……我到現在還不敢相信這件事，這對我來說真的是一個非常大的傷害。當時我處於極度震驚的狀態，就好像你的好朋友在你面前被一槍打死的感覺，非常震驚，緩不過來。

「我就回車裡坐了一會，沒過多久我就看見房間裡的燈暗了。我想今晚他應該都不會幫我開門，明天還要上班，我就回家了。那天晚上我整晚失眠。當天晚上他也打電話給我了，我沒接，因為實在不知道該說什麼。後來我告訴他我什麼都看到了。他若無其事地問我：『你看到什麼了呀？』我告訴了他後，他矢口否認，『我的床上怎麼會有一雙女人的腿呢？是你看錯了吧！』」

小艾肯定自己看到的皆為事實。

小艾深呼吸了幾下，情緒漸漸變得平穩，她繼續說：「沒過多久，他到我家來找我。我請他進來，什麼都沒說。過了一會，我聽到他在哭。我跟他認識兩年多，從來沒見到他哭過。我過去看他，然後他抱著我，對我說『Everything is falling apart（一切都在分崩離析）』。我聽到他這麼一說瞬間就軟了下來。他告訴我他在努力地找工作，但是很不順利。他想寫小說出書，但是寫作遇到了瓶頸。他想設計遊戲，但是總覺得無從下手……反正就是有很多『遠大』的夢想，但是沒有實現就覺得很受挫。我問他：『為什麼你不告訴我？』他回答我：『畢竟我是你男朋友，有一些男人的尊嚴要維護。』」

「你聽到丹的解釋後，有什麼樣的感覺？」

「我現在覺得他太狡猾了，完全就是在利用我的信任和善良，不斷做出傷害我的事情。當時他一哭，我就又心軟了。過了一段時間，當我們檢討這件事情的時候，他完全不承認自己出軌了。照他的話說，他『只是在幫助一個身處絕境的、曾經交往過的對象一個忙』，還說『那個女孩都已經在繩索的另一頭，馬上就要掉入萬丈深淵了。而且因為之前交往過，所以一見面就忍不住脫掉自己的褲子』。

「當時我就氣炸了，我說不可能。然後他說：『你知道的，當你前男友來找你，就會有那種感覺。』然後我就說：『我就不信！』一氣之下我拿起了一個碗，摔在地板上。這是我從小到大第一次做這種事情。他說我有家暴傾向。有的時候我也在想，是不是我內心深處和丹一樣，也是個『有毒』的人，憤怒到一定程度要用暴力去解決問題？」

我問小艾：「你平時會在其他關係中做出類似的暴力性的反應嗎？」

「從來沒有過。那是我人生當中第一次用暴力解決問題，都把我自己嚇了一跳。」

我告訴小艾：「批判一個人是否有家暴傾向需要把這個人的暴力行為放在關係中去探討，瞭解暴力行為發生的前因後果。從目前獲取的訊息來看，我覺得這不是自發性的暴力行為，而是遭到背叛、情感操控後的壓力反應。這兩點有本質上的不同。你做摔碗這一行為並不是出於要操控對方而做出暴力行為，而是因為對方不斷對你進行煤氣燈效應操控，所以你的情緒和感受過於壓抑，不得不使用過激的方式表達出來。再考慮到你在其他關係中並未出現過類似的暴力行為，我覺得這是一種『反應性虐待』，也就是因為受害者經歷了虐待產生的壓力反應。摔碗是遭遇背叛、精神控制的結果，而不是原因。」

出現壓力反應行為的受害者可能會被貼上憂鬱症、焦慮症、雙相情感障礙、邊緣型人格障礙的標籤，有些甚至已經接受了一段時間的藥物和心理治療，只不過效果甚微。如果來訪者不被告知在親密關係中自戀伴侶所實施的暴力行為，再多的藥物和心理干預手段都無法真正療癒身心的問題。

在自戀型虐待的諮商中，諮商師在情感與立場上必須保持中立，但也必須深入瞭解來訪者，接納和認可他們的感受和表達，以便做出有效的專業性判斷和干預措施。諮商師有必要把來訪者當成一個獨立自主的人來看，而非一個有缺陷的「病人」。來訪者的情緒和感受並不是需要被消除的「病症」，而是在傳達來訪者所處環境的訊息。

如果諮商師無法判斷自戀型虐待的模式，很可能會把情緒混亂、語無倫次的受害者當成麻煩的製造者，反而會把看似冷靜、能言善辯的自戀伴侶當成受害者，進而對真正的受害者造成二次傷害，例如要求受害者合理表達情緒，學習溝通技巧，或者接受藥物治療。

小艾鬆了一口氣，繼續跟我說：「謝謝你告訴我，我還以為自己有問題。我也覺得平時我滿隨和的，怎麼到了那個時候就控制不住自己了。他說我有家暴傾向，讓我更加懷疑自己，沒有勇氣跟他說分手了。

「經歷了出軌這件事，他選擇搬到我家的地下室住，美其名曰『I want to be closer with you』（我想離你更近一些）。我們家裡有監控，他說到時候住在一起『你就可以隨時監視我，我用行動證明我在乎你，時時刻刻都不想離開你』。可是，他搬過來之後就變得很理所當然。他有一種想要霸佔我們家房子的架勢。耶誕節的時候他自作主張，邀請他們家二十幾個人來我家吃飯。他當時的那副姿態儼然把自己當成了家中的男主人。

「壓死駱駝的最後一根稻草是有一次他把手機放在桌子上回房間睡覺了，我無意間看到了他手機的通知。我們在一起三年了，我從來沒有查過他的手機，但是直覺告訴我應該看一看。我沒有他手機的密碼，只是看到螢幕通知，裡面竟然有Tinder（手機交友軟體）的推播訊息，用的還是他玩遊戲的名字。他之前說自己從來不用Tinder，還很鄙視用Tinder的人。看到這一幕我整個人又是快崩潰了的感覺。我覺得我們經歷了這麼多——出軌、復合、同居，到頭來他一直沒閒著，在滑Tinder。

「第二天早上我問他為什麼用Tinder的時候，他一直在打遊戲，連看都不看我一眼，一邊揚揚得意地說：『我可以給你八個不用Tinder的原因。』說完這八個原因後，他打開手機，我發現Tinder並不在他App搜尋紀錄裡。他說：『你看到的可能是廣告簡訊吧。』我想說：『如果你沒註冊Tinder，平臺怎麼會傳簡訊給你呢？而且還使用了你遊戲的名字，不是你註冊的是什麼？你當我傻子嗎？我自己親身經歷的事情，你怎麼能夠否認呢？』其實我們確定關係後就發生過類似的事情，我無意中發現他還在頻繁登入我們共同使用過的交友軟體。他那個時候跟我辯解可能是廣告訊息，或者是瀏覽器自動登入。」

根據小艾的分享，丹在親密關係中的表現基本符合自戀型人格的六種行為模式，包括：

1. 高衝突性：面對小艾的情感需要，丹總是在使用對抗性的方式去回應，包括迴避、打壓、否定、攻擊、暴怒、扮演受害者、煤氣燈效應。這說明他內在很脆弱，無法意識到自己的問題，缺少對伴侶的共情理解。

2. 僵化：丹會把自己對多元關係的期待作為標準，而忽略了小艾對於一對一關聯性的要求，並且不斷試探小艾的邊界。

3. 對抗性強：當小艾對丹的某些行為提出疑問，丹不僅無法承擔自己的責任，還使用了情感操控的手段，特別是煤氣燈效應，讓小艾陷入自我懷疑，從而認同丹的選擇，出軌的行為是一個典型的例子。面對小艾的質疑，他不僅不承認自己的所作所為，反而用煤氣燈效應繼續否認現實，逃避責任，令小艾漸漸產生情緒上的問題，這是情感虐待的表現。

4. 扮演受害者：無論是前期分享自己之前「不幸」的遭遇，還是被懷疑出軌後表達自己很失敗，諸事不順，丹都在扮演受害者的角色，以便利用小艾的信任和同理心，合理化自己不負責任的行為。

5. 特權感和剝削性：最突出的例子就是和異性的邊界這件事情，比如，他覺得自己有權去見自己的「夢中情人」，而可以不考慮小艾的感受，這就是在突破小艾的底線。再加上他不斷侵犯小艾身體和心理的邊界，顯示了他的特權感，覺得自己有權把需要強加在小艾的身上。再比如，面對出軌這件事情，丹不僅不正面回應，還質疑小艾的情緒和判斷力，這是對小艾的進一步打壓。

6. 失控：當小艾提出分手，丹變得情緒暴怒，對她大吼大叫，這是情緒失控的表現。

綜合這些行為模式，我基本上可以確定小艾遇到了一個自戀型伴侶。我告訴小艾：「對方很可能是一個自戀型伴侶。這意味著他很難改變。這段關係如果繼續下去，你很可能還會受到同樣的虐待和打壓，甚至產生身心問題。」

「聽到這個答案我一點也不驚訝，早已做好了心理準備，」小艾很冷靜地告訴我，「但是讓我一直困惑的點是他從沒有去控制我交友、活動的自由，也沒有直接打擊過我。當我焦慮容貌的時候，他會安慰我。當我焦慮就業的時候，他會鼓勵我，說我一定可以找到理想的工作。他和我瞭解到的那些非常以自我為中心，動不動就自視甚高，還經常打壓別人的自戀狂很不一樣。」

「因為你遇到的是一個脆弱型自戀伴侶。這類伴侶的虐待性並不會很明顯地表現出來，但是他會扮演受害者，利用你的信任和同理心來逃避責任，進一步地去剝削和控制你。這種自戀伴侶其實更可怕，因為操控性行為不明顯，但是當你意識到對方好像有問題的時候，早已經深陷其中，無法自拔。」

脆弱型自戀伴侶的特點是在關係的初期看起來溫文爾雅，風度翩翩，關心社會和他人；也會分享自己過去不幸的經歷，以博取伴侶的信任。關係一旦深入，他們就會變得自我、迴避、不耐煩、攻擊性強。雖然嘴上說要解決問題，但是他們會把問題的核心推卸給他人或者社會（憤世嫉俗、懷才不遇、清高自傲），而拒絕承擔自己相應的責任。脆弱型自戀伴侶最大的特點就是善於扮演受害者，善於使用隱性操控的手段，透過讓受害者感到內疚、自責，甚至妥協，來達到自己的操控目的。

3. 忽略型自戀伴侶

李萍最初找我是想療癒童年創傷。

李萍出生在山東農村一個重男輕女的家庭。用她的話來說，小時候的她「極度缺乏愛，每天臉上都掛著被捏後的瘀青，沒人關心我，童年陪伴我最多的是家裡的那隻狗。如果沒有牠，我連說話的對象都沒有」。

我們的諮商一開始進展得並不順利。

當諮商開始，螢幕上另一端的李萍看起來很憔悴。她語無倫次地敘述著自己的故事，我很難拼湊出完整的情節。她說到關鍵的地方會陷入情緒崩潰的狀態，不斷地問我：「為什麼親生母親會對我這麼狠？」

我隱隱感覺她可能喝了酒，處於半醉半醒的狀態。

雖然我在諮商聲明裡指出，諮商過程中需要來訪者處於清醒的狀態，否則諮商師有權中止諮商，但我覺得李萍酒醉的背後似乎在表達童年的經歷對她的影響之大，以至於她不得不借助酒精來處理強烈的情緒。諮商中有時不可言說的事可能比可言說的傳遞出更豐富的訊息，直覺告訴我她內心中有想要求助的動力。所以我並沒有當下單方面結束我們的諮商，而是把焦點放在李萍的情緒表達上。我扮演一個傾聽者的角色，為她創造一個安全的空間，陪伴她處理積壓在內心的情緒。

諮商結束後的第二天，我收到了李萍的訊息：「昨天真的很抱歉，我喝了點酒，在你面前很失態。現在酒醒了，清醒了很多。我意識到自己極度缺乏愛，想去得到愛，內心也難過極了。我覺得自己不配擁有任何人的愛，不值得愛與被愛，我真的不配擁有。」

我回覆她：「沒關係，我能感覺到喝醉是一種處理情緒的方式。雖然這種方式可能無效，但是我在乎的不是喝酒，而是喝酒背後所傳達的情緒和需要。如果你需要幫助，我隨時都在。」

專門進行成癮研究的醫師馬泰・加博爾博士（Dr. Maté Gabor）認為，成癮行為很多時候是緩解童年創傷所致情緒問題的處理方式。它雖然能夠讓成癮者在短期內暫時忘記痛苦，但是成癮者真正需要的是療癒小時候所受到的傷害，才能從根本上解決成癮的問題。[13]

遺憾的是，由於整個社會對於成癮現象瞭解不多，很多時候成癮者會被快速地貼上標籤，比如軟弱、懶惰、不正經、有道德瑕疵等。這不僅不會幫助成癮者擺脫成癮的行為，反而會加深成癮者的羞恥感，讓其更難意識到自己無效行為模式背後的癥結所在，從而陷入惡性循環中。[14]

李萍隨後傳了一句「謝謝」給我就消失了。

我一度以為我們的諮商關係就此告一段落，沒想到有一天我突然收到她的一則訊息，她問我：「我可以出一次軌嗎？」

為了挽回丈夫，我決定出軌

看到李萍的訊息，我有些摸不著頭腦，於是我回覆她：「是什麼原因讓你想這麼做呢？」

她告訴我：「我想報復我老公。我活得太壓抑了，可是我過不了內心深處自己那一關。只要你說我可以，我就會去實施，我想在別人那裡獲得短暫的溫暖。」

我隱隱地感覺到李萍的情緒不太穩定。她可能不只面臨原生家庭這一個挑戰，她生活中的其他關係也可能在影響著她的情緒。

因為我們並沒有處在一個正式的諮商關係中，所以我無法做出專業性的判斷和干預。我只能聲明自己的立場並給她一些簡單的建議，我回覆她：「很遺憾，我無法為你做出這個選擇。因為我不了解你的情況，所以也很難幫你分析。如果需要，可以跟信任的朋友或者專業人士聊一聊，你不必一個人承擔這一切。」

「那我自己暫緩一下，我再深思熟慮一下，我再給自己點時間。謝謝你。」

又過了幾天，她繼續傳訊息給我：「我就是想背叛他，想和別人睡。我是怎麼了？我自己可以感覺我想背叛他這個動機的背後是有原因的，只不過我現在分析不出來。」

跟上一次把一個想法丟給我相比，這一次李萍把具體的問題傳給了我，我能感受到她想要溝通的意願。我跟李萍說：「我願意跟你就背後的原因進行探討，你是否願意跟我針對這件事情做一次諮商呢？」

過了很長一段時間，她才回覆道：「我只能用文字跟你聯絡。因為我老公在，我怕他聽到。每次我聽心理學老師講課，老公都說我有病，叫我不要學壞，還威脅我說要告這些人。我害怕他知道你是誰後為你帶來不便，所以就只能跟你傳訊息。」

我告訴她：「沒關係，照你感到舒服的方式來。如果需要，我們可以隨時中止對話。」

於是，李萍就開始告訴我她現在的婚姻狀況。

李萍和張鵬結婚多年，育有一兒一女。張鵬是個事業有成的人。他靠自己的努力，從農村考到了大城市濟南的學校，畢業後透過自己的努力，一步步創造了現在殷實的家庭條件。隨著兩個小孩陸續出生，李萍辭去工作成為全職主婦，全心全意撲在照顧小孩和打理家務上。

這看似美滿的家庭背後，卻充滿著累累的傷痕。

當聊到想出軌背後的原因時，她告訴我：「我老公說就算我想出軌也沒有人要我，我要讓他為這句話付出代價。」

「你似乎在反抗著什麼。」

「我覺得我自己脫離不了他。因為生意的問題，我和他在法律上已經離了婚。這間房子在我的名下，但是他並沒離家。我現在還在疑惑到底自己是不是單身。法律上我是自由的，但是我們還在一起。我好困惑……」

我對李萍和張鵬的關係充滿疑問。正當我要問下一個問題的時候，她突然告訴我：「我老公過來找我了，我不能聊了。」我也就沒有繼續回覆她的訊息。

有一天當我再次接受李萍的文字諮商時，她突然告訴我：「我出軌了。」

當我問她出軌背後的原因時，她告訴我：「我就是要向我老公證明自己，我不但出軌了，而且對方很優秀。」

當問到她現在的感覺如何，她告訴我：「我真的不是那種不知廉恥，可以隨意找一個男人睡覺的女人。跟這個男人睡覺之前，我是深思熟慮過的。」

李萍這麼說讓我覺得到她內在有強烈的衝突感。她越在否定著什麼，反倒越是在乎什麼。雖然她嘴上說自己想背叛丈夫，但是我從她的文字之間感受到了自我批判和羞恥感。

在諮商的過程中我們談論的不是道德，而是行為背後的需要。

需要強調的是，這麼做不是為出軌辯護，也無意削弱出軌對他人所造成的傷害。探討出軌背後的原因是想瞭解當事人的行為動機，比如：自戀型伴侶可能會把出軌當成一種剝削關係的方式；情感迴避型伴侶可能會把出軌當成逃避問題的方法；討好型伴侶可能把出軌當成自我認可的方式；等等。正如婚姻治療師埃絲特・佩瑞爾（Esther Perel）所說：「不譴責（出軌）並不意味著縱容，理解它與為它辯護有天壤之別。但是，當我們把談話簡化為簡單的批判時，我們就無法對話了。」[15]

我告訴李萍：「我相信你的選擇是經歷過一番心理掙扎、深思熟慮的結果。謝謝你的信任。我無意批判你的選擇，更想跟你探討出軌背後的需要是什麼。」

「我沒得到過的尊重、溫暖在出軌對象身上都感受到了。我意識到原來還有這樣的男性，他可以尊重你，處處站在你的角度去照顧你，在盡可能的情況下不讓你受到傷害。他學歷很高，很有教養。他也有家室。我很清楚我和他之間的關係。在這段見不得人的關係裡，我真的得到了前所未有的關愛。

「說出來不怕你笑話，當他拉著我的手，抱著我的時候，我心裡想的卻是如果此刻抱著我的是我老公該多好。我覺得對不起我老公，我不知道該怎麼去面對他，感覺他好可憐。」

「好像這段『見不得人』的關係彌補了你和你老公關係中的某些缺失。」

「是的。因為自己一直想要的得不到，在跟老公的關係中我時常感到落寞。我很渴望我老公懂我、呵護我、疼愛我。這個男人他不是我老公，而我在想如果是我老公抱著我該多好。為什麼我那麼保守的一個女人，竟然可以跟別人睡覺？！我在責怪自己。」

「我聽到了你對親密關係很多的需要，包括尊重、溫暖、疼愛、保護。這些需要是合理的。只不過可能目前的這段關係看似給了你滿足感，但是同時也為你帶來了羞恥和罪責感。」

在我的經驗裡，相較於出軌的男性，出軌的女性往往面臨更多的社會壓力和道德譴責，即經歷「蕩婦羞辱」（slut shaming）。蕩婦羞辱是用言行去攻擊一個女性，因為她的性經歷、性行為或者性欲不符合社會對於女性的期待，例如：衣著性感、要求避孕、被性侵害或性騷擾。[16]

出軌對於李萍來說是一件違反道德倫理的事情，當她透過出軌滿足身心需要時，她會對自己的需要感到羞恥，陷入自我攻擊的情感消耗中。社會對家庭主婦的權益保障有待完善，像李萍這樣在經濟上不同程度依附伴侶的家庭主婦，本身選擇權有限，離開一段關係就意味著失去經濟支持，甚至遭遇周圍人的指責和歧視。

除非我們看到當事人所面臨的選擇困境，否則很難做出相應的干預措施。李萍能夠把焦點從外界的道德批判回歸到自身的需要，這本身就是一種自我覺察的體現。只有在接納自己需要的前提下，才能去探討如何更有效地滿足自己的需要。

我對李萍視角的轉變進行了肯定，我告訴她：「我覺得現在你逐漸跳脫出了背叛老公的羞恥感，越來越回歸自己的需要了。」

「是的，我現在感覺沒那麼自責了。我覺得還是想得到愛，可是我越渴望得到愛就越發現自己根本得不到愛。我現在忽然感覺你有點像救命稻草，想要緊緊抓住。我是不是心理出現疾病了？可是我知道只有自己才能救自己，我該怎麼辦呢？」

「如果你願意，我願意深入地聊一聊你這幾段親密關係，並且幫你具體梳理一下你在親密關係中的需要，你也可以考慮找其他信任的專業機構或者專業人士尋求幫助。」

「謝謝你，雨薇，我準備一下。希望我能夠找一個我老公不在的時間跟你諮商。」

接連出軌家暴，他卻被視為完美丈夫

再次收到李萍的消息，她告訴我她準備好了。

「我老公雖然不在家，但是兩個小孩因為放假在家，可能會在旁邊吵鬧。」

我告訴她沒關係，可以隨時打過來。

她撥通了我的電話，開始跟我講述她的經歷。這次李萍的聲音聽起來很清晰，表達得也有條有理。

李萍告訴我，她高中畢業後就被父母趕出了家門。父母覺得她是個「賠錢貨」，吃家裡的喝家裡的，要她趕快賺錢，以資助兩個哥哥有「更好的發展」。兩個哥哥被父母用錢塞進了大學，家裡只給她一千塊，叫她去濟南打工。她一個人在大城市生活，衣食住行都要花錢，無依無靠。還沒等到發薪水，她就已經有上頓沒下頓了。

不久，透過朋友的介紹，二十歲的李萍遇到了大她十五歲的張鵬。第一次見面，李萍就覺得張鵬長得又高又帥，深深地被他吸引。那個時候的張鵬已經在職場上嶄露頭角了，他能看出李萍的窘迫，第一次見面就給了她一萬塊。那個時候李萍特別感動，她感覺這個男人值得依靠。

兩人確認了男女朋友關係後不久就住在了一起。

這時，李萍才發現原來張鵬一直在出軌。

「第一次知道他出軌是他主動告訴我的，他還提出要跟我分手。我雖然接受不了，但是從來沒有想過要離開他。我不斷努力付出，試圖挽回這段感情。第二次知道他出軌是我自己發現的，我不知道該怎麼辦，也離不開他，所以我就一口氣把桌子上的半瓶烈酒全喝了。其間他說要分手，我捨不得，覺得我付出了那麼多，我不甘心，不願意放棄。」

「你付出了什麼讓自己不甘心，不願意放棄呢？」

「我可以毫不隱瞞地告訴你，我中間為他墮胎了好幾次。無論我再怎麼要求，他從來不避孕，也從不考慮我的感受，想要就要……」說到這裡，李萍開始抽泣。

大概是感受到了媽媽悲傷的情緒，我聽到李萍的女兒突然湊了過來，不斷地問她：

「媽媽，你喜歡小兔子嗎？」、「小兔子是什麼顏色的啊？」、「你幫我畫一隻好不好？」

李萍告訴她：「寶貝，你去客廳找哥哥，請哥哥幫你畫。」

小女孩還是遲遲不肯離去，我告訴李萍：「如果你需要先照顧一下小孩，我們可以隨時暫停或者改時間。」

「謝謝你的理解。我女兒很黏我，離不開人。不過我為了這一天已經準備了很久了，今天當著你的面，我一定要說出來。等我平息一下情緒……」

幾分鐘後，她繼續說道：「我以為只要我睜一隻眼、閉一隻眼，日子就能過。沒想到出軌還不是最糟糕的事情，不久之後，我就經歷了家暴。」

說到這裡她頓了頓，聲音變得顫抖起來。一旁的女兒又湊了過來，要媽媽幫她畫小兔子。

李萍的情緒似乎感染到了女兒。女兒因為年紀小，可能不會完全明白媽媽具體在說什麼，但是小朋友的情感覺察能力很強。她能感受到母親脆弱的情緒，從而觸發了自己內心不安焦慮的情緒。想要媽媽幫她畫小兔子這個要求背後，其實是她在嘗試用自己力所能及的方式，去安撫媽媽波動的情緒。

我跟李萍說：「雖然女兒可能不理解你在說什麼，但是她能感受到你的情緒。如果可能的話，最好讓她迴避一下，以免對她造成心理上的影響。」

「好的，那你稍等我一下，我把女兒帶到客廳，讓哥哥陪她玩一會。」

我聽到李萍把女兒帶到客廳的途中，小孩不斷地用稚嫩的聲音在問：「媽媽，你怎麼了？」李萍盡量壓著自己略帶顫抖的聲音回答她說：「乖，媽媽沒事，媽媽在講電話。給媽媽五分鐘的時間，我等一下就回來。」

「我從來沒跟人說過我經歷了家暴，」李萍的聲音平靜得出奇，好像在講述別人的故事，「因為我自己都覺得丟臉。我現在回憶起當時的畫面，還覺得身體在發抖。他一巴掌扇過來，我直接耳膜穿孔了。我那個時候還不知道什麼是耳膜穿孔，只是覺得耳朵不舒服。我去醫院檢查，遇到一個很好的女醫生。她經驗豐富，大概看過很多這樣的例子。還沒等我告訴她實情，她就已經很氣憤了，問我要不要報警。只要我願意報警，她還會為我做證。那個時候我才二十歲出頭，什麼都不懂，就不了了之了。沒過多久，有一次我們吵架，他一拳打過來，我鼻子直接就流血了。」

「我最害怕別人說我為什麼不離開。我也知道他這麼做是不對的，但我內心就是放不下。我總感覺自己付出了這麼多憑什麼要走。我覺得很混沌，好像被迷住了。我總覺得哪裡出了問題，隱隱感覺不對，但就是分析不出來。

「二十歲出頭的我還天真地以為只要我對他足夠好，他就能回心轉意。或者，等結了婚，有了小孩，他的心就能穩定下來，這些問題就都能順其自然地被解決。於是，我提出結婚的請求。一開始他不同意，還說我『以死相逼』。後來，他也想通了，覺得我對他也不錯。兩個人就這樣結婚了。」

打我罵我，好過不聞不問

「結婚後他的確不再對我動手了，但就此也不理我了。我被徹底打入了『冷宮』。他常常整晚不回家，也不回我的訊息。因為從小缺愛，所以我很沒有安全感。每次我告訴他想要他陪陪我，他都沒反應。他不陪我，我就繼續問他，然後矛盾就被惡化。

「有一天晚上他正要出去應酬，那個時候老大還在喝奶，我希望他早點回來陪陪我，但是他拒絕了，我一氣之下就把門反鎖了。他大半夜回到家，發現用鑰匙怎麼也打不開門。無論他打電話給我，還是在門外狂吼，我就是不開門。他就用腳生生把門給踹開了……

「他進屋之後就命令我收拾東西馬上滾。他叫了一輛計程車把我送回我爸媽家。到了家還是我媽付車費的。我兒子想尿尿，我跟我媽要一個水盆。她一臉嫌棄地說：『計程車費都幫你付了，還要我再賠上一個水盆，你真是個賠錢貨。』我感到又羞又氣，在身上僅有的兩千五百塊裡，拿出了一千五甩給她，她竟然也收下了。

「我一個女人帶著一個還在喝奶的小孩，感覺天地容不下我們母子。後來，我老公又把我接了回去。臨走之前，我媽說：『你怎麼這麼不要臉，他一勸你你就走。』我心想：『你這麼嫌棄我，我怎麼活？難道要帶著小孩一起死嗎？』」說到這裡，李萍情緒變得十分激動，情緒中混雜著憤怒和絕望。「雖然我回了家，但是感覺又回到了痛苦的循環中。我老公依然沒有改變，他還是不斷出軌，很少回家，把我和小孩當成空氣一樣。」

李萍說到這裡，深深地嘆了口氣。

她沉默了許久，我便開口說：「謝謝你把內心最真實的想法分享給我。你能夠打破羞恥感，把過去的真實經歷分享出來，積極地尋求幫助，真的很勇敢。有沒有什麼問題是你特別想探索的呢？」

李萍想了想，開口說：「我不明白的是，為什麼我老公是個『雙面人』？」

我問她為什麼會這麼想，她告訴我：「他的人設太好了——長得帥、賺得多、能說善道，一直在塑造『好丈夫』、『好爸爸』的形象。我周圍的朋友們都說你怎麼找了這麼完美的老公。只有在家裡，他才會把醜陋、自私、邪惡的一面展現出來。」無論是關係前期的墮胎、出軌、家暴，還是現階段的忽略、無視，張鵬總是把自己的需要放在第一位，有時甚至會使用虐待的方式，很難共情理解李萍。

「聽起來好像對方很在乎外在的認可和關注，壓抑了內在脆弱不安的一面。」

「你這麼一說，我發現還真是，感覺他滿自卑的。我老公跟我一樣，也來自農村，但是他是一個極度聰明的人。你也知道農村的那種教育情況，但是他卻在全國奧林匹克競賽中得了第二名。他生意做得很大，也賺了很多的錢，但他還是對自己不滿意，想要賺更多的錢，要出人頭地，讓所有人都崇拜他。他總是對我說：『你處處都不如我』、『你憑什麼離開我』、『我能離開你，但你不能把我甩了』。」

「在日常生活中，他會經常使用比較、打壓這種方式去處理你們之間的衝突嗎？」

經我這麼一問，李萍的話匣子再一次被打開。

「他不讓我工作。他說男的就應該主外，女的就應該主內。男的有多少權力就能享受多少資源。『你一定要多努力把小孩培養成才。小孩是你的，如果培養得好，才能叫你媽媽。』後來我意識到自己不能再在經濟上依賴他，想做點小生意。我家副業是做皮草的，有朋友想從我這裡買皮草，我老公不給我貨。因為他說我這樣自己賺錢，慢慢累積客戶，就會離開他。

「這麼多年打理家務，照顧兩個小孩，他每個月只給我兩萬五。他非常有錢，但是他從不給我多的錢，因為怕我拿了錢後離開他。我自己一個月下來把錢都花在補貼家用和教育小孩上，所剩無幾。我很會煮飯，想開一家小吃店，但是沒有創業資金，也沒辦法靠父母。如果我出去工作，就要雇保姆照顧兩個小孩，但是我沒錢。我覺得自己被死死卡在這裡了。

「平時生活中，我做什麼都是錯的。他不讓我健身，不讓我交朋友，不讓我和朋友旅行。我精神要崩潰了。今天早上，我要出去跑步的時候，他不讓我出去。我實在受不了了，對他喊：『我不是你養的寵物，我是個有思想、有情感、有欲望的人。你對待我就像寵物一樣，我餓了給我點狗糧，你喜歡了就陪我玩，不喜歡就把我放到一邊，不管不顧。我極其孤單、沒安全感、缺愛……我真的快要崩潰了……』結果他當著兒子的面冷冷地說了一句『你媽瘋了』，然後就把我晾在一旁。

「說到小孩這一點，我真的好心痛。我老公不僅什麼都不管，還當著小孩的面把我當出氣筒。因為小時候經歷過父母的虐待，我千方百計地想要保護好自己的小孩。我跟他說你千萬別當著小孩的面生氣動手，這對小孩的傷害很大。如果你實在忍不住，我們關上門，你打我罵我都行。可是，他完全不管。他上一秒發怒，下一秒小女兒就被嚇得哇哇大哭。我大兒子雖然穩重優秀，但是我看他在社群平臺發的東西，能感覺到他心裡滿憂鬱的。有一次我和我老公吵架，他管我穿什麼鞋。他說：『你要是穿了，我就把這雙鞋扔出去。』我兒子聽到了就說：『媽，我支持你，跟他離婚吧。』兒子都明白。

「他買了很多名牌包給我，我說我不想要，他硬塞給我，非要我背。我不願意戴手鏈，他非要買給我，還強迫我一定要戴。他說我不知好歹，說換成別的女人不知道要多少了，我就是不想要。我知道他對我的好是有條件的，接受他外面有女人，要我閉嘴，要聽話。我覺得很矛盾，一方面我覺得他買東西給我無非是想要控制我，另一方面他送我東西的當下我覺得很愧疚，感覺他對我還是那麼好。」

從李萍的心理狀況看，她已經陷入了「創傷性連結」（trauma bonding）的心理模式中，也就是常說的「斯德哥爾摩症候群」（Stockholm syndrome）。[17]在一段虐待型的關係中，受害者會愛上施暴者，不是因為施暴者對受害者有多好，而是足夠壞，讓受害者產生習得性無助（learned helplessness）的感覺，就是無論如何反抗都無法逃離暴力的循環。[18]施暴者會使用「胡蘿蔔與鞭子」的組合，不時給受害者一點好處，讓受害者產生被愛的幻覺。我會在第二章第二節更詳細地探討有關創傷性連結和習得性無助的內容。

如果諮商師已經意識到來訪者陷入創傷性連結的心理模式中，他需要做的是協助來訪者打破對施暴者虐待行為的合理化，認清現實。

我告訴李萍：「我聽到張鵬在身體上、經濟上、生活上和精神上各個層面對你進行控制和虐待。你提到，在身體上，他把你打到耳膜穿孔。在經濟上，他不允許你出去工作。在生活中，他干涉你交友、出門、打扮的自由。在精神上，他對你和小孩們進行冷暴力。面對你們的需要表現出冷淡、輕視、疏遠和漠不關心的態度。你提到他整天不回家，不回你的訊息，忽略你的情感需求。同時，他無視小孩們的情緒感受，在他們面前對你發脾氣。這些都是冷暴力。」[19]

「以上提到的這幾點都屬於家庭暴力的範疇，你可以使用法律的手段保護自己。」考慮到李萍因為經歷家暴而產生自責、羞恥的感覺，我緊接著說，「但是這並不意味著要你立刻報警，離開這段關係。這麼說只想告訴你，經歷這一切不是你的錯，你是有這個選擇權的。無論你做什麼樣的選擇，我都尊重你。」

我擔心提到「家暴」這兩個字，會激發起她之前創傷性的體驗，導致她陷入情感崩潰的狀態或者直接拒絕溝通。

電話的那一端沉默了幾秒鐘。就在我忐忑不安地等待著回覆時，她開了口。「我現在才知道我經歷的是冷暴力……」她的聲音顫抖著，「原來不是因為他工作忙，或者我做得不好，是他在故意這麼做，對嗎？」

「根據你的分享，我目前覺得對方很大的機率是有意在這麼做。因為他內心可能極度自卑和沒有安全感，所以可能需要對你進行全方位的控制，冷暴力就是其中的一種方式。」

「你這麼一說，我突然明白了為什麼無論我怎麼表達自己的需要，他永遠以沉默來應付我。我要他跟外面的女人斷乾淨，他壓根就不回我的話。情感上我很需要照顧、看見、陪伴、成長，他都不會給我。我還記得有一次我的手被劃了一道很深的傷口，鮮血直流。我拍了張照片傳給他，說我手很痛。他不回覆我。你這麼說我才意識到，對方完全不在乎我的死活，我有的時候感覺他是沒有感情的。」

李萍講述過張鵬透過樹立「好丈夫」、「好爸爸」的形象過度尋求外在的認可，不顧她的感受，在生活和精神各個方面對她進行控制和虐待，共情能力差。種種的行為模式已經比較符合自戀型伴侶的特質。於是，我把什麼是自戀型伴侶，以及自戀型伴侶的行為模式簡述給了李萍。

「煤氣燈效應我也經歷過！我跟他說我要學開車，他說我笨死了，肯定考不過，還舉身邊優秀者的例子證明我不行。我沒聽他的，自己一個人去學車、考駕照。我考到頭都大了，但是最後還是考過了。當我拿著駕照，證明他錯了的時候，他卻當著我的面說他沒有不鼓勵我考駕照，還說我有幻聽。」

「但是我想不通的一點是……」李萍突然猶疑地說，「你提到很多自戀型伴侶好像一直都對自己的伴侶進行貶低和打壓。雖然我結婚之前也經歷過這些，但是結婚後好像他對我的打壓就減少了。他在家的時間並不多，傳訊息也不回。說句不好聽的話，我倒希望他打我罵我兩句，也不要對我們母子三人不聞不問。」

我告訴她：「自戀型伴侶有很多種，你的伴侶是忽略型自戀者（neglectful narcissist）。他們不僅有自戀型伴侶的共同點，比如脆弱、暴力、虛榮，同時也有自己的獨特性，那就是情感忽略和冷暴力。之前經歷過忽略型自戀伴侶的來訪者曾跟我說，覺得自己『在慢慢地死去』，感覺自己在『和陌生人一起生活』，『表面上看起來不孤單，卻極度孤獨，無人訴說，沒人相信我』。」

「真的是這樣子……」聽到這裡，李萍不禁失聲痛哭起來，「那個時候很窮，騎著自行車都很開心很幸福，現在雖然住在豪宅裡，但是幸福感非常低。我撐不下去了。我這麼努力拯救自己，看書、學習、給自己鼓勵，不斷讓自己往前走。可這段關係就如一個漩渦，我拚盡全力地往外爬，然後它慢慢又把我吞噬。我真的撐不下去了……」

張鵬基本上符合自戀型人格的行為模式，包括：

1. 高衝突性：張鵬不僅無法共情理解李萍和小孩們的需要，還拒絕處理關係的衝突，使矛盾惡化。

2. 僵化：張鵬會把自己對妻子和家庭的期待強加在李萍和小孩們的身上，無視他們的感受。

3. 對抗性強：張鵬為了讓李萍「聽話」，採用了一系列情感操控的方式，例如身體暴力、經濟控制、煤氣燈效應、冷暴力。

4. 脆弱性：張鵬需要透過樹立完美的人設，從而獲得他人的崇拜和認可。這說明他內在的自我價值感不穩定。

5. 特權感和剝削性：張鵬不惜犧牲李萍和小孩們的身體、心理健康，從而滿足自己的私欲，比如出軌。

6. 失控：張鵬會採用暴力性的方式去解決關係中的問題，這是一種對自己情緒和行為缺少掌控力的體現。

忽略型自戀伴侶具備自戀型伴侶的基本特徵，其特殊之處在於採用迴避的態度應對關係中的問題。冷暴力是忽略型自戀伴侶的常用方式。

需要強調的是，不是所有的忽略型自戀伴侶都有顯性的暴力傾向。我之前接手的案例中，有的忽略型自戀伴侶結婚生了小孩後，會以照顧自己父母為由，繼續跟父母住在一起，拒絕妻子同住的請求；有的忽略型自戀伴侶會沉迷哲學，張口閉口都是高深的理論，但是面對女朋友想要溝通的渴望，他卻變得無動於衷；有的忽略型自戀伴侶熱心公益，把所有的時間和精力用在幫助他人上，可是當他的妻子生病臥床，他只會簡單地說一句安慰的話，僅此而已。忽略型自戀伴侶大部分情況下會以自我為中心，迴避伴侶的需要。

4. 惡性自戀型伴侶

婭婭來找我，說自己遇到了一個「恐怖情人」。

婭婭留著幹練的短髮，戴著粗框眼鏡，皮膚是健康的小麥色，笑起來略有拘謹，有著超出自己真實年紀的成熟。

寒暄之後我瞭解到，婭婭來自鄭州周邊的一個小城市，現在在北京的某個網路公司做設計。

她和伴侶阿亮在一個健身房裡相識。婭婭去健身，阿亮正好成為她的健身教練。阿亮是個東北男生，高大魁梧，一下子就吸引了婭婭的注意。

「當初被他吸引很重要的一個原因是，他看起來能夠給我足夠的安全感。」深入瞭解婭婭的情況後，我發現她雖然外表看起來成熟穩重，但內心是一個很沒有安全感的人。父母在婭婭很小的時候就離家工作，她是被奶奶帶大的。雖然奶奶對婭婭很好，但是她總覺得父母拋棄了她。「否則為什麼他們會帶著哥哥去城市打工，而不帶我呢？」婭婭眼神茫然，自言自語。

總是限制我的社交，他卻說是因為愛

「我比阿亮大六歲。剛在一起的時候我還問過他，是否介意我比他大這麼多，但是他告訴我他完全不介意。他還跟我說自己喜歡大姐姐一樣的女朋友，更溫柔體貼，不像很多他那個年紀的小女生一樣嬌縱任性。他還誇我身材好、溫柔體貼、會疼人。」

他們剛認識的時候白天一有空就傳訊息給彼此，晚上通宵視訊聊天。阿亮總是問婭婭在做什麼，跟誰在一起。他還動不動就把自己健身的照片或影片傳給婭婭，然後要婭婭拍照片或者傳定位給他。阿亮還告訴婭婭，他感覺自己從來沒有對哪個女生這麼癡迷過，總是想把自己健身的照片或影片傳給她。

「那個時候我覺得自己一下子陷入了愛情中，以為自己遇到了真愛。」

可是沒過多久，阿亮就開始嫌棄婭婭身材偏胖，不會整理家裡，很黏人，還埋怨因為婭婭年紀比自己大，都不好意思把她介紹給自己的朋友，怕他兄弟們取笑。

「那你感覺如何呢？」

「他起初誇我的優點一下子都成了對我不滿的理由，我一開始是覺得有點怪怪的。不過，我在某些方面神經滿大條的，覺得你不喜歡我就不喜歡我吧，反正我自己接受自己就好。我覺得我的身材、年紀、顧家方面都滿好的，」婭婭聳聳肩，一臉輕鬆地說道，「所以對他的那些評價也沒完全放在心上。那個時候我覺得這可能是熱戀期過後，兩個人開始進入磨合期的一個表現。而且他的年紀比較小，可能心智上還不太成熟，所以我盡量讓著他。」

又過了一段時間，阿亮對婭婭的貶低態度不僅沒有轉變，反而有所升級，他開始控制她生活的方方面面。

「我們見面的時候，他總是會看我的手機，還趁我不注意的時候私自刪除、封鎖我的好友，特別是異性朋友。無論我再怎麼努力嘗試介紹我的異性朋友給他認識，每次跟朋友見完面他總是在數落我的異性朋友。」

婭婭皺著眉頭，無奈地跟我說：「他覺得我的異性朋友要嘛就很裝，要嘛就情商低，還懷疑對方對我有意思。他還覺得我的朋友們看不起他，好像對方無意間的一句話，或者一個眼神都是在諷刺挖苦他。反正他誰都看不起，命令我離這些人遠點，否則他就會埋怨發脾氣，甚至揚言要動手教訓他們。這讓我覺得很為難。

「我曾經私下跟見過他的幾位朋友聊過這件事情。他們對阿亮的想法感到很驚訝，還以為阿亮看起來很享受跟大家聚會的時光，完全沒看出來阿亮有任何不舒服或者被冒犯的感覺。我的某個異性朋友知道阿亮對我交友方面的干涉後，曾經善意地提醒過我，說跟控制欲強的人相處起來會很辛苦。

「那個時候我覺得他可能是太愛我了，才會有這種嫉妒心。我漸漸疏遠了自己的朋友，甚至把幾個男性好友都刪除了。」婭婭的語氣中流露出一絲哀傷的情緒，「我現在都想不通，為什麼之前那麼愛我的人，之後會判若兩人，傷我這麼深……」

婭婭無論怎麼做似乎都沒有辦法滿足阿亮的期待，阿亮開始對她變得冷淡，不再傳健身影片給她，訊息回覆得很慢，有時乾脆不回。兩個人在一起的時候，阿亮也總是盯著手機回訊息，把婭婭冷落在一旁。

「我理解他因為職業的特殊性，需要跟女客戶打交道，」婭婭皺著眉頭告訴我，「但是他總是看我的手機，卻從來不允許我看他的手機。有的時候我無意間瞄到他在傳曖昧簡訊給一些女生，他總是說我想太多，不支持他的工作。

「直到有一天，我在他洗澡的時候，打開了他的通訊軟體聊天紀錄，才發現原來他一直在跟前女友聯絡……」

經常懷疑伴侶的人，往往自己先出軌

婭婭總是聽阿亮說他的前女友小靜的事情。他說小靜家裡很有錢，她在英國留學，經常轉帳給他，但是她的脾氣很暴躁，動不動就鬧分手、搞消失，甚至把阿亮直接封鎖。最後，阿亮實在受不了小靜的性格和處理問題的方式，兩個人就分手了。

「我真的完全沒想到他們還保持著聯絡。聊天紀錄顯示他們時不時還在打情罵俏，還互相叫對方老公、老婆什麼的，他也從來沒有提到過跟我的關係。小靜還一直在轉帳給阿亮，動不動就幾千、幾萬元的轉給他。

「這也讓我明白了為什麼他平時從來不在社群平臺發我們的合照。有一次我逼問他為什麼不發，他突然變得很憤怒，開始砸東西，還說我控制他，讓他感到窒息。」婭婭冷笑了一下，「後來我才知道是他在背著我不斷地精神出軌。」

終於有一天，婭婭決定跟阿亮攤牌。她把她拍的阿亮和前女友對話的照片亮了出來，問阿亮到底怎麼回事。

看到對話紀錄，阿亮瞬間暴怒，對著婭婭大吼：「你以為我不知道你在偷看我的手機？你跟你那些人渣朋友一樣，總是想方設法陷害我，侵犯我的隱私，故意讓我難堪！」

婭婭被對方突如其來暴怒的情緒給嚇傻了。「我的第一反應竟然是覺得自己不應該偷看他的手機，我因此感到很羞愧。但是很快我就回過神來，覺得自己沒做錯什麼，就跟他對峙，問他為什麼還沒有跟前女友斷掉。」

面對婭婭的質問，阿亮告訴她，小靜一個人在國外留學遇到了一些麻煩，無人訴說，回頭找自己。阿亮念舊情，不忍心看她一個人孤零零在異國他鄉受委屈，所以出於同情，就沒忍住把她的聯絡方式加了回來。

婭婭問阿亮，小靜為什麼說話語氣那麼曖昧，還轉帳給他。阿亮解釋自己只是在逢場作戲，根本沒動真心。至於錢的問題，照阿亮的話說就是，「別人要給你錢，不要白不要」。

「他擺出一副拯救者的姿態，好像真的要把那個女孩從水深火熱中救出來一樣。」婭婭不屑地笑了兩聲，「那個時候他說自己最鄙視那種腳踏兩條船的男人，覺得他們不負責任，沒擔當。我那時天真地認為，他不可能是他自己最鄙視的那種人吧？所以我就原諒了他。但萬萬沒有想到，他真的就是他鄙視的那種人。」

無論是懷疑婭婭跟異性朋友出軌，還是對那些出軌的人表現出鄙視的態度，阿亮似乎在他人身上看到了自己在做的事情，並表現出情緒壓力反應。這其實是一種無效的防禦機制，在心理學上叫「投射」（projection）。

投射是將自己的心理行為狀態轉移到他人身上的現象。[20]簡單來說，就是你心裡在想什麼，看別人就是什麼樣子。「作賊喊抓賊」就是一個典型的投射的例子，偷東西的人為了逃脫，轉移目標，把別人說成是賊。良性的投射很常見，可能就是個誤會，但是病態的投射會伴隨對他人的攻擊打壓，讓對方懷疑自己的認知，造成心理傷害，比如：自己謊話連篇，卻說伴侶是個騙子。

自戀型伴侶會經常使用病態投射。這是因為自戀型伴侶的自我太過於脆弱，對自己的缺點、錯誤毫無察覺，但是毫無察覺並不意味著就不存在，這些負面情緒會壓抑在潛意識裡，投射在別人身上，利用他人作為自己的「代罪羔羊」，逃避自身的責任。[21]

事情發生後沒多久，有一天晚上阿亮在婭婭家過夜，婭婭趁阿亮離開的時候，在他手機裡發現他用小帳加了小靜，小靜還在社群平臺曬他們的聊天紀錄。不僅如此，婭婭還發現阿亮跟好幾個女學員有露骨的交流。

「我第一時間找阿亮對質。他一開始還試圖辯解，說自己用小帳加小靜是因為自己玩遊戲時看到了兩人還在交往時的聊天紀錄。他發現那個時候的自己經常發脾氣，小靜為了哄他傳了很多肉麻的訊息，這讓他想到自己跟婭婭交往的過程中也經常鬧彆扭，有些懷疑自己，想問問小靜自己到底是不是個脾氣很差的人，所以才用小帳加她。小靜沒回阿亮，所以他就把她封鎖，忘記刪除了。他還說小靜在社群上曬聊天紀錄是她的個人行為，自己沒辦法要她刪除。」

我問娅娅：「你聽到這個解釋後感覺如何呢？」

「我完全不相信他的詭辯，繼續逼問他是不是還跟小靜有聯絡，還有那些女客戶是怎麼回事。面對我的質問，他回答不上來，就開始暴怒。之後我們就拉扯起來，具體發生什麼我都有點記不得了……」娅娅停了一會，看起來她在努力地回想細節，「我只記得他罵我罵得很難聽，就是你能想到最髒的詞……然後，他開始動手掐我的身體，最後是我的脖子……我當然完全不是他的對手，手臂和脖子都留下了瘀痕……可是他並沒有動手打我，這種互相推擠算是家暴嗎？可是，他說過自己不打女人……之後，他又試圖跟我發生關係，企圖使用這種方式跟我和好。我一開始不願意，但是後來他強迫我……」

當說到兩人撕扯的過程，娅娅明顯呈現出創傷後壓力症候群（Post Traumatic Stress Disorder，PTSD）的症狀，包括暴力事件回閃、精神恍惚、間歇性記憶空白、憂鬱焦慮、不安和羞恥感。[22]

我告訴娅娅：「重要的並不是對方說了什麼，而是做了什麼。掐脖子、在手臂和脖子上留下瘀痕、強迫性性行為都算是親密關係暴力。即使發生了衝突，你也不應該被這樣對待。這不是你的錯。」

「謝謝你認可我……雖然我知道他做得不對，但有時候我還會冒出『是你自己在找麻煩』、『是你不夠溫柔』、『是你不會溝通』諸如此類責備自己的想法。我就是不明白為什麼對方要這麼對我，為什麼每次和他吵架，他都會冷落我而去和前任聯絡，甚至登入交友軟體，所以只能埋怨自己。

「今天早上我剛剛發現他前一段時間跟我鬧分手，不到半個月，他就和健身房剛認識的一個女生發生了關係。我們分手期間他還在健身群炫耀自己前女友們罩杯多少、臀圍多少，還把我們的健身照片傳到群組裡讓其他人『觀賞』。他還把和其他女生的曖昧聊天截圖放在群組裡，我都查到了……我覺得對他來說女生就像獵物一樣，他在炫耀自己的『戰績』。

「我質問他時，他又拿分手期間的單身生活跟我沒關係為理由搪塞。他還說都是以前的事情了，而且他不承認跟對方發生了關係。我確實證據不充分，光憑時間點驗證不了。可是我在分手期間跟異性的正常接觸都會被他罵、貶低。他還說我雙標，明明是他雙標。

「我沒辦法跟朋友傾訴。我和姐妹們吐槽他和不少異性曖昧不清，還有他那些令人討厭的缺點，他知道後就開始說我人品差、嘴賤，我是他交往過的對象中人品最差的。這導致我現在根本不敢和其他人傾訴，甚至和你的聊天紀錄我都需要及時刪除。」

沒有安全感的人，透過施虐獲得存在感

我問婭婭：「既然你在很多方面看清對方是個什麼樣的人，那是什麼讓你無法離開他呢？」

「一方面是因為不安全感，好像離開他我的世界就毀滅了一樣；還有一點是關於性的方面……」這時婭婭把頭轉到一旁，迴避了我的眼神，沉默了幾秒鐘，然後深呼吸了一下，跟我四目對視，故作平靜地說道，「雨薇，我也不瞞你了，我很少遇到能夠滿足我性癖好的伴侶。」

原來，婭婭成年後在性生活中，沉迷於從伴侶的粗暴行為中獲得快感，阿亮也享受其中。

性虐戀在自戀型虐待關係中比較常見。這是因為自戀型伴侶內在病態的不安全感，

使他渴望向外獲得掌控感。所以，在性關係中，他們會扮演施虐者的角色，透過虐待和奴役他人獲得快感，而且更容易違背知情同意的原則。[23]

「可是……」婭婭的表情一下子沉了下來，「有好幾次我都覺得自己要死在他手上……

「有一次發生關係的時候，他掐住了我的脖子，越來越用力，很快我就喘不過氣來。我一臉痛苦，告訴他我不舒服。面對我的哀求，他的表情毫無改變。那一刻，我突然感覺我根本不瞭解這個人。我害怕極了，開始反抗，使出渾身解數企圖掰開他死死掐住我脖子的手。他不僅沒有鬆手，反倒跟我說，我逃不出他的手掌心……

「最後他還是鬆了手，那個時候我已經有點意識恍惚了，有那麼一瞬間我覺得這次死定了，但是又有一種解脫了的感覺……」

聽到這裡，我不禁倒吸一口涼氣。即便聽來訪者描述過各種各樣的自戀型伴侶，但是病態自戀程度這麼高，虐待傾向性這麼強的，極為罕見。阿亮對婭婭所使用的種種暴力性、操控性、欺騙性的行為，讓我有充分理由懷疑他是個自戀型伴侶，而且是自戀型伴侶中行為最危險的一種——惡性自戀者（malignant narcissist）。惡性自戀者不僅擁有自戀型人格的特質，還展現出反社會、攻擊性和虐待性的行為。[24]

婭婭繼續說：「無論我說多少次，他在發生關係的時候都不怎麼採取避孕措施。無論我跟他說多少次緊急避孕藥很傷身體，但是他從不在乎，基本上每次我都要吃緊急避孕藥。

「有一次，我們又沒做避孕措施。結束後，我正要吃緊急避孕藥，不知道他發了什麼瘋，他不允許我吃，還把避孕藥一把奪了過去。他說想讓我為他墮胎，證明我是愛他的。我說不要，他一氣之下就把所有避孕藥都丟到馬桶裡沖走了。他還揚言如果我敢吃，他今天晚上就跟我同歸於盡，然後我就沒有再反抗⋯⋯

「那天晚上，我害怕極了，整個晚上都沒睡，睜著眼流淚到天亮。第二天一早，他還沒起床，我就偷偷溜出去買避孕藥。雖然過了最佳避孕時間，但是萬幸沒懷孕⋯⋯」

婭婭說到這裡，我基本上可以確定她遇到的就是惡性自戀型伴侶。除了自戀型伴侶所具有的一般的心理特徵和行為模式外，惡性自戀型伴侶的特徵還包括控制欲強、迫害妄想、恐嚇威脅和虐待行為。[25]惡性自戀型伴侶最顯著的行為模式是強制性控制（coercive control），也就是使用暴力、威脅、恐嚇或心理技巧，操縱他人做出違背自身意志的行為，[26]例如：煤氣燈效應，監控伴侶的著裝、社交、活動軌跡，需要伴侶時刻通報自己的位置，強迫性性行為導致伴侶懷孕。

我告訴婭婭：「婭婭，你遇到的伴侶屬於惡性自戀型伴侶。他不僅具備一般自戀型伴侶的特質，比如語言打壓、渴望認可、共情力差、撒謊成性、不斷出軌，他還表現出比較危險的特徵，這就包括：一開始對你高強度的情感投入，其實是一種控制欲的表現；把你從親友圈孤立出來，控制你的言行；感覺別人看不起他，有很強的嫉妒心和報復心；在關係中對你進行身心的剝削，還實施極其殘忍的虐待行為，而且絲毫沒有愧疚感。

「你現在處在一個危險的關係中，請你確保自身的安全。最好能夠跟信任的親友保持聯絡，在你需要的時候他們能夠第一時間保護你，或者直接報警。」

「我知道他非常病態，對我很不好，但是我依然離不開他。我周圍的朋友們因為不理解我的選擇都跟我鬧翻了，連我哥知道這件事情後都在埋怨我為什麼不離開。雨薇，我現在真的很需要幫助……」

婭婭的經歷不是個案。在我遇到的案例中，很多經歷自戀型虐待的來訪者都會發現自己因為無法跟自戀型伴侶分開而漸漸失去自己的支援系統，包括家人、朋友、社群、缺乏對自戀型虐待瞭解的諮商師。

一方面可能是自戀型伴侶有意試圖透過貶低受害者周圍的親友，讓受害者遠離自己的社交圈，從而更好地操控受害者；另一方面，親友因為不理解自戀型虐待背後的複雜性，所以會責備受害者為什麼不離開。這不僅不能幫助受害者好好走出來，還會讓受害者感到羞恥，陷入更深的自我責備的循環中。有一位來訪者曾告訴我：「我最好的朋友跟我說，如果我不跟那個虐待狂離婚，她就再也不想見到我了。我失去了最後一個支撐，感覺被整個世界拋棄了。」

我告訴婭婭：「這不是你的錯，也不完全怪你哥。沒有相關知識的親朋好友很難理解你在一段自戀型虐待關係中的處境。雖然我知道你現在肯定感到很痛苦也很困惑，十分想找最親近的人訴說，但我還是建議你謹慎分享給周圍的人，對方可能會因為不理解，給你造成二次傷害。」

「好的，那我先保護好自己，嘗試遠離他，之後再跟你聯絡……」

阿亮基本符合自戀型人格的行為模式，包括：

1. 高衝突性：阿亮經常使用暴力性方式應對關係中的衝突，不僅不會緩解衝突，還會升級、惡化矛盾。
2. 僵化：阿亮懷疑別人瞧不起自己，把婭婭的異性朋友當成競爭對手，思想兩極化嚴重。
3. 對抗性強：阿亮無法承擔起自己在關係中的責任，使用一系列顯性和隱性的操控手段，比如煤氣燈效應、病態投射、性暴力、欺騙等方式，對婭婭造成身體和心靈上的嚴重傷害。

4. 脆弱性：阿亮內心十分自卑，不僅沒有承擔責任、應對壓力的能力，還需要透過展示自己性伴侶的數量、身材來證明自己的魅力。

5. 特權感和剝削性：阿亮為了逃避責任，使用各種欺騙詭辯的方式，試圖掩蓋自己出軌的事實，毫不在乎婭婭的感受。

6. 失控：阿亮會使用暴怒、砸東西、肢體暴力、言語暴力、性暴力等方式掩蓋自己不負責任的行為。

心理學家認為，惡性自戀型伴侶的核心和「黑暗三角人格」（Dark Triad）有很多相似之處。黑暗三角人格包括自戀、心理變態、馬基維利主義，這三種人格特質構成了人性中的黑暗三角。

馬基維利主義的特點是認為成功的關鍵在於操縱和利用他人，為達目的不講道德，不講原則，同時認為人都是自私自利的，不相信人性的真誠和美好；自戀指的就是自負、特有優越感、總覺得自己高人一等、應該享受普通人享受不到的特權；心理變態可以說是黑暗三角中最可怕的一角，它的特點是高度衝動、追求刺激，同時缺乏共情心，也就是我們所說的「天生殺人魔」——無法感受到別人的感受，就算看到別人滿臉痛苦，心裡也沒有感覺。[27]

如果你不幸遇到了這樣的伴侶，一定要在確保自身安全的前提下，尋求外界的幫助和支持，以儘早結束這段關係，遠離這種恐怖情人。

5. 良性自戀型伴侶

王琪來找我的時候，語氣聽起來非常急迫。她告訴我從今年五月開始，她把自己弄丟了，生活也沒了重心。她整夜整夜地失眠，情緒波動很大，自己的心理諮商師好像不太能理解她的處境，在過去三個月並沒有讓她找到一點光。

她最近都在聽我的 Podcast 節目，特別是有關自戀型伴侶和創傷療癒的內容，似乎找到了一些方向，今天終於鼓起勇氣想試著跟我溝通一下，她希望越早開始越好。

於是，我和王琪隔天就約了第一次線上諮商。

王琪生活在成都，長相清秀，留著短髮，看起來是一副剛畢業大學生的模樣，完全沒想到她已經三十多歲，在業界是位小有名氣的網路作家，結婚都快十年了。

在社交軟體上尋找真愛的人

當我問王琪是什麼讓她感覺到弄丟了自己的時候，她告訴我她老公遇到了「真愛」，要離她而去。

「我和陳飛是大學同學，來自同一個城市。剛工作沒多久，有一次同學聚會，我們又見面了，重新建立了聯絡。接觸下來，我對他印象滿好的：外表瘦瘦高高的，話不多，有不錯的工作，孝敬父母，也有結婚生子的打算，很符合我的期待。我們談了半年的戀愛就結婚了，算是閃婚。

「談戀愛的時候沒意識到，但是結婚之後才發現兩個人理念差異較大。無論是在生活上還是工作中，我都比他努力。結婚沒多久，我的薪水就比他多了一倍。我鼓勵他把時間多花在工作和學習上，少打遊戲。他聽了之後很憤怒，有幾次還摔東西了。

「他說我總是在提要求，讓他壓力很大，很沒面子。我還滿納悶的，我覺得我不就是跟他說希望他能早點睡，少打點遊戲，工作上多上心一些，兩個人多一些相處的時間，其他的也沒什麼了。那個時候我覺得他應該能明白我的良苦用心，只是抱怨一下罷了，所以沒當真，也沒有做出什麼改變。幾年後他被公司提拔，進入了管理層，收入也提高不少，我也就沒再說什麼。

「半年前，我無意間發現他在轉帳給一個女大學生，我問他這是做什麼。他說這是朋友的女朋友，她父親生病了，急需醫藥費，他就救急轉帳給她。那個時候我就隱隱覺得不對勁，不過並沒有什麼實質性的出軌證據，我也就沒深究。誰知道半個月前，他突然告訴我，他找到了真愛。」

王琪紅了眼眶，開始輕輕地啜泣。

「那個時候我完全崩潰了，想不到他會這麼做。」說到這裡，她已經泣不成聲，閉上眼，緩了一會，繼續傷心地說，「我問他對方到底是個什麼樣的人，他告訴我他們是透過某個社交軟體認識的，對方生活在上海，二十多歲，能夠滿足他所有的幻想——膚白貌美身材好，溫柔可愛順著他來，發生性關係不用避孕措施。後來，他基本上每隔一週就出門，飛到上海去找那個女生，兩人還一起旅行。

「聽完之後，我的心像插了無數把刀一樣痛，我不知道自己到底做錯了什麼，使他對我說出這些細節來傷害我。雖然我內心已經痛到極點，但是我表現得出奇地冷靜。我問他到底想怎樣處理我們的關係。他不敢直視我的眼睛，只是低著頭，一直在說對不起。我問他為什麼要這麼對待我，他說我沒有女人味，太好強，讓他沒有存在感。我們之間的感情是親情，男女之愛已經不存在了。如果還在一起，他還要繼續面對我提出來的那些要求，這讓他感到窒息，他只能使用冷暴力傷害我。他很明確地告訴我，他從那個女生身上獲得了自己想要的感覺，所以才會明知道後果但還是忍不住這麼做。他還沒想好是否要跟我分開。如果分開了，他會把賺的錢都給我，不想讓我有任何後顧之憂。我覺得他就是被一時的衝動迷惑了心性，其實他根本不知道自己到底要什麼。雨薇，你說他所謂的『真愛』的確像他說的那樣真實嗎？」

我告訴王琪：「聽到發生的這一切，我真的感到很抱歉。我覺得到你有很多壓抑的情緒表達了出來。你希望瞭解到他內心真實的想法，這一點我很能理解，但是我的焦點在你的身上。我想知道，當對方告訴你自己找到了真愛，你的感受是什麼？」

「我腦子裡有點亂。我沒想到自己曾經為這個家的付出令他感到窒息，同時他的迴避和想要快刀斬亂麻的方式讓我覺得殘忍。我前一秒還覺得幸福，後一秒突然有人通知我說『不，這不是我想要的』。這讓我感到很害怕。此刻我又開始反思可能是我曾經的方式、方法不對，不應該把自己對他的期待那麼頻繁地表達出來，自己不應該在生活和工作中這麼努力，沒有照顧好他的自尊心和感受，導致這段關係走下坡路。我覺得自己的手在抖，整個人呈現出很恐懼很不安的混亂，難受，失望。」

說到激動處，王琪的聲音越發顫抖。我問她：「你的這種感受非常重要，王琪。你覺得手抖、害怕、混亂、難受和失望是在告訴你什麼呢？」

「我覺得他突然完全變成了一個陌生人，突然間變得非常無情，好像之前十年的感情都煙消雲散了，現在想把我踹開。我們現在雖然生活在同一屋簷下，但是分開睡，也不說話，只透過傳訊息溝通。他只會說對不起，這讓我更加愧疚。我也會跟他說對不起，告訴他過去的十年裡，我的控制欲太強，對他的期待和要求太高了，讓他感到很受傷。我會跟他道歉，也很感謝他能夠包容我這麼多年。我很希望他能再次給我們的關係一個機會。

「但是他不僅沒接我的話，還反問我，現在每天晚上他人在屋子裡，心卻不在，難道我不會難受嗎？為什麼還要強求呢？我當然難受，但是不知道為什麼就是放不下。他會為了出去和那個女生見面編造各種理由，甚至不和我說，直接出去，這種傷害極其殘忍。他說，分開後最初的一兩年我可能會很痛苦，但是總有一天我會好的。他會為我準備好夠多的錢，這也算是他能夠為我做的重要的事，讓我冷靜思考一下。他之所以現在這樣，是真的想做一些自己想做的事，不想留下任何遺憾，哪怕這樣很不道德。

「我告訴他如果怕我受傷害，就給我足夠的時間，把傷害減到最低。既然他知道這樣對我很殘忍，那就不要當著我的面跟那個女孩聯絡。我不是沒有想過，明知道他喜歡別人，還選擇繼續愛他，會讓我感到很痛苦，但是現在就放棄他也讓我感到很痛苦。既然都是痛苦，那就給我些時間。我害怕的是，現在放手，以後會活在懊惱中，我也不想留下遺憾，所以希望他不要再勸我。如果我真的累了，我自己會走。」

我能感覺到王琪被突如其來的婚姻危機重重地打擊到，陷入了情感混亂的漩渦中。她在表述過程中有很多衝突矛盾的地方，這是因為她還處於震驚的狀態，無法理解和接受伴侶的背叛。她在敘述過程中立場不斷地切換，當站在一個被背叛者的立場上時，她覺得自己很委屈，很受傷，當因為害怕失去伴侶和這段關係時，她會站在陳飛的立場上，去責備質疑自己。

雖然王琪在理智上明白陳飛很可能想要結束這段關係，但是在情感上接受需要花一些時間。整個過程可能會經歷否認、憤怒、自責、沮喪、憂鬱等情緒，最後才能接受。這也是心理學上所講的情緒哀傷（grief）的過程。[28]哀傷是接受現實之前的必經階段。這好比除雜草，只有當雜草被清理乾淨，才能更好地播種，迎接新生。所以當務之急並不是去批判誰對誰錯，而是要讓王琪接納自己的感受。

出軌的一方如果希望幫助伴侶度過哀傷的過程，就必須去尊重伴侶的需求。王琪目前最主要的需求是陳飛給她一些時間去面對和處理哀傷的情緒，而陳飛會把自己對真愛的追求放在第一位，很少提供給王琪情感上的支持，只表示願意提供物質上的支持。我隱隱覺得陳飛沒有共情到王琪的痛苦，但是背後的原因是什麼暫時還不確定。

我把聽到的模式回饋給王琪：「似乎一方想放手，另一方想堅持，兩個人的需求好像不合。」

「是的，我覺得他是想離開我，但是我又不太確定……」

「是什麼讓你感到不確定呢？」

「他的想法是：一方面，我過得好不好對他是重要的，如果他徹底離開了我，我精神上垮了，他會很難受；另一方面，他的確很喜歡對方，無法割捨。他明知道自己做過的事、在做的事和要做的事都會傷害我，但是他還是要做。

「後來，他說他幫我想了個辦法——我可以選擇不離婚，但是也不要去干涉他在做的事，要我裝作不知道，我就不會痛苦了。我問他最近開心嗎？他說只要不面對我，就覺得開心。他說宇宙那麼大，自己那麼渺小，為什麼不做些讓自己開心的事。」

我原本以為這只是一個伴侶出軌導致關係出現危機的案例，但是聽到這裡我明顯感受到陳飛前後矛盾的表達。他雖然跟王琪說很在乎她的精神狀況，但做法卻刻意迴避她的情緒。他明知道出軌這件事情對王琪打擊很大，但是他不但不解決由自己出軌導致王琪情緒崩潰的問題，而且還繼續跟出軌對象見面。不僅如此，他還直白地說要王琪壓抑自己的情緒，甚至說不面對王琪就覺得開心。我覺得他在有意地貶低自己的伴侶，這讓我有些不安。

「我覺得陳飛在迴避和打壓你，你認為如何呢？」

「聽了他的話，我覺得很混亂。我討厭自己現在的樣子，被別人嫌棄和否定，我對自己很失望，這不是我該有的樣子和狀態。其實，他一直以來都是這個樣子。有一次，我們因為對他母親的態度而產生分歧。事情是這樣的，他母親跟他父親關係不是很好，所以把所有焦點都放在小孩身上。有的時候她在家庭群組裡說了什麼話，就要求得到即刻的回應，否則就會不斷地打電話給陳飛，這在很大程度上影響了他的生活和工作，讓他覺得很煩。我跟他說可以在你方便的時候安慰她一下，但是不可能做到總是即時回覆訊息。他覺得母親年紀大了不好過，所以凡事都要忍讓。他還抱怨說我不在乎他的母親，不回覆她的訊息，還說我自私冷漠，只想到自己。我就納悶了，他母親希望回覆的人是他又不是我，而且我也做不到完全即時回覆她的訊息啊，誰沒有自己的生活呢？」

我跟王琪說：「雖然關係遇到挑戰可能兩個人都有責任，但是這並不是對方迴避你的情感訴求和打壓你的藉口。雖然我很理解你想弄清楚他的動機和意圖，拯救這段關係，但還是要先照顧好自己的情緒。如果對方說了什麼讓你感到混亂，這很正常，因為你現在是處於一個受傷的狀態。當你的情緒有起伏的時候，先嘗試接納它，問問自己這背後表達了什麼樣的需要。你的情緒是不會騙人的。」

王琪努力地點了點頭，告訴我：「好的，我這就去試一試。我之前的心理諮商師是打著情感挽回的名義，告訴我要怎麼做才能把老公搶回來。我那個時候也是病急亂投醫，急紅了眼想挽回這段關係。我花了好幾萬，按照他的套路跟陳飛傳訊息，定期問候，傳一些類似『寶貝，我想你了』的肉麻簡訊，還時不時地示弱，不斷地告訴對方『只要你不離開我，你要我做什麼我都願意』。我看到那些訊息自己都覺得噁心，最後差點把自己搞憂鬱了。」

「你本來是受害者，還要忍著痛，在這段關係中一次又一次地壓抑自己的情緒，不斷地付出，這真的是在傷口上撒鹽。你能夠尊重自己的感受，選擇更適合自己的幫助，真的很勇敢。」

「跟你聊完之後雖然問題還是沒有解決，但是我終於感覺自己被看到了。原來不只是我的錯，對方的出軌行為以及刻意迴避我的情緒其實責任更大。我接下來這幾天要好好觀察一下自己和對方。謝謝你。」

我們第一次的諮商就這樣結束了。過了幾天，王琪就傳訊息給我，分享她這段時間的感受——

「雨薇，自從上次諮商你告訴我要把焦點從他的身上轉移到自己身上來，我就在刻意跟對方保持距離。我發現他幾乎每天都跟我說對不起，我已經很反感了。我後來意識到反感的背後是一種失望，就是對方並沒有因為知道我的感受而真正做出什麼改變。

「你告訴我，不要在乎他是怎麼說的，而要在乎他是怎麼做的。雖然我很害怕承認，但是我要認清一些問題：認清他到底是什麼樣的人，認清我到底需要什麼，認清這段關係，認清我的困境，認清是什麼讓我這麼痛苦。

「雖然我白天努力安排自己做一些家事和簡單的事，但是我心裡還是會時不時難受，覺得他們在一天天的相處中感情越來越深，他們彼此找到了「真愛」，想到他們短期內多次的旅行經歷等，我的心就會亂。」

我回覆王琪：「很能夠理解這種『心亂』的感覺，在自己能力所及的範圍內照顧好自己的情緒就很不容易了。」

一週之後，再見到王琪，她告訴我，她已經決定搬出來住了。

「上次諮商結束後，我一直在提醒自己關注自身，看清對方到底做了什麼，面對真相。我看清了很多真相，其中一個真相就是：現在覺得很不安全，陳飛並不像他自己說的那麼在乎我的感受。」

當我問王琪是什麼讓她產生這種感覺，她告訴我：「當我開始關注自己的感受時，我漸漸意識到這半個多月來他那些所謂的『如實回答』讓我覺得非常氣憤、屈辱，那種不被尊重的覺得很不好受，甚至讓我胸悶、手發麻。之前的我還活在擔心以後一個人過的恐懼中，但是想到被這麼輕視甚至不在乎，這樣被人不尊重對我是極大的侮辱。

「我同時也覺得很恐懼。我搬出來一個人住還不到一週，已經沒有最開始那幾天的新鮮感，開始覺得每天都很難熬，會想很多，比如晚上他是不是整晚在視訊聊天之類的，他會不會在認真考慮離婚，我到底能不能讓自己一個人好起來，這讓我心裡很亂。」

我告訴王琪：「你能夠相信自己的感受，並且積極地行動起來，做得很棒。聽起來你現在的確在經歷適應期。我們的大腦喜歡熟悉，不喜歡改變，雖然改變可能會幫助我們成長。現在面臨新的習慣的養成，大腦會想回到過去的模式裡，的確會有情緒起伏，這很正常。」

「嗯，謝謝雨薇，我會努力去建立新的習慣。但是，我發現自己的情況還是很糟糕，我嘗試寫下來，卻又毫無頭緒，頭腦裡很混亂。」

「是什麼讓你感到混亂呢？」

「當初搬出來的時候，感覺自己是朝新生活前進的，我盡力找事情做，實則是在逃避，我今天一下子意識到這一點後，對自己很失望。他現在是自由的狀態，肆無忌憚地傷害我，我想讓自己好起來，但總是振作失敗，想讓別人告訴我該怎麼做，但其實除了我自己，誰都幫不了我。這樣的想法讓我很混亂。親友們都勸我盡快離婚，每一個人都這麼說，但是我做不到，我幾乎認同他們說的選擇比較好，但是我就是無法做到。

「今天早上起不來床，不想動，但內心有個聲音告訴我需要開始準備離婚協議書了。我會有這個念頭是身邊的親友們在推動我，他們告訴我每多拖一天得到的會越少。他們覺得我老公心機很重，我已經被算計了。」

我問王琪：「你自己內心真實的聲音是什麼？」

「我內心的聲音很矛盾。明知他對我的傷害很大，但我還是想要這個家。但是，經過大家的提醒，我再回頭去看他的一些言行，我覺得自己再不清醒，會讓身邊真正在乎我的親友們失望，而我永遠也等不到他對我的在乎。」

「王琪，我在工作經驗裡發現，我們並不是知道要離開就能離開，而是透過一次次認可自己的感受，看清對方真正的意圖，處理好哀傷的情緒，在生活的一點一滴中積累起力量，這樣才能幫助我們做出選擇。我覺得你現在的能量已經很低了，先照顧好自己的感受，不著急做決定，給自己療癒的時間。去或留是你的選擇，不需要給任何人一個交代。如果跟親友交流太消耗你的能量，那就先暫時保持距離。」

「謝謝你，雨薇，我真的被安慰到了。我希望珍惜這段獨處的時間，做讓自己開心的事。既然不急著做選擇，那就先照顧好自己。我也會跟我的親朋好友說這是我自己的決定，希望他們不要插手。我意識到他們可能並不是好的傾訴對象，我應該把這些事情跟更專業的人士分享。

「還有一件事情讓我十分困惑。他從我搬出來後做了一些小恩小惠的舉動。他知道我現在的住址，會送禮物給我，但總感覺是在自說自話。前兩天他買了一組昂貴的保養品給我。看到這個禮物我開始的確有點小感動。因為最近我跟他傳訊息，提到過自己睡得不好，滿臉爆痘，所以他可能關心我的皮膚狀態，才買這個禮物給我。但是我也會有不舒服的地方，我覺得他只是花了點錢試圖去彌補他的愧疚和自責。我最需要的不是這些禮物，而是他能夠看到我的情緒和感受。」

「聽起來他只是按照自己的方式去關心你，沒有真正面對你的情緒。」

「原來如此！我還是覺得後怕，感覺自己在他那邊是透明的，他對我瞭若指掌。說句心裡話，昨晚想到這十年的感情說結束就結束，我心裡真的很難受，很痛苦，非常害怕，甚至一度想搬回去住。想到這裡我現在都覺得很羞愧。我知道不能這麼做，所以跟親友們求助。他們怕我衝動，一直陪我聊天到凌晨，確認我不會回去為止。我回去又能怎麼樣呢，我搬出來，痛苦的是我，他根本感受不到，或者說他根本不在乎，他反而更自由快樂，這不公平。

「從我搬出來一個人住開始，都是我主動傳訊息給他，他沒有主動問候過我，我幾乎每晚都做噩夢夢到他。我們是大學同學，今天上午我還夢到新學期開學，他換了新髮型，把我當作空氣無視我，通訊軟體上的大頭貼也換了，我馬上驚醒了。之前還夢到他帶其他人回我們的住處，我在洗衣籃裡發現了兩件換下來的裙子，太可怕了。」

我告訴王琪：「夢其實是在表達我們平時壓抑的情緒和需要。那你覺得這個夢在告訴你什麼呢？」

「他一直在傷害我無視我，而我一直在逃避，抓住一點點細節就感動，無論是買貴重的禮物給我，還是點我喜歡吃的外送，這些都不能改變他變心的事實。我需要面對和接受這份痛苦，然後改變之前的行為模式，把焦點放在自己身上。謝謝你，我舒服點了。

「我覺得自己現在就像處在一座高山的半山腰，人生很難，我不知道現在選擇的『路』對不對，但我決定繼續走下去。未來期待跟你交流和見面。雨薇，認識你讓我覺得很有安全感。下午我坐在客廳裡做了冥想，感覺舒服了一點。」

之後在跟王琪定期的交流中，她的狀態處於反覆上升的階段。從前幾次我們的交流過程中，她總是在想陳飛跟那個女生之間的關係，質疑對方是否找到了「真愛」，到逐漸開始關注自己的情緒和感受，以及跟我分享獨居的感受。她告訴我這個階段自己情緒崩潰的頻率從起初每天都會經歷很多次，到現在每天只會有一到兩次，甚至有些時候可能幾天才會經歷一次。當她越來越能接納自己的情緒，就能越來越少被情緒所控，注意力和精力也有提升，開始能照顧好自己的日常起居，還恢復了自感情危機出現後就中斷了的工作。

在我們交流快兩個月的時候，有一天王琪傳訊息告訴我：「雨薇，我傳訊息給他，得知他要出門三四天，聽到之後我好像並沒有多難過了。我也不會去花太多時間想他要幹什麼。如果他那麼糟，我有能量就會離開。如果我還沒找到離婚的那個點，那就繼續待在這段關係裡，同時不跟他有過多的交集。

「我開始在網路上創作了，不想為難自己，就按照自己的節奏來。他會在一天的不同時間出現，幫我的貼文留言、按讚。無論是一大早、大中午還是凌晨三點，當我看到他的留言或按讚，腦子裡想的只是，這並不代表什麼，他的行為並不需要什麼力氣，我應該保持讓自己的生活狀態變好，這樣就算有一天離開，我也不至於太消沉，要給自己過渡緩衝的時間。

「社交平臺上可以找到真愛嗎？半年內只是偶爾見幾面，每次見面開房、旅遊，這是一種看似很不穩定的狀態，它可以抵禦日後生活中瑣碎的起起伏伏嗎？人為什麼會願意活在幻想中？我要堅定一個念頭，就是他很幼稚，也沒有改變。我如果不想再受傷害，那就應該選擇明智的做法。」

婚姻發生危機，婆婆總要我理解丈夫

就在王琪以為自己透過努力，終於可以透出水面大口呼吸的時候，她經歷了自陳飛出軌後另一個重大的打擊。

用她的話來說就是：「原本在慢慢好起來，但現在一切又崩塌了……我現在覺得自己像在漆黑的海底。」

事情的起因是王琪跟公婆產生了衝突。

週末探望公婆是她和陳飛結婚後約定的慣例。即便發生了婚姻危機，兩個人依然保持著這個習慣。陳飛那個週末又出去跟那個女生約會，留下王琪一個人去看望公婆。公婆知道自己兒子婚內出軌的事情，王琪希望獲得公婆的安慰，可沒想到她從公婆的口中聽到了令自己更心碎的話語。

「婆婆只是在反覆強調自己的兒子學生時代多麼優秀，對他們多麼孝順，比那些『啃老』的人好太多了，完全沒有辦法跟我共情。我聽到這些覺得自己很愚蠢，不該因為期待有人可以聽聽我心裡的苦，而跟他們說自己的事。

「我又回到了那條看不到頭的路上，那一刻的我覺得很糟，開始懷疑自己，到底是該狠心離開還是再緩緩。我的社交平臺顯示，前一天陳飛一共查看我的動態九次。我開始混亂。」

我問王琪：「是什麼讓你有這種混亂的感覺呢？」

「對方一直拖著耗著讓我覺得自己快到忍受的極限了，我討厭自己此刻的狀態，開始恨自己沒有骨氣，很想下定決心，偏偏又做不到，這樣反覆否定自己讓我混亂。」

「如果完全不考慮對方，你會怎麼做呢？」

「我不知道……」

「那就先照顧好自己的情緒。等你有力量了，再做決定也不遲。」

「不知道這樣定義準不準確，但今天可能是最近一個多月來我狀態最糟糕的一天，內心完全亂了，可以說幾乎沒睡，我從昨晚開始無數次用手機看他是否有來訪，以及去網路上搜尋『在社交平臺上找另一半的人是什麼心態』這樣的話題。最近我夢到的都是不堪的場景，心裡感覺像被重物壓得透不過氣來。我甚至覺得都沒辦法照顧好自己，不想吃東西，睡不著，覺得目前這麼痛苦，不如他趕快通知我去離婚好了。我昨晚都夢到了收到這樣的訊息。」

「如果是你朋友在經歷這樣的一種情況，你會怎麼建議她呢？」

「這過程太痛苦了，我希望我的朋友們永遠都不要有這樣的經歷。我覺得自己給不了任何建議。如果她需要我的陪伴，我會陪著她，陪她一起吃點東西，陪她說說話；如果她哭出來心裡能好受點的話，希望她能哭一哭。」

「那就先吃點東西，哭一哭，把想說的話告訴我或者寫下來。特別認同你說的，任何人都不應該被這樣對待。」

「雨薇，我害怕的是在我目前狀態很差且沒有準備好的時候，他突然跟我說他想好要離婚了。我知道這個人很有問題，他可能不再是真正適合我的人，但是我現在太弱。今天早上我差點做了件不明智的事，幾乎忍不住回去找那個教情感挽回的心理諮商師。我知道自己不能依賴任何人，但我真的快撐不住的時候就想要傳訊息給你，謝謝你能理解我此刻的狀態。我自身也存在一些問題，這些問題導致我很弱、能量低，我確實把對方看得太重了，他的來訪紀錄幾乎成了我的心情晴雨計。」

我告訴王琪：「每一次的打擊其實都在幫助你看清對方是個什麼樣的人。你一直以來都很勇敢地在面對現實，我能做的也只是陪伴你度過最難熬的這段時間，去接受你的情緒，包括去探究情緒到底是在表達著什麼。」

「謝謝你，我覺得我要把更多的精力花在自己身上，而不是那個人身上。」

他買包買車給我，卻不願意陪我聊天

又過了一週，王琪告訴我，當她逐漸不怎麼在乎陳飛是否查看她的社交動態，也不再主動傳訊息給他後，陳飛開始有各種非常明顯甚至「刻意」的變化。

「陳飛開始主動跟我傳訊息，每天噓寒問暖。他甚至會做一些我之前一直希望他做，但是他覺得是我對他進行『控制』的行為，比如跟我講自己什麼時候出門、什麼時候回來之類的小事，還會告訴我他當下在做什麼。」

「那你感覺如何呢？」

「我覺得很複雜。在他出軌前，我就曾跟他表達過希望兩個人平時多花些時間聊聊天。但是他覺得我很煩，說我控制他。他下了班就一直抱著手機，吃飯的時候也在看，全程兩個人不怎麼說話。吃完飯他就打遊戲去了，每天基本上毫無交流。最近，他突然發生了一百八十度大轉變。之前我想要的，他現在都在做。這太反常了……」王琪感嘆道。

我告訴王琪：「好像對方其實一直都知道你想要什麼，只不過那個時候他選擇不滿足你，現在好像他在有意地滿足你的需要。」

「我覺得他在有意識地討好我，但我反應平平，真的不悲不喜。我反覆觀察過自己的感受，發現自己面對看似有波動的水面，開始異常警覺。後來我思考自己之所以會有所警覺，是因為我雖然感受到了他的變化，但他並沒有明確地跟我面對面說接下來的計畫以及想要跟我溝通以達成某種共識，他只是單方面『示好』。」

當我問王琪她感覺如何的時候，她告訴我：「那是一種並不那麼愉悅，甚至讓人稍稍不安的感覺，似乎背後有某種『目的和陰謀』。我覺得人不可能變得那麼快，上週他還一聲不吭地出門一週跟別人去玩，現在卻幾乎判若兩人。或許他只是在暫時『安撫』我而已。

「他告訴我自己遇到真愛的那段時間還對我非常冷漠，不管不顧，當我搬出來之後他開始有意示好，到現在當我越來越適應獨居生活，不再跟他袒露過多內心脆弱的情緒和極力挽回這段關係後，他的態度反而出現了大轉變，訊息文字表達越來越多，即使我回覆一兩個字，他也會繼續自說自話。我甚至覺得會不會有一個更大的坑在等我。我必須仔細觀察，而不是被馬上『引誘』進坑。如果他們關係越來越好，那不是應該盡快『甩掉』我嗎？我實在是有太多摸不著頭腦的疑問。」

我覺得到王琪已經漸漸把焦點從揣測對方的出軌對象是否是「真愛」或者對方是否會離開自己，轉移到對方的行為讓自己感受如何，以及是否能夠滿足自己對關係的期待和要求。這種視角的轉變是一種力量感提升的表現。

隨著王琪變得越來越清醒，她的判斷力在逐步恢復。我隱隱地覺得她可能意識到了什麼，於是就問她：「那你的直覺告訴你什麼呢，王琪？」

「這樣說出來有些讓我害怕……」王琪的聲音帶著些許顫抖，「但是如果非常誠實地面對自己的恐懼的話，我覺得他在利用我。因為我在外人看來是個能賺錢、持家、孝順公婆的『好妻子』，我覺得他不想有損自己在親友面前『好丈夫』的形象。他大概是想維持這種『家裡有老婆操持，外面有情人玩樂』的模式，自己完全不用承擔任何輿論與道德上的責任和代價。

「這段時間我也在思考我們的關係，發現他身上有很多之前我沒有意識到的問題。他很喜歡買名牌，好像這樣能夠給他『添面子』。他喜歡開跑車，有的時候在路上看到其他人開的車就會指指點點，說那些開普通汽車的人品味差，覺得自己高人一等。他有時還看不起那些開跑車的人，說那些都是富二代，花父母的錢有什麼可驕傲的，不像他從來沒拿過父母一分錢，那才是真本事。

「我之前一直都沒有學開車，他總是打壓我，說我肯定學不會，但是我不聽。我搬出去之後，兩個月就考到駕照了。他說要買跑車給我，我說我不要，我只要一輛普通的代步車就好，但是他堅持要買跑車給我，彷彿聽不到我說話一樣。

「他送給我的禮物也都是一些名牌的衣服和包包，我告訴他這不是我的風格。他也不聽，還是堅持買給我，還要我穿。我才不聽他的，就丟在一邊。他有的時候還會因為這個跟我賭氣。他自己收集名牌球鞋都到上癮的程度，總是發動態，曬自己的藏品，還總是關注有沒有人幫他按讚或者留言。

「我覺得他很愛慕虛榮，非常需要別人的關注，嫉妒心還很強，感覺他其實是個很自卑的人。我們兩個人的價值觀很不一樣。」

經過幾個月的瞭解，我逐漸意識到王琪所遇到的不只是婚內出軌的問題，她所面對的很可能是一個良性自戀者（benign narcissist）。

之前跟大家分享過，自戀的程度其實是一個光譜，分布在健康的自戀到惡性的自戀之間。良性自戀者擁有所有自戀者的特徵，包括虛榮、特權感和缺乏同理心，但是這些特徵表現得較為溫和，跟其他類型的自戀者相比不那麼「有毒」。一開始你會感覺這個人很可靠，但是深入交流後，就會發現良性自戀者注重外表的光鮮，把自己的需要放在第一位，忽略伴侶的情緒感受。因為缺少共情力，良性自戀者難以跟伴侶進行深入的交流，更難意識到自己的行為對伴侶的傷害，總是像一個小孩一樣按照自己的想法來，他們的人際關係缺乏深度和互惠性，特別是親密關係。[29]

我在工作中觀察發現，如果伴侶是一個良性自戀者，在關係中你會經常感到失望、沮喪和被忽略，因為他們很少滿足你對關係更深層次的需求，比如，接納你的脆弱和情緒，面對衝突進行持續性的溝通從而達成共識，承認造成的傷害並且承擔責任，等等。這些人可能會跟你旅行拍照，享受燭光晚餐，送你貴重禮物，但是很難去真正關心你需要的是什麼。可能你需要的是伴侶花時間陪你聊聊天，但是他卻買了個包給你，還希望你能高興地接受，最好再發個動態。這是他們把自己的全部自我價值放在自己的外表和吸引他人的能力上的結果。

雖然良性自戀者不總是會刻意地打壓和控制伴侶，但是他們內心深處非常不安，總是需要認可和關注，難以經營一段深度的關係。他們內心空虛，自我意識薄弱，遇到問題會選擇迴避和打壓對方，而且無法共情伴侶的感受。曾有一位跟良性自戀伴侶交往過的來訪者說過：「他就在那裡，但似乎從來都不在乎我的感受。」

於是，我把我的分析判斷告訴了王琪：「你能夠在痛苦中面對對方真實的一面非常重要。他在出軌之前的虛榮、特權感和對你的打壓，以及出軌後所表現的缺乏同理心、不負責任和自私，讓我懷疑對方是一個良性自戀者。」

「良性自戀者……是不是說明這個人還有救呢？」王琪問我。

「良性只是說明對方不會使用身體暴力、精神控制或者煤氣燈效應等惡劣的方式對待你，但是這些人也很難跟你進入深度的親密關係中。這種類型的自戀者跟其他類型的自戀者一樣很難改變。」

「謝謝你告訴我，雨薇……」王琪嘆了一口氣，「我突然感覺到莫大的輕鬆，不會跟自己較勁了。之前我總覺得自己還是能做些努力，但總是碰壁，期待一次次落空。你這麼說似乎證實了我的經歷，讓我意識到原來不是我的錯。那你覺得下一步我要離開他嗎？」

「抱歉，王琪，這個決定可能我無法幫助你做，這是需要你自己決定的，但是我可以告訴你的是要回歸自己的需要。對方是怎麼樣固然重要，更重要的是他是否能夠滿足你的核心需要，比如被共情理解、被尊重、深度的溝通。」

「我明白了，雨薇。」她遲疑了一會，然後問我，「我可以將接下來的一段不確定的時間當成一個人的旅途嗎？」

我告訴她：「當然可以，相信雖然會有反覆，但是你會創造出你想要的答案。」

第二章

為什麼你會被自戀伴侶吸引？

上一章透過梳理五位主角的經歷，跟大家介紹了五種不同類型的自戀型伴侶。這一章我們繼續透過講述五位主角的經歷，聚焦她們的伴侶是如何形成自戀型人格障礙的，以及她們被自戀型伴侶吸引背後的原因。

我會使用生物心理社會模型（bio-psycho-social model），分析為什麼男性患有自戀型人格障礙的比例較高且自戀特質難以改變，以及為什麼女性會被自戀型伴侶吸引並深陷其中。針對人際關係的暴力、社會的不公所造成的個體的情緒問題，生物心理社會模型超越了將問題歸結於個體的病理化模型，從生物、心理、社會等多個層面系統性地揭示心理問題背後複雜的成因。[1]精神病學家尼爾・麥克拉倫（Niall McLaren）指出，生物心理社會模型是學術精神病學和臨床精神病學的重要分析工具。

雖然生物因素也是一個很重要的視角，但是目前學界缺少對自戀型人格障礙相關的生物學研究。有限的研究表明，某些先天的性格特質或者神經化學物質跟自戀型人格障礙有關聯性。[2]相比生物學因素，研究員指出社會心理因素（例如：社交媒體和網路文化）可能對個體自戀特質有更多的影響。[3]在這一章中，我會著重論述社會環境和心理兩大因素。

我在上一章使用受害者／施暴者比較二元對立的框架去敘述是為了更好地幫助大家

識別不同類型的自戀型伴侶。但這並不意味著受害者沒有任何弱點，而自戀型伴侶十惡不赦。

受害者正是因為有脆弱的部分沒有處理好，才更容易選擇進入一段「有毒」關係，被自戀型伴侶利用和剝削。需要強調的是，直面脆弱並不是意味著譴責受害者，也不是要求他們成為一個完美的人，而是我們能從他們的脆弱中看到很多系統性的問題，需要整個社會投入更多的關注和資源去支持弱勢群體和防止親密關係暴力。這不僅需要個人承擔起療癒的責任，同時也需要社會的支援和關懷。

同理，如果把自戀型伴侶看成壞事做盡的惡人，不僅不利於受害人看清現實的真相，打破對自戀型伴侶的幻想（「他沒有那麼壞，所以還有改變的可能」），也會忽略自戀作為一種肆意蔓延的「心理流行病」背後的結構性原因。

1. 為什麼男性自戀的比例這麼高？

什麼樣的人更可能形成自戀型人格障礙？目前聚焦自戀型人格障礙的研究大多以神經學或者創傷的視角去探討人格障礙的形成過程，有學者認為，自戀型人格障礙的患者也是創傷的受害者，他們所展現出的虐待性行為是一種無意識的反應，並不是他們的本意。

有四十多年研究和臨床經驗的心理學家杜瓦蘇拉博士駁斥了這一觀點，她認為自戀型人格障礙的人或者自戀型人格的人不僅對自己的行為有意識，還會選擇性地透過虐待他人來滿足自己的需求。他們高度自信、控制欲強、共情力差、不達目的不甘休的特質受整個社會的推崇，而且這種人往往身居要位，名利雙收，受人青睞。他們在關係中展現出攻擊性和暴力性行為的比例也會更高，只是這部分黑暗面很少被人提及。[4]

此外，研究調查顯示，男性的自戀傾向普遍高於女性，被診斷為自戀型人格障礙的人中，男性的比例是女性的三倍。[5]在我的諮商工作中，因為遭遇自戀型伴侶而求助的女性來訪者比例遠遠超過男性。這一方面說明男性缺少尋求幫助的意願，從心理服務平臺壹心理二〇一九年的統計資料來看，七十四．三％的來訪者為女性；[6]另一方面也說明男性產生自戀的比例高於女性。

這一節我會跟隨五位來訪者的敘述，從性別文化、消費社會和原生家庭三個方面，探究她們的男性伴侶自戀特質形成的原因。

探析男性被診斷為自戀型人格障礙比例高的原因，並不是為了合理化他們對伴侶的暴力行為，而是想透過瞭解自戀者行為模式的源頭，更好地幫助我們看清現實，並且做出相應的防範和干預。

性別文化：越追求男性氣質，長大後越懦弱

在五位女性來訪者的經歷中，很多例子都表現出傳統性別文化對她們親密關係的影響。最為突出的就是針對某一性別的性格特徵、外貌、行為、角色而形成的普遍看法或成見，比如：男性強大，女性溫柔；男主外，女主內；男性更被允許表達憤怒，女性更被允許表達脆弱，也就是性別刻板印象。

她們的敘述展現了隨著女性的社會、經濟地位的提升和自主意識的覺醒，她們逐漸改變了傳統的溫柔顧家的角色，渴望在關係中追求平等、尊重和理解。遺憾的是，她們的伴侶受男性刻板印象的影響，表現出「有毒的男性氣質」，即強硬、冷漠、情感疏離、對權力的渴求和隨之而來的暴力。[7]在關係中，他們透過迴避、打壓甚至是暴力的手段，企圖控制伴侶，獲得關係中的主導權，維護自己男性的尊嚴。其實，這都是一種內在脆弱的自戀表現。

在我接觸過的來訪者中，認同傳統性別角色的男性都表現出不同程度的自戀傾向，比如：幻想取得成功，誇大自己的成就，期待獲得他人的關注和讚揚，很難表達出內心情緒感受，面對伴侶的情感需要更多選擇迴避、拒絕和說教，無法接受跟自己價值觀不同的選擇，一旦諮商深入面對脆弱的情緒或者創傷等議題，他們就會中斷諮商。

在伴侶諮商中，我遇到過有自戀型人格的一方不斷遲到，總是要求重新安排諮商時間。在諮商過程中面對伴侶的情感表達，自戀者會裝扮為受害者，企圖透過解釋或者示弱，合理化自己對伴侶的情感迴避。即使諮商後自戀者迴避的行為有所改變，依然不足以維持一段良性的穩定的親密關係。

在蓓兒的經歷裡，家豪對於伴侶的期待建立在傳統的「男主外，女主內」的性別刻板印象的前提下，認為女性的價值在於結婚生子、照顧家庭和順從丈夫。

家豪生活在非常典型的大男子主義、男尊女卑的家庭中。蓓兒跟家豪媽媽的相處過程中，一直被告知要討好男人，懂得男人的需求。家豪媽媽甚至為蓓兒「規劃」婚後的人生，包括生多少個小孩。

家豪很認同他媽媽的理念。他覺得女性老得快，所以在工作上還是不要太辛苦，他建議蓓兒結婚之後成為家庭主婦，或者需要的時候幫助他打理公司的業務就好。家豪還告訴蓓兒：「我媽之前也傻傻的，但她真的學得很快，進步很多。如果你願意學，在我身邊會進步很快。」

「男主外，女主內」的性別刻板印象在李萍的經歷中也很明顯。

李萍長期生活在張鵬的控制之下。張鵬不允許李萍工作，他給的理由是，「女的就應該待在家，男的在外打拚。你一定要努力把小孩培養成才，這才是你的價值」。當李萍想要自主做出選擇，跳脫出順從的妻子、無條件付出的母親的框架，比如穿自己喜歡的衣服、培養新的興趣、結交不同的朋友時，會遭到張鵬的打壓和貶低。

關於大眾媒體塑造性別形象的研究發現，青少年使用的社交媒體中含有很多與性相關的內容，以及高比例的、大量的將女性描繪為性對象（sexual object）的內容，這些是被稱為「性化（sexualization）」的內容。[8]女性雜誌、真人秀節目和情景喜劇更傾向於宣傳以瘦為美的理念，展現衣著暴露的女性角色，並出現過度性感化的趨勢，女性頻繁接觸這類媒體內容更容易導致自我性化，比如注重外表，用他人的眼光審視自己，將自己視為滿足他人的對象，而不考慮自己的需求或欲望，進而降低性自主權（sexual agency），難以表達自己的性需要和堅持採用合理的避孕措施。[9]

女性被過度性化強化了有害的性別刻板印象，也使女性面臨騷擾、羞辱和攻擊的風險。這些刻板印象不僅對女性有害，對男性也有害。男性潛移默化地接受了扭曲的性別或性觀念，認為男子氣概和魅力是透過成就和權力來展現，並將控制和攻擊作為掌握關係中主導權的方式，從而獲得外界的欽慕和讚譽，維護自尊，這進一步助長了男性的自戀。[10]

婭婭告訴我，分手期間，阿亮在健身群組裡炫耀前女友們的身材，還把婭婭的健身照和他跟其他女生曖昧的聊天截圖傳到群組裡。

在婭婭拍到的阿亮的手機螢幕照片中，阿亮在群組裡傳訊息說：「現在的女人真可怕。健身房有個女的，昨天才加好友，今天就要睡我。她不是我的菜，我前對象的身材一個比一個好。」他把女孩們的隱私照傳到群組裡。當婭婭嘗試跟阿亮對質出軌的事情時，阿亮竟告訴她分手期間的單身生活跟婭婭沒關係。

陳飛覺得王琪沒有「女人味」是因為她太強勢，在事業上太有野心。這背後隱含的觀點是女人需要溫柔、順從，照顧男性的自尊心。他對「真愛」的描繪集中在對年紀、外表、欲望的描述上，比如膚白貌美身材好，順從他的性需要，不用避孕措施，等等。

雖然這五位男性自戀型伴侶在關係中看似擁有更多的主導權，是親密關係中施暴的一方，但是某種程度上他們也是有害的性別刻板印象的受害者。

無論是在對學界研究的梳理中，還是在跟男性來訪者合作的實務工作中，我都逐漸意識到男孩經歷的社會化的過程，就是被情感閹割的過程。[11]男性在成長過程中受「男性要強大」的性別刻板印象所影響，從小就被教育「大男孩不能哭」，學習壓抑自己的情緒。如果他們在傷心的時候想得到一個擁抱，家長很可能會以「男孩子別黏人」為由拒絕。雖然這有助於獨立，但這是以犧牲親密感為代價的。

男孩被教導他們不同於女孩，而且比女孩更好，甚至應該遠離或討厭女孩。若他們想要繼續和女孩保持平等友善的關係，很快就會被嘲笑為「娘娘腔」，被稱為「小女生」。社會鼓勵男孩與其他男孩保持競爭的關係，比如參加體育運動，在團體中爭奪更高的地位。這些群體經常聚集在一起，對其他群體實施暴力——要嘛在比賽中「擊敗」他們，要嘛使用言語貶損他人。

我發現沒有一個男性來訪者能滿足世俗意義上「強大」男人的標準。我多次目睹了他們落淚的場景。根源都可以追溯到他們的男孩時期。有的是被母親打罵，有的是被父親忽略，有的是情感壓抑，有的是渴望跟他人親密。有的人邊流淚邊責備自己說：「我討厭自己哭。」有的人流著淚笑著說：「我理解父親的不易，但心裡還是難受。」有的人乾脆放聲大哭，說：「那個小男孩好像找不到回家的路了。」有的人默默流淚，說：「心疼想要變強大的自己。」

情感壓抑並不代表情感需要就會因此消失，很多時候他們會用無效的模式去滿足壓抑的情感需要。我在諮商過程中觀察到男性來訪者普遍有「上癮」（addiction）的狀況，上癮的對象可以是性、遊戲、工作、菸酒、健身等，所填補的往往是最基本的需要，即對親密、認可、關注和愛的渴望。那些無法被言說的情感需要雖然被一時之快所緩解，但長此以往不僅會破壞既有的人際關係，也會讓他們陷入無限的空虛孤寂的循環中。

我們需要宣導一種關懷內在脆弱的男性氣質——既不是搞性別對立，也不是女性化男性身分，而是在意識到結構性不公對男性的壓迫和看到男性心理需求的前提下，鼓勵男性更加接納情緒，建立穩固的價值感，學會共情他人和平等地對待他人。

消費社會：愛我就要為我付出

我們處在一個越來越不安的時代。美國民調公司蓋洛普的《二〇二二年全球情緒調查報告》顯示，二〇二一年負面情緒指數突破歷史紀錄達到新高，在對全球一百二十二個國家和地區的調查中，有超過四十%的成年人表示，他們感到擔憂和壓力。[12]面對與日俱增的負面情緒，在現代商品化社會中，人們被鼓勵消費以緩解內在的不安全感，而忽略了真實的情感需要。[13]

有研究顯示，消費主義誘導人們過度追求外表的「完美」，例如外貌、身材、社會地位。一旦發現自己沒有想像當中那樣完美，就會引發內在羞恥感，透過消費去彌補這些不完美。[14]這會鼓勵個體把自我價值感建立在外在的關注和認可上，很容易受外界的影響，自我變得脆弱。

人們變得相信昂貴的商品、金錢財富、奢侈的生活是獲得成功、尊重、幸福的主要途徑，對金錢過度關注的物質觀可能會使人們更加關注自己的需要和利益，忽視他人，並且強調獨立和自我依賴。這不僅會為個體帶來情緒和人際關係問題，也會衝擊平等、尊重、合作、共情等價值理念，鼓勵人們相互比較和競爭，與他人疏遠和脫節。

總而言之，消費主義為自戀的滋生提供了溫床，加劇個體的自戀特質，包括以自我為中心、缺乏共情、不願意幫助他人、強烈的競爭意識和對成功的渴望。[15]

消費主義的邏輯也在潛移默化地影響著現代人的親密關係。愛情不再是像埃里希．佛洛姆（Erich Fromm）所說的關乎「創造性和成熟性格的人的一種能力」，而成為一筆以互利互惠的觀念為基礎的交易。這筆交易從教育、收入、外形等社會價值的角度出發，既要評估對方值不值得追求，也要考慮對方會不會看中自己。[16]

在蓓兒和家豪的關係中，他們都在找外界評價高的伴侶。蓓兒說自己當時剛畢業，進入當地學校成為語文老師，處於涉世未深的狀態，很容易相信人，很沒自信。她被家豪吸引是因為在家豪身上看到了理想中的自己——有自信、陽光、情商高。他善良正派的長相也讓蓓兒很心動，而忽略了其自大和傲慢的特質。

對家豪來說，蓓兒也讓他很有「面子」，彌補了他內在的不足。蓓兒說家豪的學位是他父母砸重金買的，所以他一直對自己的學歷耿耿於懷。家豪帶蓓兒去飯局或者見朋友，會著重介紹蓓兒的「優勢」——大學就讀名校、工作穩定有正式資格、父母工作體面等。

可是，當蓓兒開始表達自己不同的想法，比如拒絕接吻，不答應未婚先孕，不認同家豪一家人期待自己成為家庭主婦並生六個小孩時，他意識到蓓兒不是他理想中的「簡單」、「善良」、「單純」的伴侶，無法被「管教」，最後直接提出分手。蓓兒告訴我，在這段關係中自己好像家豪的實習生一樣，家豪給了她幾個月的「試用期」，不合格就把她拋棄，還美其名曰「我對你已經很有耐心了」。

李萍和張鵬的關係也是停留於對方能否滿足自己的需要。李萍當初之所以會愛上張鵬是因為他長得又高又帥，還給她錢，幫助她脫離經濟上的窘境。她因此很感動，認為張鵬值得依靠。

在一起之後李萍才發現，張鵬只在乎他自己外在的形象——有錢、帥氣、家庭和睦，並不在乎李萍的感受，甚至對她實施家暴。張鵬的補償方式就是買奢侈品，李萍說，「我老公對我的好是有條件的，就是要乖。他在外面有女人，為了讓我閉嘴才會買禮物」，覺得自己「得不到作為人最基本的尊重」。

以物質交換為標準的愛情關係反過來會滋生自戀，導致愛情的終結。韓炳哲在《愛欲之死》裡提到，消費社會把一切事物都變成了整齊劃一的消費對象，因而陷入同質化的困境。人變得越來越相似，自戀者只是為了在他者身上尋找和確認自己——自戀者的「戀愛關係」只是為了滿足自己的需求。[17]

對於自戀的人來說，伴侶從來都不是一個獨立完整的人，只是自我的延伸。自戀者以自我為模型尋找伴侶，渴望從對方身上找到相似性，無法忍受和處理關係中跟伴侶的差異性。舉個例子，一位有自戀傾向的來訪者告訴我，自己的親密關係只能維持三到六個月。一旦戀愛初期的美好過去，兩個人產生矛盾，發現對方「真實」一面的時候，就會很失望，立即失去了興趣。當被問到理想中伴侶的樣子，他告訴我他非常想跟自己談戀愛，這樣就不用花費那麼多功夫去處理對方的情緒和兩個人之間的矛盾。用他的話來說，就是「要嘛就找一個跟我一模一樣的，要嘛我就乾脆單身吧，省得麻煩」。

在五位女性來訪者的故事中，消費主義邏輯對她們和她們的伴侶有著不同程度的影響。他們都渴望對方滿足自己對理想關係的需求，而無法進入對方的世界中。

小艾和丹也希望從伴侶身上獲得自我滿足。小艾當初愛上丹是因為他符合小艾小時候讀到的童話中白馬王子的形象，兩個人無論是愛好還是工作經歷都有很多相似之處。這完全符合她幻想中伴侶的期待。

當關係遇到危機，小艾嘗試透過溝通挽回丹並對他說「我愛你」，丹卻問小艾：「如果你愛我，那你願意為我做什麼？」丹對愛的理解是「你能為我做什麼」，而無法超越自我的需要，看到小艾的訴求。

婭婭和阿亮是在彼此身上尋找缺失的需要。婭婭愛上阿亮很重要的一個原因是阿亮身材高大壯碩，看起來能夠給自己足夠的安全感，彌補她在原生家庭中的缺失。面對衝突，阿亮不僅對婭婭實施身體和心理上的暴力，還冷落婭婭去聯絡前任，或者登入社交媒體跟其他女性有曖昧不清的聯絡。他渴望獲得認可和關注，而無法面對自身的自卑感，更無法處理關係中的挑戰。

王琪告訴我她當初結婚就是為了逃離原生家庭，希望從伴侶身上得到從來沒有得到過的情感支持。讓王琪沒想到的是，陳飛雖然在外表看起來是個成績優異、孝敬父母、老實耿直的人，但「他也是一個非常脆弱，沒有得到過關愛的小孩」。

當因為性格、觀念不合而導致關係危機發生後，陳飛選擇出軌作為逃避問題的方法，在社交平臺上尋找「真愛」。他補償妻子的方式是不斷買奢侈品和轉帳給對方，拒絕面對因為出軌對王琪造成的情感傷害。

之後當陳飛對「真愛對象」慢慢失去興趣之後，他告訴王琪，男女之間要互相吸引，還要求王琪「把自己可愛的一面展示出來吸引我」。這讓王琪覺得很莫名其妙：「難道不應該是共同發現彼此可愛的一面嗎？為什麼要我刻意展示出來？難道他愛的只是一個可愛的聽他話的人嗎？我覺得我們在一起生活了十年，他一點都不瞭解我，也沒有這個興趣。」

五位來訪者和其伴侶的愛情觀都受消費主義邏輯的影響，呈現出不同程度的自戀傾向。需要強調的是，五位來訪者和其伴侶的自戀程度不同。之前也跟大家在第一章分享過，自戀程度是一個光譜，每個人的自戀程度分布在健康自戀和不健康自戀之間。健康的自戀是雖然渴望獲得外在的認可和關注，但是有自我反思和共情的能力，可以面對自我，積極尋求幫助；而不健康的自戀者缺少反思和共情的能力，遇到衝突下意識地選擇逃避，用迴避或者物質彌補關係中產生的裂痕，缺少解決問題的意願和能力。

雖然來訪者也有自戀的部分沒有處理好，但是遇到親密關係的危機，她們選擇尋求幫助，反思自身的問題，積極探索解決問題的方法。而她們的伴侶卻缺少反思和改變的意願，迴避和拒絕伴侶的需要，甚至有的還有暴力和虐待傾向。這兩者自戀的程度有本質的不同。

因為性別刻板印象所描述的男性特質，諸如冷漠、崇尚競爭、欽慕權力等，跟消費主義所崇尚的競爭和物質至上的邏輯有相似之處，所以男性伴侶會更容易內化消費主義的邏輯。由於社會缺少更多元男性的榜樣以及對男性脆弱的寬容度低，所以男性更難以尋求幫助，難以覺察和打破消費主義對自我價值與親密關係的影響。

原生家庭：控制欲強的母親，容易培養出自戀的小孩

前面比較是從社會環境的視角，去分析男性自戀傾向高且自戀特質難以改變背後的原因，這一部分我們關注心理因素，聊聊男性自戀伴侶的原生家庭。

有心理學研究顯示，評估成人的依附模式是幫助我們理解病理性自戀很重要的因素。[18]經典的依附理論認為，依附是嬰兒為獲得安全感和舒適感而試圖與養育者建立的一種長期、持續的情感連結。[19]當個體受到生理或心理威脅時，他們的依附系統會自動啟動，並指導個體去尋求依附對象（通常是養育者）的支持和保護，從而降低個體的焦慮感和恐懼感。[20]

早期我們和父母的依附關係，會影響成年階段處理親密關係、建立信任以及處理壓力的方式。幼兒長大成人後在人際關係中普遍表現出四種依附模式：安全型（secure）、焦慮型（anxious/preoccupied）、恐懼型（fearful）和迴避型（avoidant/dismissing）。[21]研究人員最新發現，浮誇型自戀和焦慮型依附模式有關，而脆弱型自戀與恐懼型和焦慮型依附模式相關，[22]這一種人群在親密關係中，表現出更多的擔憂和不安全感，面對衝突或拒絕時情緒反應強烈，擔心自己會被拋棄。

從五位來訪者對其伴侶原生家庭的敘述中，我也觀察到很多相似的模式。首先，讓我們聚焦浮誇型自戀特質。浮誇型自戀特質包括虛榮、憤怒、特權感、控制欲強、缺少共情力等。雖然五類自戀伴侶的具體特徵有所不同，但是浮誇型自戀特質在他們的行為中都被觀察到了。在來訪者的敘述中，他們的家庭往往是「喪偶式育兒」——缺失的父親，控制欲強的母親。

家豪的爸爸一直在外面賺錢，基本上顧不了家裡的事情。他的媽媽打理家務，以丈夫為中心。在家豪的心目中，自己的母親是一個「完美」的女人，他也多次表達希望蓓兒跟母親多學習，以家庭為主。

蓓兒告訴我，這對母子之間的聯絡非常緊密。家豪的媽媽出門在外的時候，把錢都花在打長途電話給兒子上。後來家豪離開家上大學後，有了社交軟體，兩人每天也保持著頻繁的訊息交流。有一次蓓兒無意間看到母子的聊天紀錄。家豪的媽媽經常傳可愛的貼圖給他，類似在撒嬌，還換了一個可愛的少女大頭貼。「這和她成熟知性的人設非常不符。」蓓兒告訴我。

除了保持緊密的聯絡，家豪的媽媽每天都會看家裡的監視器，觀察兒子的動向，看他每天幾點回家。如果找不到兒子，就打電話給他。如果兒子不接電話，她就連續打十幾、二十通，或者打給兒子的朋友，生怕兒子出什麼事。不管兒子送她什麼東西，她都非常珍惜，拍照修圖保存，或者發動態感謝。「這也就能解釋為什麼家豪在分手的時候說我不珍惜他的付出，因為我永遠達不到他母親的標準。」蓓兒告訴我。

蓓兒一開始覺得家豪一家人其樂融融，跟自己家不一樣，很想進入這樣的家庭。在相處過程中，家豪的媽媽一直告訴蓓兒要懂得男人的需求，而且總是話中有話，比如，跟蓓兒說誰幫她兒子介紹女朋友，又說某老總想把女兒嫁給家豪，還說她兒子對女朋友要求很高。很多時候家豪說話的口吻跟他媽媽很像，母子總是對自己說一樣的話。這讓蓓兒覺得有些奇怪。

家豪的媽媽表面看起來很關心蓓兒，但實際上讓蓓兒感到很不舒服，比如，在外人面前會蹲下來幫蓓兒繫鞋帶，讓蓓兒覺得有點過了。她對蓓兒過往比較優秀的經歷不感興趣，只是一直說老公和兒子有多麼優秀。蓓兒覺得「在她眼裡我就是一個運氣很好、高攀他們家、被她兒子看上的傻白甜吧，只要能好好代替她伺候好她兒子，以及生小孩帶小孩就可以了」。

家豪受到的養育方式以及與父母的相處狀況是一個典型的「焦慮型依附模式」的例子，家豪的媽媽把兒子的需要放在第一位，形成心理上的依賴，需要小孩為自己的情緒和感受負責，也就是心理學上所說的「共生」的關係，即，控制─被控制的關係。

在理想的情況下，父母會在幼年滿足小孩的身心需要，但是標準不是以父母為主（「父母愛我的前提是我成績好」），而是以小孩的需要，特別是情感需要為主。無論是溺愛（「無論我做什麼，父母都覺得是對的」），還是情感忽略（「小時候的我覺得父母希望我從來沒有來到這個世界」），都不利於小孩形成良好的自我價值感，而讓小孩只會向外尋求認可。溺愛導致小孩認為自己是世界的中心，形成虛榮心和優越感的自戀特質；情感忽略會讓小孩在尋求他人關心時害怕被拒絕，試圖在情感上自給自足，減少對他人的情感投入，從而產生防禦性自戀的傾向。[23]

在小孩長大成人的過程中，會經歷「分離─個體化」的階段，即開始意識到自己是個獨立的人，想要探索和發展自己的生命軌跡。這個過程，需要養育者不斷「放手」——鼓勵小孩培養自主意識和情感的成熟度，而不是繼續希望小孩完全按照自己的想法和期待去選擇。這不是愛，而是控制，是不允許小孩成為自己。結果就是，小孩內在的矛盾感很強。即使長大成人，這種矛盾感依然存在，他們想要脫離控制又恐懼離開，情緒內耗嚴重。

很多有強烈控制欲母親的男性自戀者身上展現出這個矛盾點，他們一方面渴望脫離母親的控制，建立自己的親密關係，另一方面因為母親為自己付出了很多，他們感到愧疚，再加上母親不允許小孩離開自己，他們無法擺脫對母親的依附，從而產生恐懼、愧疚、焦慮的情緒。這種矛盾可能會帶入自己的親密關係中，即，想要親近但是又怕被控制，迴避親密，甚至把對母親不允許其獨立長大的憤怒投射在伴侶身上，產生厭女情結。

當我把愛和控制的區別分享給蓓兒之後，她恍然大悟，告訴我：「原來，他們表面上看起來和睦，但實際上他們不懂得愛。越完美的東西越危險，其實充斥著操控與被操控。只有做得對，才值得被愛。

「我懷疑，他媽媽對兒子的關注超過了老公。母親無限崇拜兒子，無限關注兒子，很少有自己的生活，最多的時間是在家打掃，還有看監視器。她已經離不開兒子了，而且想處處控制兒子，控制他的發展，甚至擇偶。

「兒子其實也意識到了自己精神上非常依賴他的媽媽，在面對挫折的時候，會覺得只有媽媽最理解他，最能給他想要的。他實際上是想找一個他媽媽的代替版本，給他所有他媽媽能給他的東西，以他為中心，延續他們母子的關係模式，但他沒有發現這是病態的。

「同時，家豪也有自己的要求，他內心很掙扎，他欣賞真正有能力、有主見、事業心很強的女生，但不敢和這類女生成為伴侶，因為不好控制，他心底是自卑的。他媽媽想找的媳婦，不需要女生自身有多大的成就，只要一切聽話、聽指揮就行。當家豪因為伴侶的事情跟她作對的時候，她就要各種發脾氣了。然後家豪會覺得很愧疚不敢反抗，轉而把憤怒發洩在伴侶身上，覺得自己很委屈，他就是一個巨嬰。」

同樣的家庭模式，在王琪的伴侶陳飛的原生家庭中也可以找到。

王琪告訴我，陳飛小時候是個「留守兒童」。父母在他很小的時候就去廣東打工了，只是逢年過節的時候回四川看他和他妹妹。後來等陳飛和他妹妹都長大了，經濟獨立了，他的父母選擇退休，回到成都生活。

陳飛的媽媽將所有的心思都放在兩個小孩的身上。她需要兩個小孩隨時彙報自己的行蹤，從今天吃了什麼到穿了什麼，都要一一彙報給她，她覺得這才是孝順。她之前還很驕傲地說：「我對自己小孩有什麼樣的衣服瞭若指掌。」王琪還觀察到，他們一家人一起在家聊天的時候，陳飛媽媽的眼光只會盯著自己的兒子看。即使王琪說話的時候，她都完全不會看自己。

「這會讓我覺得很不舒服，感覺在我婆婆面前，陳飛就像個三歲的小孩。」王琪告訴我，「雖然陳飛和他妹妹讀書、工作都很優秀，但是情緒和生活上有一大堆問題，比如，他們生氣之後都會控制不住地大喊大叫，或者摔東西，身邊也沒有什麼交心的朋友，總是獨來獨往。我公婆都選擇忽略，彷彿小孩們只要在外人看來值得羨慕就可以了。陳飛的妹妹成績也非常好，是當年全市升學考的前幾名，但是生活方面跟陳飛一樣一塌糊塗。我剛跟陳飛在一起的時候，他妹妹就跟我說，她最大的願望就是離開這個家，這個家讓她覺得很窒息。陳飛妹妹的男朋友還告訴我，她吵架會亂摔東西，氣急了還會拿刀子割自己的手臂。」

當出軌的事情發生一段時間後，陳飛逐漸對外面的「真愛」失去興趣，告訴王琪自己準備回歸家庭，開始傳訊息跟王琪溝通。當聊到出軌的原因時，陳飛一方面跟王琪說「夫妻之間不需要爭對錯，過去的事情都過去了」，另一方面又指責王琪是個「內心冰冷的女強人」，是因為王琪不會說話，所以他父母家裡爭吵不斷，自己受不了，才「分心」了。

我問王琪看到陳飛的表達，她感受如何。她告訴我：「我就覺得很可笑。我公婆在外人面前總是扮演恩愛的夫妻，但是在家可以一個月都不說話，從來不正面溝通，都是放冷槍，但是對陳飛來說這都是『正常交流』。我公公可以從早上起來就看手機，一直持續到晚上睡覺為止，完全不跟我婆婆說一句話。我婆婆對他的行為很不滿，她說自己每天就是一個人坐在客廳裡看電視，從白天看到晚上，跟我和陳飛哭訴，說我公公不理她，沒有人理解她。

「但一遇到衝突她就會變得咄咄逼人，說什麼都要贏，為自己爭口氣。公婆一天可以吵無數次，吵到半夜睡不著覺。有一次過年，他們家四個人因為一件小事情又爭吵起來。我婆婆哭喊著要尋死覓活，說兒女們都不孝順。陳飛在家摔東西以及各種發洩，他的妹妹氣到用頭撞牆，我公公還陰陽怪氣地對著我說了一句：『看到他對我們發火，你滿意了吧！』我簡直一頭霧水，太陰暗了，有這種想法的人簡直沒有任何辦法溝通，還叫我回去反省。我當面就說我沒有做錯任何事，也沒有說錯任何話。

「我那個時候還以為是自己溝通方式的問題。我還學習了非暴力溝通，告訴陳飛要孝順父母，處處討好他們，以他們的需求為中心，永遠不吵架這種話。結果他覺得我被誰洗腦了，說我很負面。但是我覺得我是清醒的，並且積極面對，他們才是逃避。我需要為所有人的情緒負責，就是不能表達自己的情緒。這不是壓抑情緒嗎？」

婭婭告訴我，她跟阿亮聊過他的家庭，但是阿亮似乎不肯講太多。

「我只知道他來自東北的一個小城市，那裡思想比較保守，滿推崇大男人主義的。阿亮的爸爸做生意，他的媽媽是個家庭主婦。在嫁給他爸爸之前，他媽媽很能幹，做過生意，而且賺了些錢。等到阿亮和他弟弟出生之後，他的媽媽就不得不放棄工作，照顧兩個小孩。阿亮的爸爸酗酒，一喝多了就會回家打老婆和小孩。他告訴我他恨他爸爸，小時候對爸爸的印象都是媽媽被爸爸打得站不起來，自己和弟弟在一旁害怕極了，哭個不停，然後爸爸就覺得煩人，開始打他們兩個。他說那個時候他就想快點長大，然後變得強大起來，能夠保護他的媽媽。他小時候甚至有過想把爸爸殺死的念頭。

「雖然他父母沒離婚，但是兩人很早就分居了。上大學的時候阿亮喜歡上了健身，甚至到了那種癡迷的程度，我覺得也跟他童年的經歷有關。因為想要保護媽媽，所以要變得強大起來。我覺得阿亮同情、依戀他的母親到了一種不太健康的程度，他和他弟弟都非常聽媽媽的話。二十多歲的大男生了，現在回家還會跟母親睡在同一張床上，這讓我覺得滿詭異的。」

李萍之前也簡單聊過張鵬的父母，她告訴我：「我老公這麼不負責任完全是因為他的父母。我婆婆是一個自大的人，我公公是個超難聊的人。無論我老公做什麼，他媽對他都不滿意，還總是打他罵他的。我老公滿自卑的，總是想賺錢、立足、出國，向外人證明自己。他也來自農村，在那種教育環境下，竟然在全國奧林匹克競賽中得了第二名。

他還曾告訴我：『如果父母當初管管我，我的成就可能會比現在更高。』

「雖然他在外看起來是一個很成熟穩重的人，但是他私下就是一個小孩。那天他說我就是他媽，我差點吐出來。」

以上四位男性自戀型伴侶的經歷表明，似乎控制欲強的母親和兒子後天人格裡的自戀傾向有較大關係。雖然可能這些母親性格方面有問題，甚至會有一些自戀的傾向，但是同樣不能忽略的是她們所處的社會環境。

女性常常被限制在家庭等特定領域，而在其他領域中被邊緣化或被忽視。一些女性可能會在家庭中表現出過度控制、虐待等「有毒」行為，這實際上是她們在嘗試獲得更多權力和地位的一種方式。[24] 因為缺乏主體性和自主意識，她們會把自己的不幸歸結於小孩。控制欲強的母親經常說的一句話就是「我不離婚還不是因為你」，這會讓小孩產生深深的罪惡感。

跟其他幾位來訪者經歷不同的是，小艾的伴侶丹的母親很早去世，他從小到大所體驗的，更多的是恐懼型的依附模式，所以更顯著表現出脆弱自戀的模式。

丹的父親是大學教師，他的母親是個家庭主婦。他的父母認為多子多福，因此他們家有很多小孩，丹是最小的那個。據他說，他們家的家教很嚴，小孩們從小就被教育要好好讀書，找個好工作，盡早結婚然後多生小孩。丹的兄弟姐妹們都很優秀，不是當律師，就是當工程師，要嘛就早早結婚生子。他是「不合群」的那個。

小艾告訴我，丹小時候滿可憐的。丹的母親在他小的時候就得了腦癌，然後就陷入了植物人的狀態，整整十年。丹告訴小艾他上學的時候曾因為家裡沒錢，一天只吃一頓飯。中午的時候，他都需要靠朋友接濟。後來他遇到了他的初戀，那個女生很照顧他，幫他做吃的。丹告訴小艾，雖然後來發現那個女生有很多惡習，還在情感上虐待他，但是他依然不願意離開。

回想過去的經歷，小艾告訴我：「這會讓我感到他之所以成為這個樣子都是因為小時候缺愛，後來被同學帶偏了，加上以前交的女友比較難搞。由於我聖母心氾濫，再加上嫉妒心爆棚，想要跟他的前女友比較，所以，在關係中我忽略了很多自己不舒服的感受和關係中的危險訊號。我用了三年時間才發現，他就是一個扶不起來的阿斗。他跟前任分手，都是前任的錯。他跟我在一起，都是我的錯。他找不到工作，都是社會的錯。」

在此想跟大家強調的是，並不是所有經歷過創傷的人都會變成病態自戀者。很多來自控制欲強的家庭，或者經歷過家庭變故的人並沒有因此就成了一個性情暴躁、冷漠自私、喜歡虐待他人的「暴君」。他們反而會因為自己之前經歷的不幸，更容易共情理解他人，幫助他人。

下一節會聊到這五位來訪者的童年經歷，大家可以看到，她們每個人的童年都有不堪回首的部分，也習得了很多無效的相處模式，但是她們依然選擇用愛和善良對待身邊的人。看似相同的經歷會塑造截然不同的人格，這背後的原因很複雜，並不是我們這本書關注的重點。

這部分的內容可能會觸碰到很多人的惻隱之心，甚至會產生種種困惑：「對方小時候經歷過不幸，那我離開這個人是否會讓他再次遭遇被拋棄的感覺呢？」、「我是否能夠拯救他，彌補對方童年的缺失呢？」如果你有這種念頭，證明你是一個有愛的能力、能夠共情他人的人。這本是一個寶貴的特質。

我遇過很多陷入自戀型虐待關係中的來訪者問我：「難道沒有辦法幫助他嗎？好多人都拋棄了他，他像個小孩一樣，好可憐。」

遺憾的是，病態自戀者很難改變，即使改變也很難維持一段相對健康的親密關係。

我會告訴來訪者：「深厚的情感連結是親密關係重要的組成部分，但一方不應該依賴伴侶提供情感需求。如果他真的想改變可以去找諮商師尋求幫助，而不是對你情緒勒索。」

其實即使在心理諮商中，自戀型人格的人由於較低水準的同理心和覺察力這兩點，也無法達到諮商師對於來訪者的基本要求。而且受害者跟自戀型伴侶一起接受心理諮商會面臨被進一步虐待的可能，受害者揭露的一切會成為自戀型伴侶在諮商關係之外用來傷害受害者的武器，[25]典型的例子就是自戀型伴侶對受害者的受傷經歷冷嘲熱諷。其次，自戀型伴侶會試圖影響諮商師，使其對受害者形成負面印象。

希望拯救對方的情結，也是一個人深陷一段自戀型虐待關係中無法走出來的原因所在。自戀型伴侶會利用你沒有邊界的同理心去在情感上不斷剝削你，直到你被消耗殆盡。

在下一節中，我會具體跟大家分享，為什麼女性會更容易被自戀型伴侶吸引並且深陷其中。

2. 為什麼乖乖牌最容易成為「有毒」關係的受害者？

為什麼我們會被自戀者吸引？為什麼已經感覺到不舒服和痛苦，我們仍然無法結束這段關係？

當進入一段「有毒」關係並且遲遲走不出來時，遭遇自戀型虐待的受害者會被視為有內在缺陷的人，被形容為「聖母心」、「戀愛腦」、「有自虐傾向」、「因為缺乏自我而被PUA」。大家使用「關係依賴」、「關係成癮」、「依賴型人格」、「討好型人格」這樣的表述去解釋背後的原因，最常使用的標籤是「關係成癮」（codependency）。

關係成癮原本是指一個人基於自身不健康的情感需求，而縱容親密關係中他人成癮行為的一種關係模式。[26]舉個例子，因為我情感上依賴伴侶，也需要被伴侶依賴，所以，我不但不試圖幫助伴侶戒酒，甚至還過度照顧他，使他繼續酒精成癮。當關係成癮被用來形容自我價值感低的自戀型虐待受害者，意指受害者在關係中所展現出的過度依賴、邊界不清、缺乏良好的自尊的特點。

愛德華・岡道夫（Edward W. Gondolf）駁斥了家暴婦女作為消極的「受害者」的角色，並提出「倖存者」（survivor）這一理念。

他認為許多遭受暴力的婦女並沒有因為升級的暴力而停止反抗，而是一直在積極努力向外界求助。[27]

受害者深陷與自戀型伴侶的關係，有其他的因素影響，可能包括社會對女性的性別規訓，即面對年紀、婚戀和生育壓力，女性覺得只有進入一段關係才能感到安全穩定。受害者無法離開，也不是由於受害者對自戀型伴侶形成依賴和關係成癮，而是她經歷了社會環境、人際關係的傷害所產生的創傷性連結。

即使受害者想要離開，但是由於缺少對自戀型虐待的瞭解，經歷長期的身體、精神和經濟上的剝削，再加上面臨社會對單身或離異女性的歧視，她們大多數人處在弱勢的地位，缺少外界的支持，無力反抗。

如果忽略了受害者所處的系統和環境（親密關係、原生家庭、社交團體、社會環境），無視結構性的壓迫（親密關係暴力、性別歧視、種族歧視、階級不公等），把問題歸結於個人，會使得社會層面的因素無法得到重視和解決。[28]

在這一節中，我會提供一個更複雜的視角，從性別文化、消費主義、暴力循環和原生家庭四個角度跟大家分析為什麼女性會被自戀者吸引並深陷其中。

性別文化：乖乖牌的伴侶，早在結婚前就被父母決定

我觀察到像蓓兒口中所講的「乖乖牌」特別容易被自戀型伴侶吸引。她們從小到大被父母保護得很好，一直非常聽話，努力滿足父母、學校、社會的期待，而且在這條路上走得很順很穩。「魅力四射、自信迷人」的自戀者很符合長輩為子女挑選伴侶的要求，在潛移默化的影響下，她們也會傾向於照這一標準來選擇另一半，然後在愛情中用心經營出幸福的家庭。她們之前的經驗是「只要努力，就有回報」。可是當陷入一段自戀型虐待的關係中，沿用「努力就有回報」這個思路，不僅不會改變關係的模式，還有可能讓自己深陷被傷害的循環中。

社會對於女性的期待是在人際交往中要溫柔體貼。如果表達太多自己的想法和要求就會被貼上「太強勢」、「太自我」、「男人婆」的標籤。加上二十多歲的女性面臨婚姻、職業發展的重重壓力，總是擔心「被丟下」，所以很容易忽略關係中的危險訊號。

當蓓兒聽到家豪和他母親對她的期待，她說感覺自己就是對方眼裡任勞任怨的保姆

加上生育機器，不需要自身有多大的成就，這樣才能更好控制。

「其實我的內心已經積壓了很多不滿，感覺非常不舒服。但是為了維護我在外人面前善良溫順的形象，我沒有把情緒顯露出來，不敢表達不滿。」蓓兒告訴我，「為什麼要維護人設？因為怕對方離開自己。家豪總說我情商低，不懂得付出，人生規劃不明確，太幼稚，太單純。我的感受是更加害怕失去並且抓也抓不住，完全處於低位，任人擺布，還不間斷地討好，不敢提出要求和表達感受。為什麼我的情緒都是難過、內疚，而沒有憤怒呢？」

憤怒是人基本的情緒之一，它是保護我們的重要訊號。當遇到危險的時候，憤怒提醒我們要奮起抗爭。它同時也是力量的來源，激勵我們採取緊急行動，降低自身的危險。

很多女性面臨表達憤怒的困境。一方面，由於性別刻板印象強調「女孩要溫柔、要友善體貼」，女孩們從小到大不被鼓勵感受和表達憤怒，所以長大後在人際關係中感受不到憤怒。即使感受到了，明知道該說「不」，但總不敢表達。另一方面，當女性終於鼓起勇氣表達了憤怒，也面臨內外雙重夾擊：心裡面覺得自己不女人、不溫柔、不正常，害怕受到攻擊指責；外人可能會對她的憤怒指指點點，覺得這個人「太情緒化」、「不跟女人一般見識」、「是不是大姨媽來了」。

心理學家發現，女性憤怒的最常見原因是無助感、沒有被傾聽、被不公平對待、他人不負責任的行為，以及無法做出自己想要的改變。當女性壓抑自己的憤怒，會內化為身體的緊繃感，感到無力抵抗。可是，這種緊繃感不會因此而消失。壓抑憤怒最終會導致情緒爆發，這讓她們感到失控，加深無力感。[29]憤怒本來是一種能夠賦予人極大能量的情緒，但是女性卻把這種能量轉化成為自我攻擊，往往感到無能為力。

結果就是，女性試圖透過自我批評來重新確立控制，希望透過自我貶低迫使自己滿足社會期待。女性比男性更容易因為生氣而對自己做出負面評價，從而導致更嚴厲的自我批評。[30]此外，女性總是被教導要優先考慮他人的需求，導致女性更少關心和理解自己，在痛苦的時候不懂得自我安慰。這在某種程度上可以解釋女性被診斷情緒問題的機率要高於男性，例如女性患憂鬱症的機率是男性的兩倍。[31]

在親密關係中，當蓓兒感受到不舒服時，她無法透過表達憤怒來拒絕和反抗，轉過來認為自己付出不夠，只能暗示自我加倍表現，更沒有想到要結束這段關係。

在李萍的經歷裡，丈夫多次出軌後，她想自己也出軌一次，作為對丈夫的報復和反抗，但她和張鵬面臨不同的心理壓力。張鵬感到理所當然，認為男性有多大權力就可以享受多少資源，但是李萍卻感到自責，覺得對不起自己的伴侶。正如她所說，「我覺得我對不起我老公和小孩，我不知道該怎麼去面對他們，感覺他們好可憐。為什麼我那麼保守的一個女人，竟然可以跟別的男人睡覺。跟這個男人在一起，無論情感還是肉體我都得到了愉悅，這讓我覺得自己很髒……」

我在跟李萍合作中意識到，「賢妻良母」是她衡量自我價值感的重要標準。她認為只有讓自己的老公滿意，照顧好自己的小孩，自己才是一個有價值的人。她會壓抑自我的需要，去竭力滿足社會對於一個妻子、一個母親的期待。即使在關係中遭受伴侶的背叛、家庭暴力，李萍依然覺得自己出軌這件事情是「極度自私」、「不守婦道」的體現。

在李萍的敘述中，成為「賢妻良母」意味著女性被要求將丈夫的滿意和小孩的成長置於自身之上，自我克制，甚至犧牲自己的需要。這種犧牲常常被看作母性的本質或母親的價值。女性不斷付出更多的勞動，而且這些付出往往被視為是她們天然的職責和義務，回報給她們的只有「家人的認可」、「丈夫的誇獎」、「小孩的成才」。一旦不符合社會對「母性」的期待，女性就會被認為一無是處，就會體驗到自我攻擊和羞恥感。

女性既可能是這種價值觀的受害者，也有可能成為加害者。李萍被施加暴力後的反應是屈從，繼續保護和照顧好小孩。對傷害的不滿，被責任感掩蓋了。拋家棄子的罪惡感，也使她不敢斬斷與張鵬的關係。

一個自我犧牲式的母親看似很偉大，但由於壓抑自己內心的需要，很難真正看到小孩真實的需要，更多時候是以「愛」、「付出」之名，把內在的匱乏和焦慮感轉嫁給小孩，透過控制獲得安全感。李萍在養育小孩的過程中，會有意無意地把自己的情緒和期待加在兩個小孩的身上，比如自己小時候經歷了物質貧乏，希望給小孩提供更好的物質條件，卻忽略了小孩在一段自戀型虐待家庭關係中所承受的心理傷害。

消費主義：我聽過最大的謊言，是努力就能成功

社交媒體是消費主義的溫床，它是我們展示理想化自我的地方。名人或網紅把自己變成活生生的看板，從吃到穿再到用都貼上標價，以促進產品的銷售。這種理想化的人設很可能演變成一種「有毒」的展示。在這種展示中，名人或網紅的地位和優勢可能會被吹噓，用以提醒其他用戶他們沒有這些東西，導致他們產生不安全感，進而導致更多消費。[32]很多人都認為自己沒有達到理想標準：不夠苗條，不夠有男子氣概，不夠聰明，不夠成功，不夠性感……這是一種社會性的煤氣燈效應，讓人懷疑自己，從而迫使自己達到商品化社會中整齊劃一的標準。

女性情感和成長類話題近些年來越來越成為社交媒體的熱門話題。在我的觀察中，大家很容易混淆自我成長和自我表達。雖然自我成長聽起來和自我表達很相似，比如二者都強調個體性，但是自我表達實際上要容易得多。你所要做的就是談論自己，吸引別人注意的目光，有時還需要推銷自己。這會激發人內在的自戀潛質，社交媒體無疑助長了這一點。

相比之下，自我成長卻是非常困難的，還會引起極度的不適。自我成長包括自律、創傷知情、自我反思、情緒覺察等。這些不是意識到就能解決的問題，是由一個個微小、正向、反覆的改變所組成的。自我成長的過程在社交媒體上被不斷渲染成「正能量」，過度強調「愛自己」、「提升自信」、「只要努力就能成功」，這反而會形成一種「有毒」的積極性（toxic positivity）。無論是否被對方煤氣燈效應操控或者被欺騙，只要有積極的心態，足夠努力，就能經營好一段關係，這種論調對當事人的處境缺少深入理解和共情。

在我輔導自戀型虐待的來訪者中，很多人聽了一些情感專家的觀點，開始對自己的經歷感到困惑，甚至加深了無力感和自我厭惡。

王琪說剛發現陳飛出軌的時候，她陷入憂鬱中，老是覺得自己「不好」，有一種走投無路的感覺。於是，她就頭腦一熱聯絡了一家網路上很有名的情感挽回諮商服務公司。王琪說她之所以選擇這個公司是因為用戶評價很好，案例也很豐富。雖然費用有點貴，一個月十萬塊，但是諮商師會一步一步教學。

安排給王琪的諮商師，剛開始時嘗試平復王琪的情緒，他跟王琪說：「你不用太在乎伴侶的看法，要認可自己的價值，要愛自己。」用王琪的話來說，「就是那些很雞湯的話。後來他告訴我，如果真的不行，你就跟他離婚。那個時候我的第一反應就是，如果我打算離婚，為什麼還要報名你這個課程呢？」

後來諮商師線上即時「指導」王琪去「撩」陳飛。「不是我正常說話的感覺，語氣嗲嗲的，還要時不時撒嬌。」王琪說道，「他告訴我男人之所以對一個女人感興趣，第一目的就是想跟她上床，所以讓我想方設法勾起陳飛的『性趣』。那一刻我感到無奈和噁心，心想：好好說話不行嗎？」之後情感挽回諮商師問王琪，她能夠為她老公提供什麼樣的不同於那個出軌對象的價值，王琪一時間答不出來。最後她實在感到痛苦，就暫停了服務。

我告訴王琪，任何諮商的核心目標都應該是以來訪者為主，透過探索其內在的需要，鼓勵對方做出自主的選擇，而不是替對方做選擇。我聽到整個諮商過程中是以諮商師的意志為主，並沒有考慮來訪者的處境和需要。這不僅沒有讓王琪感到被看到或者獲得力量，反倒讓她壓抑自己的情緒，甚至有自我厭惡的情緒產生。這種操作是有悖於諮商的倫理的。這種「評價好」更多的是一種商業宣傳，利用消費者的弱點，售賣一個難以實現的幻想。這是商業操作，而不是心理諮商。

在和小艾的交流過程中，她說自己也曾遇到過相似的情況。

「我之前的那位諮商師告訴我，如果錢不是問題，就應該去創業。他讓我覺得很愧疚，感覺做錯了什麼，浪費了資源，感覺我應該成就更偉大的事業，但是我是一個風險厭惡度很高的人，不太喜歡冒險，我覺得好像自己被批判了。還有當我跟他討論我爸出軌的問題時，他卻要我多跟我爸交流，嘗試理解他的難處。當我們聊到女性生存處境的時候，當我抱怨好男人不多的時候，他竟然暗示我，我的長相、學歷、工作也很普通，我都驚呆了。

「他是這個領域很有人氣的心理諮商師，在某社交媒體上粉絲超多，他寫的很多文章和發表的很多觀點我都非常認同。我以前看他是有光環的，覺得他是一個榜樣，所以我就會把他放在一個更高的位置上，很少去質疑他，有點把他當成權威的感覺。我現在才意識到他總是想幫我做決定，好像給了我一個答案或者幫我解決了問題，他會自我感覺良好。但是，現在我發現只有回歸自己才行。」

有些擁有優越條件的人把自己的「高品質親密關係」作為賣點，好像如果親密關係不夠優質，就說明是女性需要努力改正和爭取的，但是一味強調努力是一種變相的壓迫，這讓女性傾向於停留在關係中不斷付出、改進自己，然後愈加深陷其中。

李萍一直以來都對自己的學歷有很強的自卑感。她覺得自己沒讀過大學，文化程度不高，感覺說的話或者做的選擇都不夠好。在我們交流過程中她總是質疑自己，比如：「我沒什麼文化，說得不好。」、「我沒讀過什麼書，不知道自己理解得對不對。」、「我不明白你在說什麼，是不是因為我的智商有問題。」。她很仰慕高知識女性，時不時會跟我聊相關的話題。

有一次她告訴我，某位情感內容創作者鼓勵女性要放開自己，去嘗試新的戀情，不帶任何功利地體驗愛。她問我：「我糾結老公出軌這件事情是因為自己太自私嗎？我是不是應該更無私一些呢？因為出軌而感到羞恥是因為我太保守，不夠有文化嗎？」

我十分認可李萍不舒服的感受，並且告訴她：「這些道理如果脫離語境講都對。但考慮到現在性別結構的不平等以及親密關係暴力如此之普遍，讓女性放開自己多嘗試，而沒有具體自我覺醒和自我保護的意識，就等於裸奔上戰場。」

親密關係中的權力下位者向上共情可能為自己帶來更多的剝削。一些意見領袖出於流量和利益的考量，缺少對結構的批判性，更難以共情理解受害者的處境。真正的助人是去啟發而不是說教，最終我們要回歸自己，而不是把需要投射在某個意見領袖的完美人設上，透過追隨或者消費迴避自身的困境和結構性的不公，這是消費主義的陷阱。

暴力循環：他說很愛我，但又不斷打壓我

聊完社會因素，讓我們從關係的層面著手去分析為什麼受虐者難以離開一段虐戀關係。

臨床心理學家萊諾・沃克（Lenore E. Walker）在一九七九年提出了「被虐待者症候群」（Battered Woman Syndrome）這一概念，用來概括長期遭受伴侶暴力虐待的婦女所表現出的行為模式。「暴力循環」（cycle of violence）和「習得性無助」是該理論的核心概念。

暴力循環是指暴力會週期性發生，包括緊張關係形成階段、惡性暴力階段和溫馨甜蜜階段的循環且逐步升級的週期。最初的緊張狀態階段，雙方開始出現言語爭執和敵對

狀態的同時，虐待者可能會操控周圍的人進一步地孤立、隔離受害者。當進入惡性暴力階段，緊張、壓抑狀態會爆發，施暴者開始對受害者進行身心攻擊，隨著緊張的緩解，施暴者可能對受害者表達歉意。在溫馨甜蜜階段中，施暴者常表現出深深的良心譴責、悔恨並承諾不再使用暴力，受害者常滿懷希望，認為施暴者會改變，但是絕大多數情況是，再次重複這一循環。經歷多次暴力循環後，受暴婦女就會逐漸接受暴力事實，產生無助的信念，不再尋求幫助，即「習得性無助」。[33]

在臨床工作中，「暴力循環」是一個很有效的工具，幫助受害者瞭解到所經歷的親密關係暴力以及難以離開的原因。心理諮商師譚雅・高姆（Tanya Gaum）和芭芭拉・赫林（Barbara Herring）在二〇二〇年提出「自戀型虐待循環」（cycle of narcissistic abuse）的模型，詳細呈現受害者在一段自戀型虐待關係中所經歷的幾個階段，包括蜜月期（honeymoon）、衝突累積期（tension building）和虐待升級期（abuse escalation）三個部分。

蜜月期又稱為理想化階段，在這個過程中自戀型伴侶會使用各種戀愛轟炸的套路，施展渾身解數去吸引受害者，讓受害者感到自己「被選中」或者遇到了「靈魂伴侶」。

一旦自戀型伴侶獲得了受害者的信任和依戀，就會逐漸進入衝突累積的階段，自戀型伴侶開始批評、指責、忽略受害者，使受害者感到擔憂和不適。

當關係逐漸進入虐待升級的階段，自戀型伴侶會使用貶低、打壓、暴怒、冷暴力、三角測量、煤氣燈效應等方法去操控伴侶，同時可能選擇新的「自戀供給對象」（narcissistic supply），也就是尋覓新的「獵物」。這會讓受害者產生失眠、憂鬱、焦慮、混亂等身心症狀，懷疑自己的情緒感受和判斷力，也就是產生「認知失調」的體驗。

當自戀型伴侶感到受害者可能要離開自己的時候，會重新採用蜜月期慣用的手段，暫時挽回受害者。如果受害者繼續留在關係中，會再次經歷同樣的虐待循環，而自戀型伴侶和關係並不會產生實質性的改變。

從五位來訪者的經歷中不難看出，她們起初並不是因為自戀型伴侶的虐待傾向才被吸引的，而是自戀型伴侶的迷惑性很強，給人的第一印象是有自信、癡情、有能力和有魅力的，並且在關係的初期使用浪漫的攻勢，為受害者創造了美好的戀愛體驗。

蓓兒對家豪的印象是陽光、有自信、情商高、事業有成；小艾對丹的第一印象很好，認為他是自己心目中的白馬王子，興趣和工作經驗也和自己很相近；第一次見面，李萍就覺得張鵬不僅一表人才，還給予她經濟上的支援，深深地被他吸引；阿亮高大健碩的身材一下子就吸引了婭婭的注意力；陳飛高智商、高學歷、文質彬彬的外形讓王琪覺得他是一個可靠的對象。

自戀型伴侶不僅會展示出自己光鮮亮麗的外表，同時也會使用「戀愛轟炸」的方式去收集受害者的訊息，特別是她們的弱點。他們會投其所好，製造出浪漫氛圍，強調他們的緣分多麼奇妙，讓對方覺得自己遇到了那個天注定的人。從神經學上說，這是一種多巴胺獎勵機制，和上癮的原理相似，讓人欲罷不能。[34]

蓓兒和家豪剛認識的時候被對方熱情的態度所打動。他們認識的第一天，家豪就會傳自拍告知自己在做什麼，每天早安晚安問候。家豪的奶奶還算了兩個人的八字，看看是否「適合」。認識不久，家豪就告訴蓓兒她是自己的夢中情人，符合自己對伴侶的一切要求。

「說來真的很奇怪，就是確實會讓我覺得跟他很熟悉，比如：他會強調我們的大學離得很近，遺憾沒有早點相遇，如果遇見了肯定會一見鍾情；我們兩個人都是斷掌手紋，都是『狠角色』；我們共同喜歡的一個小眾樂團在二〇一九年全球巡演，我們都同時去了香港站看演出。這讓我覺得好像緣分在冥冥中早已注定。

「那個時候我還跟朋友說：『原來一個人喜歡你會非常明確地讓你知道，也根本憋不住。』後來我才發現，他營造我們很有緣分的假象，只是為了收集我的資訊、我的需求。等到我足夠依賴他之後，在需求中得到滿足後，他才好開始控制我，包括貶低和打壓。一切都不是基於愛，他們不懂什麼是愛，所有的付出只是想一物換一物，換得我的服從、聽話。買的衣服要馬上穿，項鍊要天天戴著，送的保養品要趕快用，這樣才算尊重。他們的愛太膚淺。」

小艾在戀愛初期也有跟蓓兒相似的經歷。跟丹前期的約會讓小艾都覺得很好，他不僅彬彬有禮，還特別照顧別人。認識兩個月之後，正值感恩節，丹就把小艾帶回家，以戀愛對象的身分介紹給他的家人。他們一家人看起來其樂融融，整個聚會過程中丹也一直在照顧小艾的感受，他還表示自己非常珍惜和小艾的關係，因為她跟他的前任都不一樣，很善良且體貼人。

「那個時候我就感覺他好可憐，一定不要離開他，不要像他前女友們一樣難搞。我一定要懂事，不要無理取鬧，」小艾告訴我，「但是沒想到，他後來就是一直在利用我的同理心，一再地踐踏我的底線。」

阿亮也在跟婭婭認識初期表示完全接受婭婭的一切。他告訴婭婭他完全不介意他們之間的年紀差距，還說自己喜歡大姐姐一樣的女朋友，因為她溫柔體貼會疼人。剛認識的時候兩個人幾乎不間斷地聯絡，都像喝了能量飲料一樣毫無睏意無法分離。阿亮告訴婭婭，他感覺自己從來沒有對哪個女生這麼癡迷過，總是想把自己健身的照片或影片傳給她。那個時候婭婭覺得一下子陷入了愛情中，覺得自己遇到了真愛。

「後來才發現，他對所有的曖昧對象都是這個手段，讓我覺得到噁心。」婭婭憤怒地說。

陳飛沉默寡言，性格偏內向，看起來很穩重，凡事也都讓著王琪，這讓王琪感覺他是個踏實可靠的人。儘管兩人在大學時代並無太多交集，但在同學聚會上重建聯絡之後就閃婚了。因為王琪父母的婚姻在她很小的時候就「名存實亡」，所以她很渴望在親密關係中體會到家庭的溫暖。她看到陳飛一家人似乎很和諧美滿，但是十年下來她才發現，「這種表面的美滿其實就是一場作秀，背後壓抑著很多情緒，讓人想逃」。

當從理想化的階段過渡到虐待的階段，處在自戀型虐待關係中的受害者會因為伴侶前後反差太大，而產生「認知失調」（cognitive dissonance）的狀況。

心理學家利昂．費斯廷格（Leon Festinger）提出「認知失調」這一概念。他發現，內在的一致性是我們人的基本需要，一種行為與信念發生衝突時，個體都會感到心理上的不適，這種失調感會促使我們尋求方法來減少衝突。當我們認定一件事情的時候，即使事實與信念相反，也會積極地去尋找支援這種信念的觀點，來維護自己內心的信念。[35]

在一段自戀型虐待關係中，相信自己遇到「真愛」的受害者在面對自戀型伴侶的打壓時，會產生認知失調的體驗（他說很愛我，但是又不斷打壓我）。為了減輕痛苦的失控感，受害者選擇把問題歸究於自己，透過責備自己獲得一種虛幻的掌控感，覺得只要自己改正錯誤或是努力嘗試，就能夠改變對方，回到過去浪漫的階段，這使對方的傷害合理化。

在五位來訪者的分享中，有很多時候對方做出了「越界」的行為，她們還是選擇忽略或者責備自己。這是典型的認知失調的反應。

家豪不顧蓓兒的要求，在他們第一次性行為的過程中沒有採取任何避孕措施。事後，蓓兒再次強調希望對方採取避孕措施，因為她說不想懷孕，但是家豪用各種理由搪塞。

「那個時候我覺得很羞恥。我不明白為什麼一個口口聲聲說愛我的人，會做出不尊重我的行為，好像是自己做錯了什麼。」蓓兒告訴我。她不敢和父母說這件事，因為父母對她管教很嚴，思想很保守，如果他們知道後就會責備蓓兒，這會讓她更加自責。後來，她跟朋友們說起這件事情，大家也不太能理解她的感受。大家都覺得她找到了一個很好的對象，都要談婚論嫁了，所以這種小事不必計較。「這讓我覺得是我想太多了，是我太保守了，後來我也就沒有多想，默認了這一切。現在想想自己怎麼這麼傻。」

關係到了最後，蓓兒突然「被分手」，這也讓她百思不得其解。她告訴我：「分手後他跟我說的那番話，彷彿他才是受害者，他受了很多的委屈，他在拚命磨合，反倒是我拖了後腿。可是明明我也受到傷害了，第一次遇見這樣的人。不敢相信剛認識的時候印象之中那樣一個『有自信、開朗、可靠、有擔當』的男生，會做出這樣的行為。」

「我一直會質疑，是不是我自己有什麼問題。想起以前相處的片段，覺得很荒謬。父母責備我，說我太單純，當初不應該不聽他們的話，就一下子把所有都給了家豪，讓他覺得這一切都來得太容易，就不會珍惜。彷彿這一切都是我自己心甘情願被騙的。我甚至還覺得如果當初我再努力一些，再細心一點，多關注一下對方的情緒感受，他是不是就不會離開我？」蓓兒在這裡透過責備自己去合理化家豪前後不一的行為。

進入關係之前，丹對小艾無微不至的關懷，讓她覺得自己是丹心目中的「唯一」，再到確認關係之後，丹單方面提出自己想要開放式關係的想法，小艾並不同意。當丹的暗戀對象回到西雅圖的時候，他提出陪暗戀對象的要求。小艾一時間感到不知所措，她怕當面說不清，所以特地用信件的形式把自己的底線重申一遍。丹很快回覆了小艾，強調暗戀對象對他多重要。

「雖然這封信件通篇都是胡言亂語，但是因為最後的那一句話和前面的那句『我看到信的第一時間就回覆你了，希望你不要擔心』，我就被說服了。」小艾告訴我，「我那個時候腦子真的進水了，不知道怎麼想的，竟然選擇相信他不會做出對不起我的事情。」

當丹不斷做出讓小艾感到不可思議的行為後，小艾經歷了嚴重的認知失調，這讓她感到混亂，嘗試向外尋求幫助，希望逐漸脫離這段關係。小艾之前的諮商師告訴她：「暫時無法分開也好，疫情在家隔離你還有個人陪伴著你，也許不是件壞事。」小艾的媽媽出於對小艾的婚姻焦慮，告訴小艾：「無論之前發生過什麼，只要現在他願意對你好，就可以重新開始。」遺憾的是，無論是諮商師還是她的母親，都沒有意識到小艾正在經歷認知失調的階段，一味強調積極的一面，反倒助長了暴力循環，讓受害者更難從混亂中走出來。

在李萍的經歷裡，從小缺愛的她希望從伴侶身上獲得安全感，所以她在心理上十分依賴張鵬。婚後兩個小孩陸續出生，張鵬要求李萍把重心放在打理家務上，因此李萍在經濟上完全依賴張鵬。

「二十歲出頭的我還天真地以為只要我對他夠好，他就能回心轉意。我中間為他墮胎了好幾次，他從來不避孕，也從不考慮我的感受。後來我想等結了婚，有了小孩，他的心穩定下來，這些問題就都能解決。結果真到了那時候，他還是不斷出軌，對我更冷淡。

「我最害怕別人說為什麼不離開。我也知道他這麼做是不對的，但是我內心就是放不下。我總感覺自己付出了這麼多憑什麼要走？我覺得很混沌，好像被迷住了。我總覺得哪裡出了問題了，隱隱感覺不對，但是分析不出來。」

當一個人一直處於認知失調中而無法自拔的時候，很有可能會對施暴者產生情感連結，更難離開這段關係，這就是前面已經提到過的「創傷性連結」。創傷性連結是違背一個人的意願而產生的一種情感連結。創傷性連結之所以能夠形成是因為施暴者會切換使用戀愛轟炸和貶低打壓兩種手段，使受害者感到困惑直到放棄抵抗，從而合理化施暴者的虐待性行為。它會讓受害者對施暴者產生一種親近和信任感，本質上也是一種習得性無助。[36]

《房思琪的初戀樂園》裡的女主角十三歲被老師性侵，求助無門，甚至還被母親指責、羞辱，在這種極度無助的情況下，她認為「要愛上老師，否則（我）太痛苦了」。這也是創傷性連結的表現。

面對阿亮的家暴行為和不斷出軌，婭婭不斷嘗試跟他分手，卻再次回到這段關係中。

有一次兩人又因為阿亮跟其他女生曖昧的事情爆發了巨大的衝突。婭婭把阿亮趕出了家門。就在當天晚上，婭婭就體驗到了巨大的恐懼和不安的感覺，她失心瘋似的嘗試挽回阿亮，求他原諒自己，要他回來。

婭婭告訴阿亮自己痛苦到無法呼吸，情緒正在懲罰著她。阿亮的回覆卻出奇地平靜，沒有謾罵爭吵，他告訴婭婭：「我告訴你實話，我也不知道為啥，從你趕我走的時候，我就不喜歡你了，前幾次都沒有這種感覺，可能是因為這次真的走了。」婭婭聽了之後，告訴他：「好的，那既然這樣，我們還是分開吧。緣分可能就注定這樣了，希望你能好好的。」

阿亮繼續跟她說：「答應我，以後不管是誰做了什麼事情，不要再把別人趕走了，那種感覺太難受了，很丟臉，很狼狽，明明有家，但是我在那一刻感覺自己無家可歸。你很好，那天確實是我的錯。好好工作，好好休息，別擔心我。」

事後婭婭告訴我，她為自己當時情緒憤怒趕走阿亮而各種道歉，沒過多久，阿亮就又開始跟婭婭聯絡，兩人繼續重複之前的模式。婭婭不解地問我：「為什麼每次分手開始覺得很輕鬆，但沒過多久就總是有種還想跟他在一起，要去挽回他的心理？我甚至覺得他那一刻好真誠，是不是沒那麼『有毒』？他上次說得那麼絕了，現在又來找我，是不是因為真的很愛我？我該怎麼處理這種情緒，避免做這種衝動愚蠢的舉動呢？」

在李萍和王琪所經歷的創傷性連結中，她們的伴侶都在使用忽冷忽熱的方式，一邊重複著虐待性的行為（出軌、冷暴力、情感迴避、煤氣燈效應），一邊用浪漫、愛的方式補償伴侶，企圖營造一種「在乎你」、「你很重要」的假象，這讓當事人感到混亂不安。

張鵬買很多奢侈品給李萍，還把價值連城的車和市值千萬的房產登記在她的名下。這會讓李萍感到愧疚不安，她告訴我：「他對我那麼好，我覺得很不配。我是不是不應該想那麼多，好好照顧這個家就行了？是不是我真的不夠好，但是我已經做到能力範圍內最好的自己了，我真的好困惑。」

陳飛出軌幾個月後，王琪發現了他的變化。「他剛開始幾天對我的照顧幾乎可以用無微不至來形容，比如看到我吃藥會問我怎麼了，看到我走了很久會問累不累，要不要喝飲料。昨天下午我因為吃了冰淇淋，肚子不舒服了，他幾乎化身為一個貼身隨從，對我噓寒問暖。

「我開始變得反感，仍然很警惕。晚上聚餐結束他送我回我一個人住的新家。進家門後我很低落，於是就傳了訊息給他，後來就去忙自己的事，故意不看他的回覆，直到早上醒來才看了一眼手機。他告訴我不要想太多，別太消極，過去的事情都過去了，好日子都在前頭。我覺得對方仍在逃避，這一下就讓我更清醒了。我簡單回覆他之後，發現自己並沒有再像昨晚那麼低落，反而覺得我在漸漸遠離『有毒』關係。」

因為認知失調而產生的創傷性連結，會使人活在幻想中而不是現實裡。這主要是因為自戀型伴侶刻意在使用「打一巴掌給一顆糖果」的方式，讓受害者幻想透過自己的努力回到蜜月期，並因此合理化自戀型伴侶的虐待行為。自戀型伴侶因此刻意繼續虐待受害者，逃避關係中的責任，滿足自己的私欲。

可能有些讀者會問：「是不是自戀者沒有共情力，所以他們不知道自己在虐待伴侶？」

有研究表明，自戀者是有共情力的。[37]在我的觀察中，自戀者在有差別地使用共情力，目的是控制受害者。這就解釋了為什麼在理想化的階段，他們透過學習和收集伴侶的訊息，刻意地投其所好，努力製造出一種「命中注定」的感覺，一旦他們獲得伴侶的信任，就開始虐待對方。共情力對於他們來說只是實現自己利益的工具，而非真正在乎他人的喜怒哀樂。

原生家庭：懂事的小孩，大多過得不幸福

之所以把原生家庭放在分析的最後部分，是因為太多時候我們忽略了社會中存在的不公和施暴者本身的虐待傾向，一味地責備受害者性格或者人格上的缺陷。某些從原生家庭中習得的模式可能會更容易讓一個人陷入創傷性連結中，但是這依然不是譴責受害者的理由。畢竟，雙方並不處在一個訊息和權力對等的關係中。自戀型伴侶有意施加了逐步升級的暴力，企圖透過讓對方內心陷入混亂而使其更容易被控制。這種受害者有罪的言論是需要批判和反思的。

接下來我會梳理這五位講述者的成長背景，幫助大家瞭解是什麼讓她們會被自戀型伴侶吸引，以及面對傷害為什麼難以離開。

五位來訪者成長過程中都在扮演著照顧家長情緒和滿足他們期待的角色，也就是心理學上所講的「親職化」。「親職化」一詞是一九六七年由家庭系統理論家薩爾瓦多．米紐慶（Salvador Minuchin）提出的。米紐慶認為這種現象發生在父母把自己的情感需求建立在小孩之上的家庭中。[38]心理學家伊萬．博佐爾梅尼．納吉（Ivan Boszormenyi Nagy）擴展並深化了「親職化」這一概念。他提出，當一個家庭表現出父母和小孩之間不平衡的付出和索取時，小孩可能會出現深層次的心理問題。[39]

蓓兒的父母親關係一直不好，但是外人看起來卻是一副其樂融融的樣子。「只有我和我媽知道我爸是一個什麼樣的人。」蓓兒告訴我，「他關起門來，就變成了另一個人，非常情緒化，對我和我媽態度很惡劣。」

從小蓓兒就學會了看爸爸的臉色行事，稍有不慎可能就會遭到責罵。據蓓兒的回憶，「小時候沒有感受到爸爸對我太多的關心和照顧，但是我必須在外人面前表現得很懂事可愛。他總是對我的身材和穿著指指點點，要求我做到知書達理。可能因為外人一句『女兒最近變胖了』，他就會在背地裡批評我。考試成績沒達標，也會批評我。

「當我覺得家豪和他媽媽都是戴著面具生活，我爸爸卻告訴我，他覺得家豪一家人都很友善可靠，勸我『嫁給別人當媳婦都是這樣的，還有更不開心的』，反而我成為那個最不懂事的人。他總是覺得是我做得不對，自己卻從來不認錯，還要我和我媽為他的情緒負責。」

如果說蓓兒從小扮演了父親情緒承擔者的角色，那小艾就屬於一直活在父親的期待中。

「從小爸媽就跟我說：『要從自己身上找原因，要反思。』、『要懂事、大方、得體、明事理。』這就讓我形成了一種條件反射，一有問題，就覺得是自己不夠好，要努力滿足對方的期待。我從小就是別人家的小孩，把努力當成人生信仰，認為事情沒做好就是自己不努力，所以在任何事情上都想努力證明自己。無論我考試考多好，我父母總是覺得我不行，告訴我不要驕傲，從來不稱讚我。

「印象最深的是我上大學的那一年，我爸有一次很認真地花了好幾個小時跟我說，別人對我的評價都是看在父母的面子上，千萬別當真，不要以為自己真的很好，其實我距離他們心目中好女兒的標準還差得很遠。那個時候我信以為真。我還連續好幾週失眠，覺得自己讓我爸失望了，很傷心。有好長時間我都覺得自己什麼都做不好，取得再多的成績都覺得自己很差勁。當我聽到別人對我的評價，只要稍微不那麼積極，就會感到羞恥不安。我覺得我需要非常努力才能稍微感覺自己還可以，非常渴望外界的認可。」

每次回憶起小時候的經歷，李萍都忍不住哽咽起來。

「我從小生長在一個被打壓、被否定、重男輕女的環境中。我被父母，還有比我大十幾歲的哥哥否定，打壓。

「有一個情節我印象特別深刻，他們否定我，嘲諷我，我那個時候七八歲，已經懂事了。我當時莫名其妙地做了一件非常可怕的事情，很平靜地走到屋裡拿起一個釘書機，直接按在我的手上，釘書針直接穿透皮膚。現在回想起來，我都不知道自己當時為什麼要做這個舉動，我想一定是我的情感壓抑到了無法宣洩的程度。那個時候太小，太壓抑，不知道怎麼辦。

「還有一次，我也記不清是為什麼，我媽突然變得很暴躁，開始打我罵我。她還沒消氣，就把我的衣服扒下來，把我從家裡趕出去，讓我半夜只穿著一身衛生衣褲在門外站了好久。那個時候是冬天，北方的冬天很冷，風像刀子一樣颳在我的身上。無論我怎麼哀求，她都不開門。我想像不到一個當媽的怎麼能這麼狠心，如此對待她自己的女兒。

「後來，我從家出來，身上就帶了一千塊。雖然我現在依賴老公，他每個月給我的幾萬塊根本不夠家用，但是我再也沒有找家裡要過錢。後來我選擇跟家裡斷聯。斷聯後我沒有任何羞愧感，他們不值得，他們從來不知道反思，認為全是我的錯。他們把我消耗得快沒了。即使我把命給他們，他們也無法認可我。雖然理性上我知道這不是我的錯，但是我還是非常缺愛，感覺自己不配，沒辦法走出那個情緒的黑洞。」

婭婭也生長在一個重男輕女的家庭裡，她告訴我：「我從小就一直在跟弟弟爭寵，但是總是遭到父母的打罵。

「用現在的話來說，我小時候就是一個『留守兒童』。我父母在我很小的時候就去外地打工，我跟著奶奶長大。弟弟出生後，父母帶著他去外地工作，卻把我一個人留在家裡。奶奶對我很好，但我還是想跟爸爸媽媽一起生活。每次他們離家，我都哭著喊著不讓他們走，有的時候還會因為鬧太兇而挨頓揍。有一次我問爸媽為什麼不帶我走，他們說因為我是個女孩，女孩以後要嫁人的，照顧好家就好，但是男孩不一樣，男孩要努力讀書，以後要養家的。

「那個時候我就覺得很不甘心，所以處處都要爭口氣。有一次過年吃飯，我爸看到我弟的衣服袖子短了，就跟我媽說要買新衣服給我弟。然後，我就跟我爸說，我的褲子也短了，我也要新衣服。我爸卻說短了還能穿。那個時候我的眼淚馬上就掉了下來，都流到了粥裡。我故意不讓他們看見，假裝自己在喝粥，粥喝起來都鹹了。

「還有一次，我們一家人難得在一起去爬山，我爸背著我弟弟走在前面，我和我媽走在後面。我看山路特別陡，跟我弟弟說：『你抓緊一點，別掉下去摔壞了。』剛說完，我爸就回過頭，走過來就打了我一巴掌，還說我說話晦氣。那一刻我都愣住了，我不知道自己說錯了什麼，感覺很羞恥。在我以後的關係中，我也總是把自己的想法咽在肚子裡，不敢表達出來，委曲求全，很害怕被拋棄。」

王琪的父母在她和弟弟很小的時候關係就已經破裂，各過各的生活，只在逢年過節的時候才聚在一起。

「小時候有一段時間我和弟弟跟著我媽在外婆家生活。我媽做生意，基本上一天到晚都見不到人影。外婆只顧幫我和弟弟做飯。我從小就要照顧好自己，又要照顧弟弟。我小舅也在我外婆家生活，他一直在社會上混，欠了一屁股債，還有賭癮。半夜經常有討債的人用刀來砍我們家的門，嚇得我和弟弟都睡不著覺。那個時候我才在念小學，我先保護弟弟，把他哄睡著，之後一個人怕得躲在被窩裡哭，也不敢哭出聲，怕別人聽到。有時候在家裡，小舅和一群人就在一旁邊打牌邊抽菸，喧嘩聲異常刺耳，菸味會飄到我和弟弟的屋子裡來，那個味道我現在都記憶猶新，一想到就會冒冷汗。

「後來我爸擔心我和弟弟的安全，就把我們接到他那裡一起生活。那個時候我爸在跟不同的阿姨交往。他雖然嘴上說只是跟某個阿姨一起去旅行，但是我一直都知道他們的關係不平常。小時候我覺得我和弟弟就是爸媽的累贅，我甚至覺得如果沒有我和弟弟的出生，是不是他們就可以各自去追求屬於自己的幸福了？因為從小太缺愛，所以我發現自己在關係中總是覺得自己不配，希望付出更多去討好別人。」

如果一個小孩在幼年承擔了過多與年紀不相符的責任，他幾乎沒有空間知道或表達自己的需求，當他鼓起勇氣表達自己的需求後，可能遭到養育者的忽略、憤怒和打壓，那麼這些消極的回饋會讓小孩把需求與恐懼和羞恥聯絡在一起，更難以表達自己。久而久之，他就習慣了壓抑自己的需要，只會一味地滿足他人的需求。

這導致了兒科醫生和精神分析學家唐納德・威尼科特（Donald Winnicott）在一九六〇年所說的「虛假自我」（false self）的發展。這種自我否定的人格讓親職化的小孩無法表達和滿足自己的需求，只能從感受他人的需求中獲得價值。[40]因此，無論是與朋友、同事還是戀愛伴侶的相處過程中，親職化的小孩在成年後很難形成健康、平衡的邊界，很容易陷入虐待或剝削的關係中。

心理學家發現親職化的小孩有可能患有各種心理疾病，包括受虐傾向和成人邊緣人格障礙。[41]我在臨床經驗中發現，親職化的小孩在潛意識裡習得的是暴力和虐待性的關係不應該被打破，而應該被修復。所以，每當遇到關係的問題，她們會下意識地去更努力地解決問題，而不是維護自己的邊界或者離開。

婭婭告訴我，自己喜歡性虐戀的感覺來自小時候被侵犯的經歷。

「我有一個遠房表哥是村子裡唯一的大學生，成績好，村裡所有人都知道他。有一年他大學放暑假回家，來我們家串門子。當時大人都不在，他就進屋等著大人回來。我記得那一天很熱，我只穿了一條裙子。那個時候我才在念小學，不懂事，就趴在床上。他看我趴在床上，就叫我過去。我也沒多想，就走了過去。沒想到，他就開始對我動手動腳。

「那個時候我的胸部已經開始發育了，他一隻手隔著我的裙子摸我的胸部，然後另一隻手伸進了我的內褲摸我。我當時瞬間就呆住了，不知道該怎麼辦。我想動也動不了，想叫也叫不出聲。我只記得對方笑瞇瞇地看著我，那個笑容現在想起來就覺得非常猥瑣又噁心。就是此刻，我都感覺到心跳加速，呼吸急促，全身肌肉痠痛。

「我也不知道持續了多久，後來回憶完全斷片了，也不知怎麼地他就停手了。他還告訴我這是我們的小祕密，不要跟別人說。如果告訴了別人，我就是個叛徒，沒有人喜歡跟叛徒一起玩。後來，我實在忍不住，把這件事情告訴了我媽。我媽不僅不相信我說的話，她還罵我『不要臉』、『不檢點』、『狐狸精』，一個大學生怎麼會對我動手動腳。之後我在家庭聚會上還時不時看到這個人，每次見到他我都非常害怕，家人還因此罵我扭扭捏捏不像樣。

「之後很長一段時間，我都對自己的身體感到很羞恥。我覺得小時候之所以被對方性侵是因為自己穿得太少，不應該在床上趴著，或者埋怨自己當初在他動手動腳的時候沒有反抗。後來進入親密關係中，我對那些一般的性行為沒什麼感覺，反倒會對那些特別粗暴的行為，或者用侮辱性的詞罵我的方式覺得很興奮。

「我也知道很多時候阿亮的某些行為已經超過了我能接受的範圍，可是每當感覺不舒服想反抗的時候，大腦就會一片空白，事後也不敢說出來，害怕會因此被對方拋棄。我只能不斷努力討好對方，滿足對方過分的要求。可能這就是我的命，這輩子我就這樣了。」

婭婭所遭遇的是未成年人被性侵。當一名未成年人被成人或其他未成年人用來滿足自己的性目的時，無論是身體性的接觸（插入、親吻、撫摸等），還是非身體觸摸（暴露性器官、展示色情內容等），都是性侵犯。施虐者通常是受害者信任的家庭成員或熟人。當未成年人遭到虐待時，他需要得到確認，即被虐待的經歷是被他人相信的，自己不應該受到責備，並且不會受到進一步的傷害。[42]

遺憾的是，在婭婭的經歷中，被虐待的經歷被信任的家人否認。這帶給她巨大的內疚和恥辱感，讓她不敢去相信自己的感受，認為所有不幸的遭遇都是自己的錯。結果就是，受害者／倖存者潛意識中很可能就會認為自己是孤獨無助的。即使周圍有再多的人，但是依然覺得沒有人真正在乎她、保護她，所有的求救都是無用的。

這種思維模式仍在婭婭的成年生活中上演。即使她意識到之前的經歷可能會讓她在關係中傾向於討好、取悅、依賴伴侶，但是在現實生活中還是很容易被那些自私自利、渴望關注和認可的「有毒」的人吸引。這並不是因為婭婭不夠努力，或者不夠強大，而是因為當她需要被關愛的時候，沒有得到應有的保護，被迫習得的自我責備的循環在控制著她，讓她無法離開。

研究顯示，童年遭受過性侵害的人成年之後更容易陷入性虐待的關係中。[43]這方面，女性更為明顯。之所以會被虐待性的性行為吸引，是因為遭遇過性侵的女性內在的安全系統被破壞。當看到有關性侵的內容，或者在自戀型虐待關係中經歷身體、情緒邊界被侵犯的行為時，之前的創傷性體驗會被激起。即使理性上知道這是一段不健康的關係，但是可能依然會有生理反應。這可能不是因為婭婭多享受這樣的行為，而是被傷害的感覺足夠熟悉，進而合理化對方的行為，認為是「愛」、「欲望」、「激情」，其實背後是傷害。

即使在性行為中意識到了不舒服的感覺，但面對伴侶不合理的要求時，很多人會一下子僵住，不知如何反抗，無法拒絕對方。這也是創傷後的壓力反應。當對方提出不合理的要求或者做出不合理的行為時，在那一刻之前的創傷性體驗被激起，婭婭的腦子變得一片空白，身體感覺不聽使喚，彷彿回到過去被侵犯的那個無力、僵住的狀態中。這個狀態叫「解離」，是一種受到傷害後的正常反應。這不是婭婭的錯，而是大腦在陷入危險無力反抗時，讓情緒感受暫時「離場」，以便把傷害降到最低的處理方式。她只是在竭盡全力地保護自己。

創傷療癒是一段漫長的過程。這一章主要聚焦的是創傷的形成原因，我會在下一章具體跟大家分享這五位來訪者處理療癒過程中十分重要但經常容易被忽略的情緒哀傷的過程。

第三章

我從「有毒」關係中倖存

很多來訪者表示，他們無法應對或者離開自戀型伴侶，陷在自戀型虐待關係中，這讓他們感到羞恥，從而進入自我攻擊的循環中。我個人認為問題的核心在於缺少對情緒哀傷這一階段的瞭解，以及缺少有效的工具、技巧和支持去度過這個階段。

療癒創傷最為重要也是最難的一步就是處理情緒哀傷。從心理學的角度來看，情緒哀傷是失去所愛的人或事物而引起的反應，比如：失業、分手、親人離世時，當事人會經歷一系列的情緒反應，包括否認、憤怒、討價還價、憂鬱，最後接受，整合成為自我經驗的重要部分，賦予它獨特的意義。[1]

大家通常認為接受所愛之人或物的離開，是一個跟自己「講理」的過程，認為這個過程不要陷入消極的情緒中無法自拔，要用理性戰勝情緒。其實用理性去思考反而會變相壓抑自己的感受，更難接受失去這一現實。處理情緒哀傷的過程就好像開墾荒原的過程，需要先把雜草清理乾淨，才能夠在土地裡播新的種子，開啟新生。

情緒哀傷之所以難以面對，是因為在這個越來越強調積極和效率的時代，我們會對情緒，特別是脆弱的情緒產生一種失控的恐懼感。人類最基本的五種情緒（快樂、悲傷、憤怒、恐懼和厭惡）中，在大部分情況下，只有快樂是被允許表達和接納的。

我在諮商過程中聽到很多來訪者告訴我「情緒很穩定，穩定得像一潭死水」。這種

「穩定」的背後是一種壓抑。真正的情緒穩定是保持對情緒的覺知和接納，更像是一泉流動的活水。當越來越隔絕自己的情緒，我們就對自己毫無所知，失去自己的思考力和判斷力，容易被操控。

自戀型虐待的倖存者所經歷的情緒哀傷過程會很艱難。在上一章跟大家介紹過，自戀型伴侶會在關係前期使用浪漫轟炸的手段，讓倖存者感覺自己遇到了「靈魂伴侶」，找到了「完美關係」。在這段關係結束後，倖存者可能會感到悲傷和痛苦，他們因此需要放棄對這段關係的美好幻想，接受自己愛上的是自戀型伴侶所創造出的「角色」這一事實。這會使人產生巨大的破滅感，感覺自我的某個部分被否定了。

有位來訪者曾跟我說：「最難接受的不是婚姻的結束，而是我愛上了一個從未存在過的人。我並不是失去了他，而是失去了我對愛的期待和對未來的希望。」再加上在之後的關係中，自戀型伴侶會使用一系列的虐待性的方式，讓倖存者懷疑自己，產生創傷性連結。這會讓本就不容易處理的情緒哀傷的過程變得更加混亂複雜。

跟普通關係的分手相比，我觀察到自戀型虐待的親歷者體驗到的情緒反覆更加強烈。由於處在虐待性的環境中，親歷者身心長期處在壓力反應模式之下。一旦面對現實，在關係中被壓抑和忽略的情緒就會像潘朵拉的盒子一下子被打開。有位經歷過「有毒」關係的來訪者曾對我說，當意識到情緒「就像海嘯一樣，感覺自己被完全吞噬掉，感覺自己在那一刻要被淹死了」。

除了強烈的情緒反覆，還有就是對自我和他人的信任的破裂。自戀型虐待會讓一個人打破對公平世界的美好認知，意識到人性並不總是那麼良善，努力付出並不一定會獲得回報；不再信任自己的感受，陷入習得性無助的狀態裡。這種內心破碎的感覺會讓人迷失自我，感覺被全世界拋棄。

只有處理好情緒哀傷，才可以逐漸打破創傷性連結，也就是透過一次次面對情緒，直面現實，確認自己的需要，才能重建對自我情緒和判斷力的信任。我們能做的是當情緒被激起，不再把自己釘在恥辱柱上，而是把傷痛轉化成為生命的重要一部分。它可能是一個化妝過的祝福，賦予來訪者使命感，給予她們更多的動力去幫助他人，活出生命的意義。

哀傷是人類寶貴的情感之一。它觸碰到了我們人性最細膩敏感的部分，不斷提醒著我們愛的脆弱和珍貴。同時，它讓人變得睿智，讓人生變得深厚。

這一章主要聚焦在療癒自戀型虐待倖存者的情緒哀傷過程中，常見的四種哀傷情緒，包括希望、恐懼、愧疚和惋惜。希望這一章的內容不僅能夠提供給你一個瞭解和處理哀傷情緒的框架，同時也能讓你給自己足夠的時間去接納自己的情緒，認可自己的需要，從創傷中尋求意義。就像《一生的親密關係：探索自我，勇敢去愛》（簡體版譯名，原Loving Bravely: 20 Lessons of Self-discovery to Help You Get the Love You Want）一書的作者亞歷山德拉・H・所羅門（Alexandra H. Solomon）所說：「耐心不是完全的被動接受，亦不是逆來順受。它其實也是一種行動。」[2]

1. 希望：拋棄拯救對方的幻想

看清自戀型虐待關係最難的一點就是接受自戀型伴侶無法被改變這一事實，即使做出改變也很難建立一段基於尊重、平等、誠實和溝通的親密關係。很多時候，如果倖存者沒有看清這一點，很可能會抱有不切實際的幻想，覺得自己再努力一些就會得到想像中美好的結局。

我聽過很多來訪者寄望於透過學習溝通技巧或者無條件地付出，喚醒對方內在良善的一面，企圖幫助對方成長，但是結果總是傷痕累累。有的來訪者告訴我：「或許真的等到我失望到一定程度，再無能力為他付出的時候，才能夠學會放手。」有的來訪者當著我的面，設立一個分手的時間，信誓旦旦地告訴我再過一段時間就會分手。有的來訪者乾脆等著對方說分手，寄望於對方「放過」自己。結果就是，如果不去積極主動地處理情緒哀傷，那麼到了那個時間點，還是分不開。即使自戀型伴侶主動提出分手，很可能過一段時間還會來吸回（hoover）倖存者，也就是重新使用戀愛轟炸的技巧，讓她回到關係中，繼續重複虐待的循環。

伴侶瘋狂地喜歡自己，但就是不愛我

蓓兒的希望來自對美好家庭的想像。雖然在梳理家豪和他母親的關係中，蓓兒覺察到母子關係的核心是控制，但是她時常會懷疑自己的判斷力。

蓓兒告訴我：「剛開始跟家豪相處的時候，我發現他的媽媽對家豪非常重視，對他的愛非常細膩。說實話，我是羨慕的。我也想有這樣的媽媽，這樣被寵愛，太幸福了吧。」當我問她是什麼讓她對家豪的媽媽有這樣的想像時，她告訴我，「因為我的父母恰恰相反。我父親情緒不穩定，母親一切都聽父親的，沒什麼主見。雖然他們平時不太管我，但是要求我在外人面前必須看起來懂事可愛。他們可能會因為我最近胖了、個子不夠高，穿衣服不好看、舉止不得體、成績不好而批評我。我從來沒有感受到家豪媽媽那樣的愛，所以當時我很喜歡他們家。

「現在回想起來也會覺得，是不是我們家才是有問題的，他們家其實是充滿愛的家庭？我有的時候會懷疑，他真的是自戀型的伴侶嗎？會不會因為你是專門研究這一塊的，所以就把他恰巧歸為這種人，說不定有誤會？這一切都是我自己有意識選擇的一些事件的拼湊，而不是他人格的展現？會不會他換一個女生相處就不會這樣了？所以，他真的是自戀型伴侶嗎？

「會不會存在一種情況，特別是在相親這種目的性很強的場合下，如果一個男生對女生一見鍾情，再加上一些莫名的熟悉感，以及確實非常奇妙的緣分加持，同時女生也很積極推動關係，表達了好感，兩個人確實對上了，這好像是『有毒』關係的戀愛轟炸階段？這個男生又是急性子，平時工作忙，現在需要一個結婚對象，他的戀愛經驗比較豐富，知道怎樣能討女生歡心，在這種情況下，女生沒什麼閱歷的話很容易被迅速追到。並且男生一開始也確實是以結婚為目的，但由於一開始的一見鍾情，兩人對對方的期待過高，導致相處過程中從一百分開始扣分，相處後發現真的不適合，最後決定要分開。

「以上在這種不成熟的衝動下產生的戀愛，雖然不太被推崇，但生活中好像也確實存在。這跟自戀型虐待有什麼差別呢？因為我發現家豪雖然有病態自戀狂的特質，但是他沒有像我之前遇到過的很典型的病態自戀狂那種癲狂狀態，一直傳訊息咒罵我，所以我又覺得他可能就是相處後覺得不適合，和自戀型伴侶不一樣。」

聽到這裡，我意識到蓓兒把對完美母親的想像投射在了家豪母親的身上，下意識地忽略了在和家豪母親相處過程中不舒服的感受。她進而認為家豪只是目的性強，心智不成熟。這種選擇性的忽略以及合理化對方虐待性的行為是認知失調的表現。

打破認知失調的關鍵在於諮商師既要不加批判地接納來訪者的想法和感受，也要把自戀型伴侶虐待性的一面展現出來，邀請來訪者自己去理解和判斷。這個過程需要被強化，因為我們的大腦喜歡熟悉感而非改變。來訪者「記住」自戀型伴侶虐待性的一面就好像學習一門新的語言一樣，需要不斷重複和練習，否則就會經常陷入「對方很好，都是我的錯」的認知模式中。

我告訴蓓兒：「我能感覺到你很渴望從母親那裡獲得細膩的關懷和寵愛，這對你來說很重要。但是我同時也想分享之前我們梳理過的對方的行為模式，這就包括病態脆弱（分手都是你的錯）、浮誇（總是在聊自己有多『優秀』）、特權感（必須按照他的方式）、不負責任（無避孕措施的性行為）、缺乏共情力（對你和前任的分手都十分草率）、控制（化妝、穿衣、生育、職業選擇按照他的喜好）、邊界感差（很多女生跟他要電話、權貴想幫他介紹對象），等等。而且關係也經歷了浪漫轟炸、貶低打壓、拋棄的動態循環。

「對方母親的『細膩』可能是一種控制，即不允許兒子離開自己，一切按照她的意思，沒有做到心理上的分離。這也就是為什麼家豪總是把他媽媽的要求和期待掛在嘴邊，甚至要你按照他媽媽的做法和裝扮。在你的家庭中，母親對你的忽略和批判會造成自我價值感低，讓你更容易吸引自戀的人。因為他們總是在尋找可操控的對象，比如家豪曾說想要『養成系女友』。你的弱點是不能即刻表達和維護自己的邊界，所以會容易被有自戀型人格的人吸引。總之，對方的行為模式釋放了很多危險訊號，而你的弱點會讓你更容易被此類人吸引，而且難以離開。不知道你怎麼看？」

蓓兒一臉驚訝，告訴我：「天哪，我竟然這麼快就忘了之前聊過的內容。聽你分析下來，我覺得清晰了不少。最近我也在看心理學方面的書籍和文章，也在學著拒絕，學著樹立自己的邊界，探索自己的需求和欲望。當局者迷，我確實是逃離了，應該慶幸。」

對於自戀型虐待的治療，杜瓦蘇拉博士在「臨床治療自戀型虐待之見證和範式轉變」（Bearing Witness & Paradigm Shift Clinically Addressing Narcissistic Abuse）的研究中進行了具體闡述，她提到心理科普（psycho-education）是治療自戀型虐待的關鍵干預技巧，以及提出「為受害者做見證」（bearing witness of the victim）。

這需要諮商師瞭解自戀型虐待的專業知識和詞彙，向受害者普及自戀型人格的行為模式、自戀型虐待的循環，跟來訪者梳理在親密關係中的經歷，以及認可來訪者的情緒和感受，幫助來訪者更加清晰地瞭解自己的處境。

小艾正處於跟丹在同一屋簷下分居對峙的狀態。不久前還發生了丹闖入小艾的房間不肯走，企圖威脅小艾不要跟他分手的行為。即便如此，小艾依然希望透過自己的努力，跟對方好好溝通，能夠讓對方意識到自己的問題，有一個妥善的結局。

「回到當下，我猶豫困惑的一個點就是我是不是有點小題大作。現在丹住在我家，我無法跟他分手。我跟爸媽和幾個朋友溝通求助，昨天我還申請了對他的驅逐令。因為近期發生了他闖入我房間不肯走的這件事情，他們擔心我，要我趕快找律師，並且幫我去搜尋可靠的律師，還建議我報警。

「另外一位很年長的朋友也很擔心我，並鼓勵我趕緊讓他搬出去。她非常憤慨，覺得這個男的就是一直在利用我。這幾位朋友其實都沒和丹見過面，除了昨晚陪我一起住的那個朋友跟他有簡短的對話，其他朋友從來沒和丹交流過，只是聽過我對他的描述。我懷疑我是不是有點把他過於妖魔化了，會不會做得太絕了，也質疑我自己在處理這件事情中的主動性，有點被別人推著走的無力感。

「他有很多問題，也做了不少傷害我的事情，但我依然覺得他不是一個十惡不赦的人，還是希望好聚好散，給他稍微多一點時間。」

我問小艾：「當你嘗試跟對方溝通時，感受如何呢？」

「我嘗試了很多溝通技巧，無論怎麼說他好像都沒辦法明白。每次聊到這個問題他不是指責我，就是變得暴怒，很情緒化。他有好幾次脅迫我，甚至把我關在房子裡不讓我出去，說我沒有權利要他離開，還說我背叛了他。這讓我感到很無力，很挫敗。」

「那你的無力和挫敗感在告訴你什麼呢？」

「我覺得……」這時小艾開始啜泣起來，「可能對方根本不願意聽，他根本就不在乎我的感受……」

「你能夠面對自己的情緒真的很勇敢。那當你意識到對方不在乎你的感受，也不願跟你溝通時，是否影響到你期待中『好聚好散』的結局呢？」

「我覺得可能這只是我的執念。」

「那是什麼讓你有這種執念呢？」

「我從小到大對於親密關係的瞭解都來自電影，這讓我覺得愛能夠彌補一切。雖然現實生活中無論是我的原生家庭，還是我周圍的朋友的婚姻生活都是一團混亂，但是我一直覺得自己是不同的，可以透過努力找到真愛。我深信吸引力法則，就是你想要什麼，只要你夠想要，你就能得到。我覺得之前自己活在虛擬的世界裡，總是活在純粹的世界裡，彷彿在那個世界裡只要你夠努力，就能獲得一個妥善的結局。」

我告訴小艾：「跟自戀型伴侶分手大部分都很難有『妥善』的結局，這也是讓人困在當下境地的原因所在。病態自戀者往往會抓著你不放，直到你對他來說再也沒有利用價值。這段關係的結局取決於你在哪裡結束它。」

小艾聽完後若有所思地點點頭，告訴我：「雖然我現在不能完全接受，但是我覺得我不能再欺騙自己了，要面對現實了。」

跟蓓兒和小艾相比，李萍面臨更大的挑戰。她無論是在經濟上還是在心理上都完全依賴著張鵬，很難有反抗的力量。張鵬在這段關係中利用李萍對他的依賴，對她實施虐待行為，李萍因此不斷陷入混亂的情緒中。

「在我內心我一直想找一個比自己大很多的男人。我沒有父愛，得不到母愛，全是毒打、謾罵。所以，當張鵬在我最窘迫的時候給了我一萬塊的那一刻，我就覺得我要嫁給他，無論貧窮富貴，我都跟定了這個人。他比我大十歲，正好滿足了我對父愛的渴求。我覺得我太缺愛了，無法一個人生活，太需要一個人成為我的依靠。」

我問李萍：「你覺得張鵬能夠為你帶來依靠，那你對於依靠的定義是什麼呢？」

李萍告訴我：「我渴望有一個人能夠給我安全感，能夠愛我，尊重我，看到我，陪伴我。」

「我聽到了很矛盾的點，請幫助我更好地瞭解這個部分。你說到的依靠更多的是情感的部分，但是據我的瞭解，張鵬提供給你更多的是物質上的支持，似乎跟你想像的不太一樣。」

「是的……」她點了點頭，接著說，「我一直有個希望，就是只要足夠包容他，照顧他，對他好，他終有一天會回頭。所以，即使經歷墮胎、家暴、冷暴力，我依然沒有選擇離開。那個時候，我覺得跟他結了婚就好了，再後來我覺得生了小孩就好了。最後我才意識到，他不會改變。我之前從來沒有聽說過什麼自戀型人格障礙，也不願意承認他對我做的一切都是家庭暴力，我總是覺得他會改變。沉沒成本越來越多，我都沒臉回頭。說實話，直到現在我都難以接受他不會改變這一事實。」

「是什麼會讓你抱有希望呢？」

「每當我嘗試放下對他的期待的時候，他總是會畫大餅給我。前兩天他喝多了，還傳訊息給我說：『你是我這輩子唯一深愛的女人，我要給你最好的生活』、『只要你不離開我，我就給你一輩子幸福』，然後我回覆他：『你怎麼這麼會說話，我都覺得你喝多了。』他告訴我：『不是喝醉說的，是真心話。我也一直在這樣做。盡我所能，讓你成為最幸福的女人。』看他說得那麼真誠，我還是會信以為真。

「今天又發生了一件事情，讓我很失望。早上我說要吃烤鴨，他說中午去幫我買。但是等到中午他都沒起床，然後我就催他。結果他一起來就罵我是個沒用的傢伙，愛吃得要死，只想著吃。我說：『這是你答應我的。』他說：『你答應的事情就都能做到嗎？』之後我就很生氣，一個人開車出去買烤鴨了。後來他開了另一輛車追了上來，還在大馬路中間超我的車，差點撞上來。他再次失言失信，我對他失望透頂。

「是的，我覺得自己和他的距離越來越遠。他愛的不是我，他的愛是自私的，他愛的是他自己。」

認錯越快，改變越慢

在王琪的經歷中，當陳飛對關係的表面修修補補後，王琪又對他抱有幻想，從而陷入混亂之中。

當王琪搬出去後，她開始獨自生活，更加關注自己，陳飛對她的態度也有所改變。按照王琪的話說，就是陳飛「發現我不慌了的時候，他卻成為慌的那個」。雖然兩人沒有面對面直接的交流，但是陳飛開始頻繁地傳訊息、買東西、轉帳給王琪。一開始王琪很清醒，覺得對方只是在做一些試圖挽回她的舉動，並沒有實質性的改變。可是，過了一段時間後，王琪就開始懷疑自己，認為陳飛也許會痛改前非，考慮再給他一次機會。

這種時而清醒時而糊塗然後再清醒是療癒的必經階段，一方面這說明當事人經歷了煤氣燈效應，另一方面也說明透過不斷認可自己的情緒和感受從而更好地認清自戀型伴侶的本質，是打破創傷性連結的必經之路。

王琪感嘆道：「雨薇，昨晚跟你視訊的過程中，我發現自己更有力量了。我突然意識到在一段關係中自己總是在承擔責任，感覺在拉著對方走。比方說，我學過非暴力溝通，希望能夠透過溝通改變他在關係中的態度。現在覺得如果對方不承擔他那部分責任的話，我再努力也沒用。」

我回覆她說：「是的，女性很容易就會陷入『努力付出才能獲得愛』的模式和循環中，而往往忽略了對方的責任。你現在能夠有意識地放手、樹立邊界，創建一個平等的關係，這很重要。」

「我需要認清這個伴侶其實是有逃避責任的一個思維模式，這是我不能接受的，也無法滿足我的需求，我會繼續觀察。我決定拉身邊值得信賴的好友以及社交媒體上比較熟的網友，建立一個迷你的十幾人的群組，在平時大家互相鼓勵幫助，更能自我成長。」

幾天後，王琪突然傳給我一張收款截圖，之後傳訊息解釋了一下這筆錢的由來。

「雨薇，今天是情人節，他轉了五萬兩千元給我，還買了一組保養敏感肌膚的保養品，傳訊息說他最近發現我臉上長了很多痘痘所以買的。他好像為了打消我想太多的念頭，說了很多原因和初衷動機，我現在對他的行為很困惑。」

我問王琪：「是什麼讓你感覺到困惑呢？」

「我現在還沒有想太清楚……現階段我可能只想保護好我自己，不再受到他的傷害。我現在決定不對他做任何回應。」

沒過多久，王琪告訴我，她又感到混亂了。

「雨薇，我昨天整個晚上都沒睡。距上次情人節告白沒過多久，陳飛又傳訊息給我，跟我說等過一陣子，他就帶我出國旅行，旅行地點任由我選擇。我之前一直跟他說我想出國旅行，但他是一個很宅的人，從來不會帶我去，總覺得旅行又累又花錢。他傳訊息說要帶我去我想去的地方，做我想做的事情，我現在感覺他是不是變了。哦，我還差點忘記，他還說他覺得自己需要看心理醫生。這一切發生得太快太突然了，我不知道怎麼理解……」

「用力過猛，為時已晚」是自戀型伴侶挽回對方回到暴力循環中的重要方式。因為倖存者在關係中太渴望被看到，所以當自戀型伴侶提出想要達成其願望的意願或行動，倖存者就會很容易感到混亂，再次陷入自戀型伴侶的操控中。但是，一個人的改變是漫長的，自戀型伴侶這種突然的「改變」往往停留在表面，並不是對伴侶真正的理解和共情，目的只是希望對方繼續留在這段虐戀關係中。

我問王琪她現在感覺如何，她告訴我：「我覺得很混亂，我想知道他這麼做到底是為了什麼。同時，我內心也有種隱隱不安的感覺，彷彿知道真相後會傷害到自己。」

我繼續問王琪是什麼讓她產生這種感覺。她告訴我：「我的直覺告訴我，我並不信任他，他可能會再次傷害我。」

「那你需要對方做什麼才能夠開始信任他呢？」

「我不知道，反正現在不行。我需要再花一些時間才能搞清楚，在此之前我還是需要跟他保持一段距離。我準備回覆他，把回覆的內容分享給你，也麻煩你把你看完後的感受傳給我。」

之後，我收到了王琪回覆陳飛的訊息：「謝謝你花時間挑選禮物，感覺你很在乎我、關注我。我很擔心自己最近的皮膚狀況，可能是因為內分泌和睡眠出現了大問題，所以需要調整，正在吃中藥。希望自己的狀態漸漸恢復，然後能用你送的保養品。你細心的觀察讓我很開心，覺得有人在意我的感受。有人惦記簡直太好了。」

然後，她傳訊息給我：「這是我思考後想表達的內容，算是初稿，最後只會減不會增，我的出發點是在表達謝意的同時表達我自己的感受。」

「你向對方表達感謝這一點我能夠感受到。除了感謝，你覺得還有什麼想表達呢？」

「我還想問他什麼時候回來？但這是我不願意主動提的，我覺得這樣說顯得自己很空虛，而且我想繼續一個人住一陣子，弄清楚我的想法。」

「你覺得想知道他什麼時候回來的目的是什麼呢？」

「讓我心裡有個底。但被你這麼一問，我突然完全不在意這個問題的答案，那是他的事。」

就在王琪以為跟陳飛的關係有所轉機的時候，發生了一件事，她把最新收到的訊息傳給了我。因為陳飛和王琪婚後約定每週末看望他的父母，快到週末，陳飛問王琪的意見，他覺得他們應該一起回去：「一家人，沒有什麼天大的事，再加上他們是長輩，你就別計較了，以後我也決定要注意自己的口吻，我想做一個更好的人。其次，就算這個禮拜不回去，下禮拜也還要面對。最後，思想觀念不同很難糾正。我媽很固執，那就隨她固執。他們年紀越來越大，你爸媽也是。」

後來，她又把自己的回覆傳給了我：「你能詢問我的意見，這點我很意外。我覺得到我的感受被顧及了。關於明天是否回去，我尊重你的決定。關於你提及的幾點原因，我有些不同的想法，想跟你探討。

「跟長輩不計較是很棒的決定，我相信你也會努力去做。跟他們相處，我時常會很焦慮，他們的固有觀念和多年來養成的對人對事過度解讀的思維習慣，對我很不公平。之前我偶爾用家裡的車練車，你和爸媽看到後說我這個人技術不行之類的，各種打擊和品頭論足，我很不舒服。還有爸媽總是在我們面前爭吵，卻不把注意力放在解決事情上，還叫我評理。我之前無論自己多難熬，還是會去嘗試安慰他們，幫助他們解決問題。現在我不想承擔這個角色了。上次回家他們又因為一點小事就吵了起來，你爸就開始對我陰陽怪氣，說我不說話就是不孝，甚至各種道德和情緒綁架，一副咄咄逼人的樣子，說從今以後不再指望小孩們，也不花小孩們的一分錢，事實上他們一直在『享受』我們付出的精力、時間和財力。

「我會努力做到不跟他們極力辯解什麼，維護好自己的邊界，關注好自己的情緒。也希望你能夠理解和支援我。當我有不舒服的地方，希望你能單獨聽我說出我的想法。

「跟父母保持好的關係，不是靠我們一方的努力就能實現的，還需要長輩們多一點尊重少一點壓人的威嚴。而且對於『好』的定義，每個人都有不同的理解。在某些方面跟父母保持距離，並不意味著不孝順。在我看來一心想跟父母保持好的關係可能是一種犧牲自己也是犧牲伴侶的表現。你覺得呢？」

我把我的感受回覆給王琪：「我覺得你上次的簡訊更多的是表達對他送的禮物的感謝，這次不同的是你把自己的觀點表達了出來，我覺得這是一個很勇敢的嘗試。」

「謝謝雨薇，你一直在告訴我要認可自己的感受，我發現我有好多想法想告訴他，並且希望能夠看到他的回覆，認清他真實的一面，而不是活在想像中。」

過了一段時間，王琪收到了陳飛的簡訊，在訊息裡他是這樣回覆的：「你們都是我的親人，我認為我處理家庭關係還是滿公正客觀的。你想太多了，沒有原則性大問題的情況下，不需要繼續深入思考，隨他去吧，要不然會太累。

「有時候就算我們是對的，講話太鋒利也會傷害到人。世界上所有親人間都會有拌嘴和不愉快，如果每個人都只想證明自己，雖然這麼做沒錯，但是這個世界就會變得冷冰冰的。每個人都應該嘗試大度一點。

「雖然我內心有些抗拒，但是為了事情不惡化，我決定回家去看一下，不管情況怎樣。如果你想回就回去，不想回去就不回去，我理解你。很多事情其實沒有那麼困難，是我們把它複雜化了。太認真，傷的是自己。」

我問王琪收到訊息感受如何時，她皺著眉頭告訴我：「我心裡隱隱覺得不對勁又說不上來。對方一直在強調我要大度，也就是要我做出犧牲努力；另外他只是在說希望家庭和諧，但沒有相應的計畫去實現，他的回覆讓我感到失望。他太自戀太自以為是了，覺得自己客觀，甚至現在都覺得自己沒做錯什麼，我跟他說話有一種『他說他的，並沒有聽我在說』的感覺，感覺他在教我做事情。他可能只是在等一句我同意明天回去而已。

「之前我想買醫療險，他總說沒必要，反正不缺錢。今天上午我去幫自己買了保險，我覺得這對自己來說是個保障。放下對父母的投射，不求公婆的認可，降低對老公的期待，把我自己放在最重要的位置上思考所有的關係和問題。我之前覺得自己好像在嫉妒所謂的第三者，很明顯那種情緒不是我應該有的健康心態。」

聽完王琪的分享，我告訴她：「這是很好的覺察。我非常認同人應該回歸自我，關注自己的需要。當伴侶出軌、信任被破壞，本身就會讓你對自我產生懷疑，而且他把你跟對方拿來比較，這更加深了自我懷疑的程度。」

「嗯，你的提醒和抓的重點對我非常重要，我要保持清醒，繼續覺察，同時把更多的精力放在自己身上，照顧好自己。我不能因為對方的搖擺而不穩定，而要站穩自己的腳跟。

「『當你找回了自己，那麼不論結果是什麼，都要相信自己做得很好了。』我漸漸明白了這句話的含義。」

自戀的伴侶從不會真誠認錯

在我的實務經驗中，來訪者因為和自戀型伴侶無法面對面順暢溝通，往往會使用長電子郵件、長訊息、寫信交流的方式。來訪者總是抱有強烈的渴望，希望自戀型伴侶能夠理解自己，這從側面反映了跟自戀型伴侶溝通之艱難。這種溝通方式在王琪的經歷中有顯現，婭婭也經歷了同樣的模式。

婭婭多次嘗試和阿亮分手。無論分手鬧得多難堪，結果不是阿亮找婭婭復合，就是婭婭求阿亮再給她一次機會。兩人會重複這種虐戀模式，難以分開。

在一次語音諮商中，當我問婭婭是什麼讓她感到難以分開，她提到其中非常重要的一個原因就是她總是希望能夠喚醒阿亮的「真心」，希望能夠幫助他意識到他自身的問題，幫助他療癒自己小時候的創傷。

「畢竟，他那次告訴我，我把他趕走的那種感覺令他感到難受、丟臉、狼狽，有家回不去。我就覺得他有了真心的表達，是不是我太難搞了，而不是他的問題？如果我好好照顧他，是不是我們就可以好好相處？我想再試試跟他溝通一下，傳個訊息給他，把我的想法告訴他。」婭婭告訴我。

「理解你的心情，你傳訊息是想達成什麼樣的目的呢？」

「他之前答應過我自駕玩東北，帶我回家見他的家人，見他從小到大的好朋友，吃當地的好吃的。我總是忘不了他給我的承諾。一想到他離開，我覺得很沒有安全感。」

「那具體他給到了你什麼樣的安全感呢？」

「我也不知道這種安全感是他給我的，還是我自己的一種想像。照理說他在這段關係中一直在做傷害我的事情。現在我不只是精神狀態不好，身體現在還經常在排卵期出血、性行為出血，醫生建議我回診檢查ＨＰＶ（人類乳突病毒）和做子宮頸癌篩檢，我也怕他會不會染病傳給我，但是我一旦透露這種擔憂，他就開始拿分手出走威脅我，我什麼也不敢做。我現在腦子很亂，但是一想到那些承諾無法兌現，我就感覺內心失去了重要的安全感。所以，我還是想跟他講清楚。」

「那你是如何定義這種安全感的呢？」

這時我聽到婭婭在那邊開始啜泣，她告訴我：「就是一種失去感，覺得我自己不完整了。」

「那你現在感受到了什麼樣的情緒呢？」

「我感受到了傷心、難過，還有……失落。」

「你能夠表達出來自己的情緒，做得非常好。那你覺得這些情緒在告訴你什麼呢？」

「他已經做了他的選擇，他離開了我。我對他來說不是那個不可替代的人，而他對我來說很重要。」

「這是非常好的覺察，婭婭。那帶著這份覺察我們再回顧一下，你想聯絡他、傳訊息給他，是想達成什麼樣的目的呢？」

「嗯……第一是，我想問清楚我在他心目中是不是不可替代的，以及在當下他是否有一點點想挽留我的意思。如果他有挽留我的意思，我會覺得自己還是有機會修復這段關係的。這樣我的生活就能回到過去的正軌。

「第二是，我真的很想要幫助他，哪怕我不是陪他走向人生終點的那個人，但是我還想做一些事情，證明我努力過。因為他在關係一開始就說自己想要一段長期穩定的關係，希望伴侶能夠寵著他。這給了我一種使命感。」

「如果我們不看他說了什麼，只看他做了什麼。你覺得他的行為在告訴你他真正需要什麼呢？」

「我覺得他雖然嘴上說自己想要穩定的關係，但其實他還是想要刺激的生活。我經常看到他撩前任和女學員。雖然沒有出軌實證，但是我總覺得不太對勁。他所說的寵愛只不過是無條件地順從他。」

「當你面對對方真實的一面的時候，有什麼感覺呢？」

「我無法接受他的要求，我無法滿足他。我甚至覺得他未來百分之百會出軌。我知道什麼是對的，什麼是錯的，我無法接受他無理的要求……」說到這裡，婭婭突然大哭了起來，她痛苦地跟我說，「可是，我沒有辦法控制我自己，我腦子裡想的都是他。因為跟親朋好友說過他是渣男，現在這樣，感覺是自作自受，沒有人能幫我。有時自殺的想法會讓我覺得解脫，清醒過來又會覺得這樣很危險，必須尋求幫助，可是現在身體、精神、工作、生活都亂成一團了，到底該怎麼安排，我很著急，很無助。我控制不住想去找他，想去改變他，想讓他繼續欺騙我……」

「我非常尊重你的選擇，婭婭。理性上知道他無法滿足你對親密關係的需要，但是情感上卻無法接受，想回到過去的模式中，這是一種創傷後的壓力反應，這不是你的錯。你需要時間放下對對方的幻想和期待。如果馬上完全讓你跟這個人斷聯，情緒反噬的效果可能讓你更難應對。如果我們為自己設置一個界線，可以聯絡他，但是不要馬上又回到關係中，你覺得如何？」

在我回覆婭婭的過程中，我聽到她哭得上氣不接下氣。於是，我補充了一句：「如果你需要時間哭出來，那就安心地哭，我在這裡陪著你。」

婭婭沒有哭多久，很快深呼吸了兩下，然後告訴我：「我想傳個訊息給他，我想聽聽你專業性的意見和建議。我這就傳給你看看。」

婭婭傳給阿亮的訊息是這樣寫的：「在一起沒多久，我從一開始對你不太認真，到第一次小心翼翼又用心地對你說喜歡你，都是因為你的好才發生變化。你知道嗎，這麼好的你並不需要一個脾氣好（只會聽話）的女朋友，而是一個你喜歡的，並且可以一起讓生活變得更好更開心的人。

「和你在一起的每天都很開心，但當你開始折磨我，不尊重我，無視我的底線，我是切切實實感受到了好多無奈和痛苦。我想跟你說，不應該用暴力或者折磨對待身邊的人，但你反覆告訴我，我不檢點，我是個爛人。我實在太難受了，所以選擇了分手。

「但你要知道，我從來沒有因為這些傷害否定我自己和你。當你說我的臉發黃時，我意識到我得振作和保護自己；當你每次憤怒卻擺著冷靜的臉說著離譜的話時，我知道你很煩躁，你需要發洩，我想給你一個抱抱，想幫幫你。

「如果你不能明白我說的話也不要緊，記得好好吃飯。」

讀完這段話之後我心頭一緊，婭婭在這個訊息裡把自己的脆弱表達出來，彷彿一隻毫無防備的小羊不顧一切地要往獅子的嘴裡跳，企圖透過犧牲自己喚醒獅子的同情心，這注定是一場自我獻祭的悲劇。

「婭婭，如果從策略上說，可能會有三個結果。第一個結果是最理想的，就是對方看到了你真誠的表達後，良心被喚起。他決定浪子回頭，兩個人重新回到關係中，解決關係中的問題。第二個結果是，對方回覆了你，但是並不是真的想改變，而是繼續享受你的付出。第三個結果可能是最難以接受的，就是對方可能會打壓辱罵你，或者找到了新的自戀補給對象，乾脆不理你，甚至封鎖你。

「你這麼做可能無法挽回他，但能給自己一個交代，知道自己已經盡力了。」

說到這裡，我聽到婭婭又失聲痛哭了起來，她近乎哀求地跟我說：「難道就沒有辦法改變他嗎？」

「很遺憾，自戀型伴侶缺少自我覺察的意願和能力，因此他們很難改變。」

「那麼，我能怎麼有所保留地把訊息分享給他呢？」

「如果可以的話，減少暴露自己的脆弱，因為你這麼做，一是會給自己更多的期待，如果結果不符合自己的心意，會讓自己更受傷。二是暴露太多的脆弱可能會給對方更多攻擊你的機會，這就好比把刀子遞給了他，讓他隨興而為。可以精簡你的訊息，把想說的話說出來就好。」

「嗯嗯，我明白了，雨薇。那如果對方回覆了我，我怎麼分辨他到底是真的想跟我在一起，還是只是想要哄騙我，讓我繼續跟他糾纏下去呢？」

「很簡單的一個方法，就是看對方是怎麼面對自己的問題的。如果對方並沒有對自己所做的事情感到歉意，要嘛把問題都歸究在你身上，要嘛輕描淡寫地帶過，那我覺得他沒有真正地理解你。還有就是拉開距離，看對方做了什麼，不要看對方說了什麼。他很有可能會繼續給你一些承諾，但是沒有實際行動的話，那很可能他其實只是想讓你留在他身邊，沒有任何的改變。」

「謝謝你雨薇，我明白了。諮商結束後我就修改一下訊息，傳給你，你幫我看一下。如果可以，我馬上就傳給他。」

沒過多久，婭婭就把編輯好的訊息傳給了我。

「這幾天我靜下心想了想這段時間裡我們的關係，我有做得不對的地方，同樣你也傷害過我。但你要知道我從來沒有因為這些傷害否定過我自己和你，也不希望你再用暴力和折磨對待身邊的人。如果你不能明白我說的話也不要緊，要記得好好吃飯。」

我告訴婭婭，這個版本讀完之後感覺沒有暴露太多自己的脆弱，有建立合理的期待，確認自己的目標，照顧好自己的情緒感受就好。

第二天，我就收到了婭婭的訊息。

「雨薇，我昨天在傳完簡訊後，跟他通了電話，提到了自己離開的原因和幾次爭吵的委屈。很有意思的是，他全部甩鍋給我，比如『就是因為你先推了我，所以我才壓著你』、『因為你做錯了事，所以我才這麼做的』。

「到後來，我結束了話題，告訴了他我的心情，然後睡覺了。今天下午又打了一次視訊，他開始跟我說一些甜言蜜語，但我越聽越刺耳，覺得他的話好虛偽，只覺得又難過又噁心。

「但我已經不會難過到崩潰了，要感謝你不斷地幫我梳理我面對的情況，認清現實。」

看到婭婭在混亂的情緒中能夠開始信任自己的感受，嘗試擺脫對方的情感操控，真的是一件難得的事情，我為她感到開心。

我這樣回覆她：「很開心聽到你最新的回覆，婭婭。你能夠在這個過程中保持清醒，重視自己的感受，以及維護好自己的距離和邊界，做得很好。

「我也非常認可你的感受，我覺得對方並沒有真正意識到自己的問題，很可能回到關係中也不會有實際的改變。

「我覺得可以繼續探索你背後的情緒，難過和噁心背後可能一直在提醒著你，告訴你重要的訊息。

「也希望我們隨時保持交流，祝好！」

2. 恐懼：要是離開，我害怕下一個更糟

讓倖存者陷在一段虐戀關係中無法看清的另一個重要因素是恐懼。在跟五位來訪者合作的過程中，我發現她們的恐懼感一方面來自社會壓力，另一方面來自原生家庭。

親密關係中的受害者，大多有一個冷暴力的家庭

有一次諮商的過程中，蓓兒告訴我，這段時間她離開了家豪覺得很釋然，但有的時候還是會胡思亂想，尤其是遇到親戚朋友對於自己婚戀狀態的盤問。這時候很容易讓她懷疑自己離開家豪是否是個對的決定。

「其實忙起來或出門就會比在家裡好很多，但不排除碰到一些讓我不是很快樂的人，比如一位叔叔對我說『剩下來的都是精華』，然後我就很想跟他說：『祝你們全家都剩下來。』他還跟我說：『我覺得多生小孩有利於女生健康，身材走樣主要還是因為不自

律。』然後我就很想嗆他：『你生一個試試呀，叔叔。』但是我還是沒辦法做到立刻反擊，表面依舊笑嘻嘻，心裡已經翻了無數個白眼了，好生氣！

「我住在廣東這邊，父母是潮汕人。家裡整體氛圍比較重男輕女，我覺得好不公平，好像女生到了我這個年紀就一定要結婚生子。小的時候成績好又聽話，大家都覺得我是年輕一輩的榜樣。等到我大學畢業工作後，沒有交往對象和結婚，好像我一下子就成了很失敗的人，親戚們還說幹得好不如嫁得好，叫我別那麼挑。我就想說難道我這麼努力就是為了找個人嫁了嗎？說實話，每次遇到這種情況，我都覺得很煩，甚至有的時候會想，如果我跟家豪還在一起，是不是就不會有這麼多糟心的事情了。

「可能是因為聽了我叔叔的話，我爸爸覺得很丟臉，他一天臉都很臭。其實我覺得我媽媽滿可憐的，他們根本沒有有效地溝通，也不想理解對方。我覺得他們都想抓住我作為精神依靠，而不是他們互相依靠。我也可以理解為什麼我在親密關係中會是那樣的狀態了，也更堅定要趕快獨立和為自己負責。真的不想跟原生家庭黏太緊。

「後來，我實在看不下去了，我給了我爸一些建議，表達了我的一些想法。我建議他可以去做自己喜歡做的事情，能夠讓他開心的事情，而不是焦點都在我身上，我開心他就開心，我難過他日子就過不下去了。他說：『世界上每對父母都是這樣。』但我說我朋友的父親就會自己找快樂。他就很生氣，覺得朋友的父親那是不負責任的表現，他覺得自己一直在付出卻沒有得到理解。

「我說成年人要和原生家庭有一定程度的距離，捆綁太緊任何關係都很窒息。他就說要跟我斷絕父女關係……我媽媽也對他說：『你要把自己的生活過好一點。』但我爸好像真的完全不能理解我們的意思。」

我跟蓓兒說：「聽起來好像你很希望父親能夠有自己的生活，留給你一些空間。」

蓓兒沉默了一會，回覆道：「就是……感覺對方一跟我提出要求，我就覺得莫名的煩躁。我覺得好像怎麼樣也說不清楚，他總是不理解我，我感受不到任何的愛……我現在時常有一種恐慌感，甚至似乎看到了一個小小的我蜷縮在角落裡瑟瑟發抖，有那種心臟跳到喉嚨的感覺。」

「那這種心臟跳到喉嚨的感覺在告訴你什麼呢？」

「每次有這種強烈的不安全感和恐慌感我都想立刻逃回爸爸身邊。我覺得我又生他的氣，但是又依戀他。我不知道為什麼有時總會有這樣弱弱小小的我出現，想要去愛他，渴望獲得他的關注，卻又不敢踏出那一步，因為以前已經受到太多的不理解和傷害。我覺得我和家豪的關係似乎也在重複這個模式。」

「這麼一說，我突然發現雖然我不認同我爸，但是我發現我其實有我爸的影子，我也忽略了我爸的感受，用容易刺痛他的話攻擊他，特別是在意見不同的時候。我也很害怕以後跟自己的伴侶親人發生矛盾的時候這樣處理，我想改變，不想以愛為名傷害最愛的人。」蓓兒說。

「那如果現在的你回到過去，可以跟小時候的自己說一句話，你會說什麼呢？」

這個時候蓓兒的眼睛一下子紅了，淚水奪眶而出。她一邊擦眼淚，一邊說：「我想跟她說你夠好了，不用太在意別人的眼光。爸爸媽媽吵架不是你的錯，你不必為他們的關係負責。」

我問蓓兒，是什麼讓她這麼受觸動，流下了眼淚。她告訴我：「我突然意識到，雖然我嘴上不承認，但是情感上似乎還是渴望獲得父親的認可。即使理性上我知道我無法改變父親，但是當我脆弱的部分冒上來的時候，我還是希望他能夠來安慰我，雖然最後總是以失敗告終。」

「你能夠覺察到自己的脆弱就是第一步，這也是改變的開始，下一步我們可以聚焦如何更好地養育自己。」

蓓兒在親密關係和原生家庭經歷創傷後表現出來的模式，跟複雜型創傷後壓力症候群（Complex Post-Traumatic Stress Disorder，CPTSD）的診斷標準有相似之處。複雜型創傷後壓力症候群是一個比較新的概念。在二〇一九年五月的世界衛生大會上，最新《國際疾病分類標準第十一版》（ICD-11）[3]收錄了這項疾患，並給予了診斷說明：

複雜型創傷後壓力症候群是在接觸一個或者一系列本質上極具威脅性或極為恐怖的事件後，可能發展出的疾患，尤其是長期或重複發生、難以逃脫或無法逃脫的事件（如折磨、奴役、大屠殺、持續的家庭暴力、重複發生的童年性虐待或肢體虐待等）。複雜型創傷後壓力症候群必須符合創傷後壓力症候群的全部診斷標準，並且具備以下特點：

1. 嚴重且持續性的情緒調節問題。
2. 相信自己是渺小的、挫敗的或無價值的，並且伴隨因創傷事件產生的羞恥、罪惡感或失敗感。
3. 難以與他人親近和維持人際關係。

複雜型創傷後壓力症候群（CPTSD）不僅包括了我們經常聽到的創傷後壓力症候群（PTSD）的常見症狀如回憶閃現、噩夢反覆出現、感到不安和恐懼，還包括自我組織障礙（Disturbances in Self-Organization, DSO）的症狀，如情緒失調、負面自我評價和難以保持穩定健康的人際關係，這些症狀會導致個體在日常生活、人際關係、讀書學習、工作和其他方面受到嚴重影響。

可能你會產生疑問，如果自己和周圍的人似乎有類似的行為表現，但是好像沒有經歷過那麼「嚴重」的傷害，那又是什麼原因？會不會是這些症狀被過度解讀了？

我在實務工作中發現，大家會陷入一個盲點，認為持續性的家庭暴力可能更多的是「熱暴力」，即言語和身體上的攻擊，但是大部分人忽略了「冷暴力」——情感忽略、情感勒索或者侵犯邊界的行為，這也會造成心理創傷。

很多臨床實務工作者認為，經歷過自戀型虐待的受害者／倖存者都會表現出CPTSD的症狀。[4]

處理CPTSD不能靠單一的療法，而是需要整合多元的治療取向與治療方法，根據來訪者的不同類型和具體情況，在適當的時候採取適當的做法。[5]

在跟蓓兒的交流過程中，我就使用了「內在小孩」這一療癒技巧。[6]

蓓兒所說的「小小的自己」其實就是內在小孩。內在小孩其實就是受傷的自我，也是我們從原生家庭裡所習得的無效思維和行為模式。即使我們已經長大成人，如果我們沒有意識到過去的影響和培養有效的人際交往模式，就會把恐懼不安帶到現在的親密關係中。這是因為我們小時候處在一個以自我為中心的狀態，無法感受超越自我的其他因素的影響。所以，我們會把身邊發生的所有事情都和自己串聯起來。

為大家舉個例子，如果小時候你經常看到父親下班後心情不好，你過去跟他親近，結果他對你大吼大叫，要你滾到旁邊去，不要煩他。小時候的你無法理解父親是因為工作壓力大才會脾氣不好，你反倒會覺得父親心情不好和自己有關，是自己不夠好，不配被愛。當父母拒絕表達對小孩的愛時，小孩不會因此停止愛父母，而會因此停止愛自己。成年後，當你的伴侶因為工作上的事情很煩，回到家裡後板著臉，這可能會讓你小時候的不安全感一觸即發，覺得伴侶可能對你不耐煩，覺得你不夠好，讓你感到對方會拋棄你。

療癒內在小孩很重要的一種方式就是後天的自我再養育（self-reparenting），也就是做自己的父母，在認知、情緒、生理各個方面關愛和接納自己，建立一種「我們是可愛的也值得被愛」的感受。

在自我再養育的過程中，我們跟自己內在小孩對話，不斷安慰自己，學會給自己無條件的愛和關懷。

做到放過自己，內耗就少了一半

在婭婭的療癒過程中，跟自己內在小孩對話也發揮了關鍵性的效果。

婭婭在跟阿亮的關係中表現出明顯的分離焦慮，一些很小的情緒可能都會觸發她恐慌的情緒。她處理情緒的方式還是回到跟阿亮的關係中。有一天，我接到婭婭的訊息，她告訴我她控制不住自己，選擇跟阿亮復合了。

「我剛跟他分手的時候覺得如釋重負，做出了那個對的決定。直到週四其實我的情緒都還在可控範圍內，到了週五，有個之前在社交平臺認識的人加我，我當時以為他是阿亮，實在很好奇，忍不住就聯絡了他，後來得知那個人並不是他。

「也就是這一個導火線吧，我週五晚上下班後就撐不住了，瘋狂打電話跟他說想要見面，但是他一直很冷淡，拒絕接電話，還各種罵我。

「直到週六，也就是昨天，在我非常卑微的乞求下，他坐捷運來我這裡了。見到他的那一瞬間，我好像把之前的事情全忘記了，我們又做起了情侶做的事情。他一直說現在自己的狀態不能談戀愛，再見面我對我更不好，我卻像是瘋了似的，乞求他每週五、六和我見面，可以不回到情侶的關係。我是不是真的沒救了，我對自己感到好失望和絕望啊……」

我告訴婭婭：「當你離開這個人的時候，情緒的反覆和內在的不安全感會像洪水般襲來，你會體驗到強烈的後座力（backlash），這是很正常的感受，並不是你有病或者你的錯。這就好像之前一列輛高速行駛的列車，突然停下來之後的慣性反應。當機立斷離開一段關係不容易，很容易讓你回到之前的模式裡面。」

「我現在一閒下來情緒就變得很亂，身邊沒有家人和朋友，自己一個人根本不知道該怎麼辦，很容易做出衝動的事情。我現在已經加回他的聯絡方式，和他約定好每週五、週六見面。我現在很矛盾，是這樣繼續下去，抑或是跟他好好談一談然後徹底分手，還是等找你做完諮商後再去做決定呢？」

「我個人覺得現在即使你跟他好好談談徹底分手，可能操作起來也不簡單。特別是你的衝動和他的縱容，可能會讓你再一次地陷入上癮的循環中，十分急迫地想得到這個人，但是一旦回到關係中，就會極度失望。如果把期待放在讓對方『放過』你，可能會讓自己失望。更重要的是回歸自己，放下期待，處理創傷。其實現在問題的核心不是讓對方放過你，而是如何放過自己。」

「謝謝你的開導，那我就先不做任何處理了，我一直把關注力放在他身上，期待他能主動找我，現在的自己很卑微。」

「我相信道理你都明白，但是情緒的波動的確不容易處理。簡單地把手放在胸口，去安慰自己，去感受情緒的流動就是一個很好的訓練。當你感到情緒無法控制，想去聯絡他時，可以放鬆、深呼吸。因為當沒有安全感的時候，我們的交感神經系統會被刺激，如果做一些身體的放鬆練習，會啟動副交感神經系統，幫助你放鬆，不透過聯絡他緩解恐懼的情緒，而是透過放鬆幫助自己面對情緒。」

「好的，我試一下這種方法。我覺得我真的需要好好面對自己了，等我準備好了之後再跟你約個時間。」

等我再次見到婭婭的時候，她憔悴了很多，她眼神呆滯，面無表情，臉色蠟黃，好像變了一個人。

寒暄過後，我們直接進入主題。當聊到是什麼讓她面對分離會有一種難以抑制的恐懼感的時候，婭婭告訴我：「一想到離開這個人，就痛到無法呼吸，感覺整個世界都坍塌了一樣，完全失去了活下去的動力。」

我問婭婭：「那這種分離後的感受，有沒有讓你回憶起小時候的什麼經歷呢？」

「我印象很深的是，有一年秋天，父母從外面打工回來，我很開心。那年他們還買了新衣服給我，我覺得太幸福了，我想永遠待在他們身邊。當他們要走的時候，我不知道自己怎麼了，很難過，忍不住的那種，一直撕心裂肺地哭。後來我爸嫌我煩，就很嚴厲地訓斥我，說：『看來真是把你寵壞了，你看你這個賤樣，以後沒有人會喜歡你。』

「那個時候我就感覺彷彿一把刀刺在我的胸口上，痛到不行。我就受不了了，奪門而出，跑到了麥田裡，一個人在那裡哇哇大哭。我不記得自己哭了多久，反正只記得哭著哭著睡著了，然後醒來之後繼續哭。就這樣一直到了天黑都沒有回家。

「最後來找我的不是我爸，也不是我媽，是我奶奶。我奶奶端著一碗飯過來找我，要我吃點東西。那個時候我覺得很愧疚，對自己很失望，我看奶奶那麼老了，走路慢悠悠地摸黑來找我，我覺得自己很不懂事。但是還有一種強烈的感覺就是我被我爸媽拋棄了，我覺得自己不應該活在這個世界上，我當時只想一頭撞死。但是又想到我奶奶要怎麼辦，我不能對不起她，我要是死了她肯定很傷心。我就想等她死了，我在這個世界上也沒有什麼可留戀的了，到那個時候死也不遲。

「後來，我回了家就被揍了一頓。我現在都不明白，為什麼我爸媽要這樣對我，我只是想跟他們在一起，我只希望他們能多陪陪我，我不想離開他們。但是，他們並不能夠理解，還對我又打又罵，我不知道為什麼。」

就在婭婭描述這段經歷的時候，我看到她麻木的臉上開始出現一些表情，但是她講述這一切的時候，依然表現得出奇地平靜，感覺內心壓抑了很多的感受，不敢觸碰。在那一刻，我覺得她的防禦系統還是很強，所以我提議跟她做一個冥想練習，目的是讓她放鬆下來。婭婭同意了。

在冥想練習裡，我一開始請她把焦點聚焦在身體的感受上，從腳趾到頭頂，請她關注當下的感受，從創傷的壓力反應模式中分離，回到成人的狀態裡。當我感受到她的語氣開始有些緩和，進入冥想狀態時，我開始邀請她以成年人的身分進入那年的麥田裡。

「婭婭，如果在這個過程中有任何感受，都可以告訴我。如果你感到恐懼不安，可以隨時睜開眼睛，或者示意我停下來。」

「好的。」

「那讓我們回到那年小時候的麥田裡，你看到了什麼，聞到了什麼，感受到了什麼呢？」

「我看到天很黑，麥子很高，摸起來有一種扎手的感覺。我有點害怕……」

「嗯嗯，做得很好。那是什麼讓你感到害怕呢？」

「我自己一個人孤零零地站在那裡，我覺得很害怕。」

「那你有沒有看到小時候的你自己呢？」

婭婭沉默了一會，告訴我：「我看到了。」

「她在哪裡呢？」

「她在我前面，很遠的地方。」

「那你可以走過去嗎？」

「好……」

「她看起來是什麼樣子呢？她在做什麼呢？」

「她梳著辮子，瘦瘦小小的，穿著爸爸媽媽買的新衣服。她背對著我，我看不見她的臉。她好像……在哭。」

「你現在感覺怎麼樣，婭婭？」

「我覺得自己心跳加速，手心在冒汗，不知道該怎麼辦。」她說的過程中，聲音都在顫抖。

「好的，婭婭，那我現在邀請你過去，離她近一些，再近一些。」

婭婭點點頭，咬住了嘴唇，握緊了拳頭。我能感受到她的緊張和壓力。

「這個時候，當你離她夠近了，你叫一下她的名字，看她有什麼樣的回覆。」

「我叫了她，她回頭了。」

「那你想對她做什麼呢？」

「我想抱抱她……她看起來太無助了……」瞬間，一行淚從婭婭的眼中流了下來。
「那你有沒有想對她說的話？」
「我想跟她說，別害怕，我在這裡保護你。爸爸媽媽不愛你，還有奶奶，沒關係。奶奶走了也沒關係，我會好好照顧你。」
說到這裡，婭婭像一個委屈的小孩那樣開始哭了起來。我第一次看見婭婭有這麼強烈的情感表達，我在一旁靜靜地陪著她。
等她漸漸平靜下來，我問她感覺如何，她告訴我：「感覺釋放了很多，心中一塊大石頭放了下來。」
「謝謝你把脆弱的情緒分享出來。這只是療癒的開始，未來的路還很長，但是你邁出了重要的一步。我聽到你對自己受傷害的部分說要好好照顧它，我覺得這是一個很寶貴的覺察。你可以想想如何在現實生活中好好照顧它，不用急著給我答案，等你想好的時候，如果願意，可以隨時跟我分享。」
婭婭點了點頭。
第二天，我就收到了婭婭的訊息：「昨天的諮商，你引導我去安撫自己受傷的那個內在小孩後，我現在真的覺得如釋重負，感覺不會再那麼害怕了，非常感謝你。然後我今天打算封鎖阿亮了，因為現在一個人的情緒狀態以及生活，我算是慢慢適應了，週五再見面可能又會讓我的情緒出現反覆。」

我回覆她：「如果出現情緒反覆也很正常，不用責備自己，繼續按照自己的目標努力就好。」

「好的，謝謝你的鼓勵。」

對話內在小孩對於蓓兒和婭婭來說療癒效果很顯著，但是對於李萍來說可能需要花一些時間。

李萍的恐懼來自原生家庭的經歷。她說自己總對療癒有抵觸情緒，因為她覺得療癒就意味著要離開這段關係。

「一想到離開我老公，我就覺得很恐懼。我希望給我的小孩一個完整的家，彌補我小時候的缺失，但是如果我跟他離婚，我沒有任何經濟實力去養活我的小孩們。一想到這裡心就很痛，感覺很害怕。還有我老公有暴力傾向，我怕我提出離婚他就會暴怒，威脅要殺了我……」

我跟她說：「療癒有很多種不同的結果，離開只是其中一種。在我經手的案例中，有將近一半的人選擇繼續留在『有毒』關係中。她們有自己的考量，沒有人有資格批判當事人的選擇。雖然離開一段『有毒』關係是最理想的結果，但是現實生活中有太多的考量，不需要給自己太大的壓力，要求自己一定要離開這個人。逼自己離開反倒可能會成為療癒的阻力，讓你產生更多羞恥自責的情緒。療癒意味著認可自己的感受，建立自己的邊界，重視自己的選擇，不讓對方用打壓貶低的話去定義你。」

李萍聽了之後長呼一口氣，說道：「那我就放心了，但我還是感覺到害怕，害怕做出改變，害怕離開我的老公。」

「那是什麼讓你感到害怕呢？」

「就是一想到跟他保持距離，我就覺得很不安。」

「這有沒有讓你聯想到什麼樣的畫面或者經歷呢？」

「想到我母親，我很想讓她愛我，我想透過滿足她所有的需求，來獲得那一點點的愛。為什麼這個世界上會有這樣的母親？為什麼她一點人性都沒有？她根本不配有小孩。我長大後就一直渴望有一個依靠。」

「那有沒有印象特別深，讓你想回去的場景呢？」

「就是那天晚上她把我關在門外，讓我受寒的那一次。」

當我邀請李萍回到小時候她被母親拒之門外的那個寒冷的晚上，嘗試跟內在小孩對話時，李萍告訴我：「我不敢走過去，我甚至不敢去看那個時候的自己，太痛苦了。我覺得我立刻成為了小時候的自己，完全回不去大人的狀態。」

之後，我們又嘗試了幾個不同的場景，她似乎都很難去面對。

李萍面露窘色，告訴我：「是不是我太脆弱了？我真的不敢面對……」

我跟李萍說：「沒有關係。除了談話治療，還有其他不同的療癒方法可能會幫助你面對過去，比如：EMDR（眼動脫敏再處理）、催眠等，你都可以考慮。重要的不是讓自己好起來，而是找到適合的方法讓自己好起來。很多人可能因為創傷的經歷太難以面對，以至於需要花很多時間才能進入冥想的狀態。你已經能夠嘗試回到過去面對自己，做得很好，給自己足夠的時間。」

我鼓勵李萍探索其他療癒方式的同時，也鼓勵她每當想到過去的經歷時，嘗試做一些簡單的放鬆練習，慢慢接近自己。當她又陷入自我責備的時候，嘗試叫停內在的自我攻擊，轉而認可和安慰自己。

過了一段時間後，李萍告訴我健身、深呼吸和自我認可對她幫助很大。

「我之前都不敢去感受自己，現在我能夠和小時候的自己對話了。我覺得她現在就在我心裡。雖然還是不能面對過去，但是我覺得這是一個突破。」

「你做得很棒。改變是由一個個正向、微小和持續的努力組成的，找到自己的節奏就好。」

有些來訪者告訴我自己無法進入冥想的畫面中，甚至會看到一些恐怖的畫面，懷疑自己的創傷是否太過於「嚴重」。其實這是很常見的反應。這可能是情緒或者身體在告訴自己目前有一些阻力，可能時機和方式需要做出一些調整。重要的不是按照別人的要求和標準要求自己，而是遵從自己的身心反應，尋找到最適合自己的療癒方式和節奏。

為什麼伴侶會出軌樣樣不如我的人

小艾還沒有和丹斷絕關係，令她難以放手的因素之一是她對自我價值的否定。因為丹在關係中出軌，這對她的自信是致命一擊。她不明白為什麼丹會出軌一個比自己「差很多」的女生，因此總是懷疑是自己的問題，害怕自己是一個沒有價值的人。

就在小艾遭受丹背叛後的一段時間裡，有一天她突然傳訊息告訴我，她發現她爸出軌了。

這對於小艾來說無疑是個不小的打擊。一方面她還在療癒上一段關係中伴侶對她的背叛，父親的出軌很可能會觸發她創傷性的體驗，打破內在的穩定感；另一方面她要面對父親出軌對整個家庭造成的衝擊。之前母親是她的支援系統，幫助她應對分手過程中的痛苦。現在小艾不僅將失去重要的情感支援，可能還需要花時間和精力去照顧母親的情緒，這無疑為她的療癒過程帶來很大的挑戰。

挑戰往往也是成長的開始。有的時候不是我們選擇去挑戰自己，而是生命安排了一些突如其來的功課給我們，讓我們不得不去成長。這可能也是個契機。

等到我們正式諮商的那天，小艾看起來臉色蒼白，眼睛發腫，精神狀態很差，說話聲音也非常無力。看得出這突如其來的家庭事件對她的影響很大。還沒等我問她最近情況如何，她就主動把父親出軌的事情一一告訴了我。

原來，小艾的父親被她的母親發現和一個有夫之婦維持了一段五年的親密關係。出軌證據都留在他的手機裡，包括兩人的曖昧簡訊、露骨照片和轉帳紀錄。在證據面前，她的父親承認了出軌的事實。他決定跟出軌對象分開，重新回歸家庭。

「知道了這一切後，我覺得很噁心，連續失眠好幾天。我今天凌晨傳訊息給我叔叔，說想把我爸殺了。然後，我傳訊息給我爸，一開始回憶了小時候印象深刻的往事，後來我問他為什麼和我男友一樣總是喜歡睡別人的老婆。」小艾說到這裡呼吸急促，臉部肌肉有些抽搐，臉上寫滿了憤怒和痛苦。

家人們的回覆讓她情緒更加激動。「我媽傳訊息告訴我，我爸看到了我的訊息，還說這是他們兩個人的事情，不用我插手，要我冷靜，不要太激動。過了一會，我爸傳訊息給我說，他跟我媽和好了。他愛我們，我媽已經原諒他了，他也希望得到女兒的原諒。叔叔告訴我，爸爸確實犯了很大的錯誤，但是我作為長女，需要全面考慮這件事情，盡力維護家庭的和睦。還說雖然我媽是受害者，但是也要盡量把我爸從深淵中拉出來。告訴我要多體諒一下我爸，可以瞭解一下他的苦衷……」小艾越說越激動，時不時閉上眼睛，彷彿這些字句像刀子一樣，一次次插在被撕扯開的傷口上。更難過的是，沒人看到她早已血淋淋的傷口。

「看到他們的回覆，你感覺如何呢？」

「我不覺得我叔叔是個壞人，從小到大他都滿疼我的，但是他這麼說的確讓我覺得非當事人說得倒輕鬆，我聽了更加難受。我現在也是傷痕累累，根本沒力氣安慰別人。他這麼說也讓我感到很內疚。」

「我聽到了價值觀上的不同。你注重個人的感受和想法，其他人更關注的是家庭和睦。在這個過程中，大家好像都在迴避情緒。」

「是的，華人本來就習慣迴避情感，我們家更是事事死撐，我媽還稍微能回應一下我的情緒，我爸就是完全迴避。我希望他能說一些安撫我的話，但是他說的是一種『顧大局』的表達——什麼我和你媽和好了，你要原諒我，要為家人考慮，完全沒有回應我的情緒。我爺爺也是這樣。可能他也不懂。我覺得很失落。」

我問小艾這種失落感背後在表達什麼，她告訴我：「每次當你表達情感的時候，如果對方接不住，你就會失望……」說到這裡，她突然停了下來，開始輕聲啜泣。這時她還不忘照顧我的情緒，跟我說：「抱歉，我有點情緒激動……」這讓我更加感受到，在成長過程中，她的情感可能是被忽略的。如果有真實的情感流露，可能會被批判指責，感覺是在做一件「錯誤」的事情。

「就是……」她頓了頓，極力地克制住自己激動的情緒，「你理性上知道這是延續幾代的情感表達模式，他們也有他們的難處，但是情感上我還是很失望，覺得很孤獨。好像我在說話而他們聽不到一樣，很可怕。」

除了失望和孤獨，小艾對母親也有一種愧疚感。「我現在對我媽的態度很矛盾。我隔著螢幕都能感受到她的悲傷，但是我自己狀態也不好，所以現在主動避免跟她聯絡。可是，我覺得她好可憐，我應該要孝順父母，去安慰她。」她補充道。

「我聽到在關係中即使你已經感到很不舒服了，但是還會把對方的需要放在第一位，壓抑自己的感受，迎合對方的期待和要求。否則，你就會感到愧疚。」

她回覆我：「就是這樣！我覺得情緒是一種很弱的表現，是不夠成熟和理性的表現，我總是在攻擊自己。這讓我想到了我的男友。明明他出軌了，但我還是覺得是我不對，是我沒有魅力。雖然理性上我明白我比他的那些出軌對象在各個方面更優秀，比如家庭條件比較好，學歷比較高，思想比較有深度，工作比較體面，但是情感上還是受到了打擊。我從丹的日記裡發現，他跟出軌對象性生活更頻繁，我就總是問自己，難道我連她們都不如嗎？我爸的出軌對象也比我媽差好多，無論是長相還是能力都不及我媽。可是我爸跟那個女的在一起，像第一次談戀愛一樣，天天說情話，還送禮物。他從來沒跟我媽說過什麼好聽的話。我媽為這個家付出那麼多，我爸從來沒有把那麼浪漫的一面展現給她，她覺得很傷自尊。」

小艾嘆了一口氣，跟我說：「我希望你能告訴我，讓我知道我比她們都好。」

面對小艾的請求，我需要拿捏好一個程度——既要認可對方積極探索的動力，同時要誠實地指出對方的思維盲點。

我告訴她：「你能夠面對自我懷疑這一部分真的很勇敢。很遺憾，我沒有辦法告訴你你比她們好。因為一說到『好不好』，就會涉及一個標準。這些標準因人而異。我聽到你父親、母親、前男友和你的標準都不太一樣。你覺得一個有價值的人的判斷標準是什麼樣子呢？」

小艾沉默了一會，告訴我：「我可以問心無愧地說我是個好人，很可靠，可以被信任，可以帶給朋友快樂。整體來說我覺得自己還不錯。

「這麼一說，我突然意識到我以前會不自覺地代入其他人的價值觀，特別是我喜歡的人。這是受我爸教育的影響，他經常跟我說：『你別覺得別人說你好是真心的，那都是看在我們的面子上。你還是不夠優秀，要謙虛。』我覺得很長一段時間裡我都在約束自己討好別人，硬要把自己塞到別人的標準裡，最後也在別人的標準裡迷失了自己。」

這次的諮商中，小艾意識到自己在關係中迎合討好的模式，來自原生家庭父母對自己情感的忽略。在結束之前我告訴她，接下來的一週可以好好回想一下和父母的情感交流與互動，也許會有新的發現。

一週後，當我們再次梳理原生家庭的問題時，小艾告訴我，她覺得父親在自己心中有了很大轉變。

起因是小艾在整理舊電腦檔案的時候，發現了父親給她寫的信。信的大意是，小艾出生後，父親就因忙於工作，沒花太多時間陪伴女兒，他感到很抱歉。她這才意識到，自己是在「喪偶式育兒」家庭中長大的，其實自己跟父親的關係很疏離。出國生活後，母親會經常主動聯絡小艾，但是父親不會，他覺得母親可以代替他表達自己的心意。久而久之，小艾只會跟母親聯絡。父親知道後覺得小艾不孝順，兩人之前還起過幾次激烈的衝突。每次衝突都以不歡而散告終。她覺得她父親和丹有很多相似之處。

我問小艾現在感覺如何，她告訴我：「我現在感覺心情很複雜，為自己感到難過，也覺得委屈，還有憤怒。」

我繼續問小艾這些情緒在表達著什麼，她說：「我突然意識到我爸對我的影響好深，我從來沒有被看到，也從來沒有做過自己。他從小就跟我說，『要從自己身上找原因，要反思』，『要懂事、大方、得體、明事理』。我養成了一種條件反射，事情沒做好就認為是自己不努力。

「長大後，他告訴我：『女孩子不要那麼努力。你現在的主要任務不是找個好工作，而是找個好老公。』然後我就覺得我現在要馬上談戀愛結婚。這對我一個一直單身的人來說真的好難，所以好不容易遇到了一個我喜歡的人，進入了一段關係，就很害怕離開，害怕讓爸媽失望。」

當被問到如何能夠打破這個滿足他人期待的模式的時候，小艾想了一下，告訴我：「有不滿直接說出來對關係很重要，也讓對方知道原來你在意什麼，也能知道對方是怎麼想的。這樣的關係反而能更穩固。我的情緒更穩定，安全感才能慢慢變強。」

「我原先一直覺得我和男友沒吵過架代表我們關係美滿，但現在回頭看，我明明是受到了很多打壓和否定，覺得自己不夠好，也不敢表達想法，不敢面對矛盾把問題說出來。之前有好多年都覺得我們是靈魂伴侶，現在才知道這段關係其實很脆弱。我覺得自己好像不光是把對完美伴侶的期待投射到了這個人身上，也把很多過往的不安、恐懼和不信任投射到了他身上，可能當時被沖昏了頭腦。

「現在就會去想，我到底需要伴侶帶給我什麼，對方吸引我的是什麼，我吸引對方的又是什麼，他的需要又是什麼，能不能相互契合。以及最重要的是，我的價值到底是什麼，是什麼能夠讓對方選擇跟我在一起。

「理性上我知道分手對我是最好的，但在情感上離開這個人會讓你覺得自己一文不值。你把你的一切都給了他，而他卻在摧毀了你之後選擇背叛你。雖然我跟他糾纏了三年，我現在努力調整自己的狀態，但我仍然覺得自己沒有什麼價值。這是迄今為止我所經歷的最嚴重的情感痛苦。我現在努力找工作，嘗試忘記他，重新找到真正的自我，但這太難了。」

雖然小艾的家庭給她提供了優渥的物質條件，但是這遠不足以幫助她成為一個有自信的人。她所受的家庭教育是希望她滿足外在的期待，扮演好自己的角色，這讓她壓抑了自己的情感，在關係中過度努力，卻難以表達和維護自己的需要。遺憾的是，人際關係並不是努力就有回報的。這種過度努力反而可能會吸引自戀型伴侶，使她被對方控制和虐待，難以逃離。只有回歸自己的需要和感受，才能辯別「有毒」伴侶，經營好一段親密關係。

王琪雖然小時候經歷了原生家庭帶給她的創傷，但幸運的是，她能夠接受和有意識地打破原生家庭對她的影響。真正讓她害怕的不是過去，而是未來。一想到離婚後面臨的挑戰，她就感到不知所措。

「雨薇，跟你梳理完原生家庭的問題後，我發現自己的確有過度努力和討好的模式，現在我也在積極地改變，我覺得我能夠不陷入過去，以一個第三方的視角看父母對我的影響。

「我的父母雖然沒有離婚，但是感情已經破裂。他們沒有過度干涉我的生活，我爸在我需要的時候還能夠給我提供支持和幫助。雖然他那一代人說話可能還是有一些『說教』的口吻在，但是當我跟他說給我足夠的時間處理，不要干涉我的選擇時，他也表達了理解和尊重。我覺得這就夠了。

「但是現在最讓我恐懼的可能是離開陳飛後，情況會不會更差？我周圍很多女性朋友都已經結婚生子，老公在外面『玩得很開』，她們平常選擇睜一隻眼閉一隻眼，最多也就是抱怨兩句。我把最近陳飛『挽回』我的做法跟她們說了之後，她們竟然告訴我，反正男人都這個樣子，能夠給錢就行了。我在懷疑是不是我要求太高？」

我問王琪：「那你覺得你需要什麼樣的伴侶呢？」

「我能夠賺錢養活自己，我不缺錢。我希望能夠找一個情感成熟的伴侶，他能夠共情和理解我，而不是一直在消耗我。」

「聽起來對方似乎不能滿足你的需要，那究竟是什麼會讓你覺得自己要求太高呢？」

「我好像還是太在乎別人的眼光？最近看了很多跟女性相關的社會新聞。我在你的幫助下觀察自己的需求，再看對方是否能滿足我的需求，一次次地想最終我要如何選擇，這種種問題都需要我在工作和生活的夾縫裡想清楚，否則當我內心力量不夠，就很容易被『一些聲音』影響，比如：『離婚的男人隨便就可以想結婚就結婚，離異女性卻會被人戴有色眼鏡看待，自己能賺錢又怎麼樣，還不是沒人要。』這些聽起來毫無邏輯的話對女性有很深的惡意。女性在環境生存真的不簡單，我要讓自己擁有即使一個人也能好好生存下去的勇氣，否則不在這個經歷後脫胎換骨的話，我必將再次陷入類似的困境。

「我現在只能選擇保護好自己，至於陳飛有什麼改變或者又有什麼動作，我不需要去分析，牢記他是那個帶給我傷害的人，他的情感匱乏是個巨大的黑洞。他最愛他自己，我也應該最愛我自己。我要珍惜時間想清楚，不能再因為一些混亂迷失了，也要打破所有的幻想。」

我回覆王琪：「你能夠不斷區分社會的期待和自己內在的需要，並且在這個過程中尋找到自己的一個平衡，選擇屬於自己的生活，做得很棒。想跟你說，離開一段『有毒』的關係和未來是否會找到健康的伴侶是兩回事。當你離開這段關係後，很可能就會成為一個不一樣的你，你會吸引到不同的人。把現在的課題做好，然後再想下一步的事情。這就好像爬山，如果只把焦點放在山頂，很可能連一步都邁不出去。但是如果把焦點放在下一步，堅持走下去，就可能會走到山頂。」

「是的。最近因為過年，有好多訊息會刺激到我，讓我偶爾想到陳飛以及以前的一些事，情緒會反覆。我發現以前我不願意承認對方不愛我，是因為我依然活在外界的批判中，我依然不能真正地認識自己、尊重自己、愛自己，所以需要別人的愛來證明自己的存在。渴望愛是人的本能，但還是要從自己出發。我告訴自己，真正愛你的人不會說出那些傷人的話、做出那些傷人的事，我一層一層地剝開自己，有點痛，但是能從外界回歸內在，會更有力量。」

3. 愧疚：我也有做得不好的地方

愧疚感和羞恥感是處理情緒哀傷的過程中兩種常見的情緒。

愧疚感是當一個人的行為無法滿足想像中的期待和標準時，所產生的遺憾懊悔的情緒。它本身有積極的影響，能夠幫助我們自我反思，更能瞭解他人的感受，從而做出行為上的改變。[7]例如，自己因為工作約會遲到了，伴侶憤然離席，愧疚感會幫助你意識到自己的行為引發了對方的不適，從而感到抱歉，下一次準時赴約。

愧疚感也有可能被利用成為控制他人的工具。比方說，即使你沒有做錯什麼，對方也會直接或者間接表達自己不適的情緒，暗示是你的錯，讓你去尋找解決問題的方法。

羞恥感是當一個人的行為無法滿足想像中的期待和標準時，對自身價值所產生的自責和批判的情緒。羞恥感往往源自在成長過程中經歷的對情緒和需要的忽略與打壓。[8]比如：當一個男孩感到恐懼的時候會自然地哭出聲，父母這個時候如果嚴厲地責備他，告訴他要堅強，那麼長大後，當他感覺到恐懼的時候就會有一種羞恥感，覺得自己不夠強大，是個軟弱的人。

同樣的例子裡，你因為工作，約會遲到了，伴侶憤然離席。羞愧感會讓你感到自己是一個糟糕的人，什麼都做不好，連伴侶都照顧不好，從而陷入自我責備的循環中，情緒久久不能平復。

約翰・布雷蕭（John Bradshaw）在《治療束縛你的羞恥》（暫譯，Healing the Shame That Binds You）一書中提到，健康的羞恥感提醒著我們自己的邊界在哪裡，鼓勵我們去滿足自己的需求，而毒性的羞恥感消滅了個人的自尊，使人不可控制地感到自己醜陋、愚蠢、令人厭惡或無藥可救。[9]

自戀型伴侶會透過打壓否定倖存者的言行令他感到愧疚，從而使倖存者不斷努力地迎合其近乎苛刻的標準。愧疚感和認知失調緊密相連。當自戀型伴侶的言行不一的時候，倖存者會出於愛和信任，合理化對方的虐待行為，覺得是自己做得不夠好。當虐待升級，倖存者會經歷自我被蠶食的過程，對自我行為的懷疑會轉變為對自我價值的懷疑。

一位倖存者曾告訴我：「一開始我安慰自己，覺得對方只是在鼓勵我變得更好，但是越到後來越發現不對勁，到最後我覺得自己像垃圾一樣，什麼都做不好，完全沒了自信。」

如果周圍的人缺少對自戀型虐待的瞭解，他們要嘛會告訴你「婚姻是一場修行，忍忍就過去了，沒有一段關係是完美的」，要嘛會責備倖存者「不要抱怨你的伴侶，這是你的選擇，你自己承擔」。這會強化倖存者對自己情緒和需要的打壓，加深羞恥感。

被家暴都是我的錯？

蓓兒的自我責備一方面來自自己的「不完美」，另一方面來自「為什麼不早點離開」。「他都要帶我見家長，說要跟我生小孩了，為什麼還會反悔？我也有做得不好的地方。我也發現我的一些缺點，比如不獨立、跟原生家庭貼得很緊等。

「我覺得一開始我對他們家感到好熟悉，有一方面原因在於，我爸爸控制欲也很強。相當於我爸爸把『乖』、『聽話』的我送到另一個家庭，繼續管我。長大之後我會反抗反駁我爸，但在家豪家裡，我就完全『乖』，不反駁任何事，總是笑瞇瞇，其實我是難受的，可能是積壓的隱性負面情緒用別的方式表達了。比如，我開始不熱烈回應他了，不表揚也不崇拜。有的時候我也知道，自己在這段感情中有缺點，有做得不好的地方，也有貪念。」

我告訴蓓兒：「我聽到背後的邏輯是只有你表現得完美，才能夠接受對方對你造成的傷害。」

「是耶，我覺得好像又在為他的行為找藉口了……為什麼會這樣呢？」

「這是創傷性連結的表現。因為這段關係對你造成了傷害，很可能會讓你下意識地去責備自己。責備自己會給你一種掌控感。再加上在原生家庭中，你太習慣為父母的情緒負責，認為是自己的錯，所以可能會強化這種模式。」

「真的是這樣！為什麼我不早一點看清呢？當想通他就是『有毒』的時候，才後悔當時自己怎麼那麼笨，明明覺察出了不對勁卻沒有趁早離開，還跟他發生了關係。如果能早點認清的話，就不會有後續這麼多事了。

「但是有的時候又會想起分手時他跟我說的那些話，感覺他也很委屈，很受傷的樣子，我就會覺得，他說不定真的是認真付出了，他一直渴望著我的回饋，可是我一次次讓他失望了，他也很難過很委屈，我就覺得很內疚。我覺得自己在這兩種情緒中間搖擺。」

「這是你在面對認知失調和創傷性連結時很正常的一種表現。你能夠面對這一點就很好。每當你責備自己的時候，可以寫下來對方對你做了什麼，或者記錄讓你感覺混亂的情緒，如果能夠梳理一下可能會讓你看清，繼而打破創傷性連結，建立新的認知。」

「是的。我覺得我現在還是沒有完全放下，因為有的時候想起他，我就會覺得，如果以後他發展得比我好，各個方面都比我厲害的話，那我是不是就輸了。後面我又覺得，如果我換一種心態，每個人都有自己人生的路要走，如果我按照我的內心走我自己的這條路，而不去過度關心別人的事情，或者是外界一些東西對我的影響的話，那我會不會走得更好一些，如果過度關心外界的話，有時候感覺會損耗我很多能量。」

婭婭也有和蓓兒同樣的感受，她的愧疚感來自自己無效的溝通表達方式。

「把阿亮封鎖，跟他斷聯後，我總覺得自己也有做得不好的地方，比如我有強烈的分離焦慮，並沒有在對方強迫我發生關係的時候及時阻止他。每次衝突都是我忍無可忍的時候才爆發，然後把他趕走，傷他的心。我覺得我的溝通模式也滿病態的，我是不是也是一個『有毒』的人？」

「婭婭，即使你在溝通中沒有及時表達出來自己的需要，也並不能成為對方使用暴力、打壓、侵犯、控制、欺騙、出軌、實施煤氣燈效應的藉口。

「你有覺察力，能夠反思自己的行為，並且共情他人，你無效的模式更多的是一種童年創傷的反映。但是，對方的種種行為模式表現出他很可能存在人格障礙，即使跟一個邊界感很強的伴侶在一起，他也會重複同樣的模式。」

李萍也會時常陷入「是我的錯」的陷阱裡。

有一天，李萍突然問我：「雨薇，我為什麼哭不出來？」

「發生什麼事了嗎？」

「我會羞恥於過去的出軌，但是我明白那個時候的選擇是怎麼回事。」

「那你覺得那個時候是什麼讓你做出那個選擇呢？」

「情緒需要平衡，需要找一個噴發宣洩的方式，但是那個時候並不明白，這種選擇還是在依靠別人，而不是自己。那個時候自己不知道什麼是真正的愛，以為換了人就能解決，其實是需要解決自己的創傷。」

「那你覺得是什麼讓你產生這麼多情緒，需要噴發宣洩呢？」

「我覺得需要被關懷、尊重、看見，還有修復小時候深深的創傷。受傷的自我沒有恢復，我是不會好起來的。我現在明白了你說的關注自我，向內看。」

「我覺得一方面是自我完善；另一方面，如果在一段不健康的關係中，很可能會加劇自責和創傷。你要照顧好自己。」

這時李萍話鋒一轉，自言自語地說：「他說女人一次都不能出軌，一次都不行。讓我真的感覺都是我的錯。但是我分析了當時的狀況，確實是他犯錯在先。」

「嗯嗯，奪回你對生活的掌控感很重要。認可你的需要和感受，你值得更好的對待。」

「謝謝雨薇，謝謝你說這些話。」

過了不久，她又陷入了自我責備的循環中。

「張鵬他是一個很好的演員。他在外總是展示出一副『模範丈夫』的形象，帥氣、多金、孝順、顧家、嘴甜，但是回了家我卻被家暴、出軌，這讓我覺得很羞愧，不敢跟別人說我經歷的真實情況。我甚至有的時候會覺得是不是我太不『滿足』？

「我有時候有那種想拋棄一切然後逃走的想法。連我最心愛的兩個小孩我都不想要了，那一刻我覺得我變成了我媽，我很害怕。我覺得我是個很惡毒的人，跟我媽一樣……」

我告訴李萍：「你產生這種『想要拋棄一切』的想法並不是因為你自私，而是因為你在一段『有毒』關係中無法改變現實。先別急著批判自己，問問自己是什麼讓你有這種想法。」

「是的，是的！我覺得我跟我媽不一樣，我愛我的小孩們，我害怕他們受到傷害。但是，我就是每次被忽略或者被折磨的時候太痛苦了，想離開這個家，想改變現在的生活，太痛苦了。」

「即使有這個念頭也不一定會付諸實踐，自我關懷很重要的部分就是不要為自己的想法設限。問問自己這個念頭到底在告訴你什麼。自我責備在『有毒』關係中很常見，這也是創傷性連結的一種表現。當你想透過自己的努力來改變一個永遠無法被改變的人時，會出現這種情緒。你能夠面對和接受這一點就好。」

難道我才是那個「有毒」的人？

在和陳飛的訊息交流中，王琪「漸漸發現對方真實的一面，令人膽寒」。「他總是叫我不要想太多，一家人不要太計較，要往前看。他要我多考慮父母的不易，不要跟他們計較。他還說如果我可愛一點，他就會被我吸引……總之就是類似這種讓人看了感覺很不舒服的話。」說著說著，她就皺起眉頭，「我就決定這次寫一封信給他，問清楚他到底是怎麼想的。」

王琪寫出來的幾個問題是：

1. 我們為什麼不生活在一起？因為長時間的分居更像是拖著不離婚、勉強在一起，不如重新看到彼此的努力，然後探索讓雙方都舒適的新相處模式，這是比較積極的做法，你覺得呢？

2. 現在的生活狀態是你想繼續下去的嗎？你理想中的生活狀態是什麼樣子？

3. 你的心想要回歸這個家嗎？你是否已經停止做對我造成更大傷害的事情？

4. 關於這段婚姻，你內心的真實想法是什麼樣子？

後面，陳飛的回答是這樣的：

1. 不要操之過急，真正的分居是各自生活沒有交集，我們不是這樣的，相信我，現在這樣利大於弊。

2. 目前可以繼續，有好處。

3. 這個我暫時不想回答，我有我自己的思量。我希望自己可以心無雜念，更愉快地跟你生活。

4. 這段婚姻什麼都好，就是以前遭受了太多壓抑的氣氛，雞毛蒜皮的爭吵，和性格有關。你覺得小事重要，我覺得小事無所謂，你能說，我不能說。這都是以前了，只是偶爾會擔心害怕。假設你能和今天一樣開心地生活，吃喝玩樂，做自己喜歡的事情，你開心我就開心。

「我讀完他給我的回覆，感到很壓抑，任何情感都表達不出來。所以，我就隨手抄了幾句最近讀到的有關原生家庭的心理學文章，比如，父母要成為獨立的人才能愉快地享受親密關係，而不該期待小孩滿足自己的需要。我指出他和他父母相同的情感迴避——爆發的表達模式，結果，我覺得對方就爆炸了，然後寄了一封長信給我。」

王琪把陳飛寄給她的長信轉寄給我，她告訴我，她看完之後有一種「五雷轟頂」的感覺，長信裡面表達的是「我出軌和家庭矛盾都是你的錯，你要按照我的方式來愛我」。

你不知道，上個月我內心想著找時間去和那個女孩道別，然後努力和你重新生活，在以前的基礎上增加一些好的變化。可是這一兩週我從你身上觀察到和感受到的能量和情緒，讓我打起了退堂鼓。尤其是今天的回覆，你給我的感受是你對我的父母就像路人一樣，沒有絲毫情感。可能你今天的情緒導致你寫那些話，我理解。

當一個溫柔的、和藹可親的人不好嗎？你不和藹可親，那我如何靠近你？做自己本身沒有錯，可是毫無顧忌地自私地做自己，導致周圍的人不舒服，那就是不對的，甚至是愚笨的。前幾個月我嘗試過提醒你，我說你應該多展示自己可愛的一面，以此來吸引我。你的回覆是：夫妻之間是平等的，不需要吸引。我真的有點不知道怎麼回覆你。

我說了在親人、夫妻之間，不需要對錯，不需要分得很清楚，不需要講道理。為什麼不多給家人一些包容和關懷，卻要被情緒牽著鼻子走？這麼多年來，吵得太多了，你認不認同前幾年的吵架都沒有任何意義？為了避免爭吵，很多時候我都在迎合你。只要你開心，情緒平穩，我就可以正常吃飯、打遊戲和工作。但是我內心深處想要一個溫柔隨興的伴侶，做事情前會徵詢我的意見，願意追隨我，意見不合可以好好溝通，而不是像你這樣愛發號施令、擺臉色、喜歡講道理的女強人。說句難聽的，我靠自己賺了很多錢，憑什麼我不能過得開心一點？

你很容易認真，雞毛蒜皮無所謂的事情你總會放大。這麼多年來，我一直和你說要放寬心，但是你似乎真的沒有任何改變。如果有人評論你或者給你意見，你可能會說『不用你們管，我要做自己』。你的主觀思想會自動認為別人在指責你或者說你不好，你會展示『進攻性的自衛』，弄得大家很尷尬，你太在乎別人的評價了。沒有事物是百分百完美的，世界不是非黑即白。

關於情緒控制，我想舉個例子。有一次我妹妹因為男朋友的事情悶悶不樂，你做了午餐，她沒什麼胃口吃，你在餐桌上就說你要回家了，你只顧著自己發洩，完全不把其他人放在眼裡，不顧及其他人的感受。當時我被你帶偏了，和你一起引發了那麼大的家庭爭吵，現在我還對我爸媽和妹妹感到很內疚。從小到大，我們家從來沒有發生過爭吵。自從我們結婚之後，每次過年，都是你引起了不愉快。我們不是家長，我沒有扮演好哥哥的角色已經是不合格，沒資格的我們去品頭論足和說狠話就是錯上加錯，當家做主的是爸媽。

大部分瞭解你的人，說話都要小心翼翼，要思考再三，要盡量迎合你，你知道嗎？因為一個不小心，你就開始變臉，氣氛就開始壓抑。一旦感覺壓抑，我就想要走開，眼不見心不煩。如果一個人的忍耐是有限度的，恐怕我達到了百分之九十。其實我已經快要到崩潰的邊緣。我不會再和你們任何人爭吵了，我會逃。

我問王琪：「看完這封長信，你的第一感覺是什麼呢？」

「讀完他的信之後我渾身發抖，不知道是生氣還是難過。他說得那麼有理有據，我覺得是不是我才是那個『有毒』的人？是不是真的是因為我情緒控管有問題，所以才造成他們家亂成一團，是我太敏感、情緒太激動了？」

「這和你之前分享給我的事實並不太相符。我記得你說過你們剛交往沒多久，見到他妹妹的時候，陳飛就告訴你他們家庭氣氛很壓抑，想要離開那裡。還有一次過節的時候大吵一架，妹妹因為無法忍受母親的情緒，就要把頭往牆上撞。平時在家庭群組裡聊天，不只是你覺得不知道該怎麼回覆他爸媽的訊息，陳飛和妹妹也不知道該怎麼回覆。」

「是的，我覺得他把責任完全推給了我，沒有覺得自己有任何問題，他拿聯絡那個『真愛』來威脅我。我承認我的確情緒處理有問題，剛開始在一起的時候面對衝突，容易逃避，之後我一直在努力控制自己的情緒。雖然我做得不完美，但是他想要我變得溫柔和藹其實就是情感壓抑，不能說不好的事，一切就當沒有發生過，一味順從父母的要求，根本不在乎他自己和我的感受。」

「是的，面對問題，他其實已經意識到自己在『逃』了，可是依然選擇不去面對。我覺得他已經做出了自己的選擇。」

「我現在明白了，雨薇。雖然這一切難以接受，但是我不後悔跟他聊這件事情。這讓我看清了事情的真相，原來他是這樣的一個人。」

在以上幾位來訪者的例子裡，她們內化了在親密關係中所經歷的暴力行為，形成了創傷性連結。遇到衝突、很痛苦的現實時，她們會合理化自戀型伴侶的虐待行為，下意識地去責備自己。這是一種自我保護的反應。

因為我受苦了，你也應該受苦

小艾遇到的例子中，脆弱型自戀伴侶會透過扮演受害者的角色，博得當事人的同理心，引發她的內疚感，從而侵犯她的邊界。這種利用自己的脆弱去攻擊他人的方式更難讓人察覺和看清。

「因為我和丹是在社交軟體上認識的，當我們開始約會的時候，我就一直遵守著約會的原則，不去問對方是否同時在用其他約會軟體。後來我發現丹一直都沒有停止在網路上跟別人曖昧，我才覺得自己很傻。當我跟他對質的時候，他會擺出一副『你不懂』、『都是你的問題』、『你在控制我』的態度，或者狡辯說『不刪約會軟體是想保留我們的聊天紀錄』。那個時候我還滿感動的，覺得誤會他了，還有點責備自己，覺得我怎麼能這麼巴結男人，這樣有損我酷女孩的形象。

「關係進行到現在，每次感受到我想分手的時候，他就會表現得很在意這段關係，會試圖很努力地跟我『溝通』，會有很長的對話，也會有些改變，會做些平常不願意做的事情，不過都是些很小的事，比如平時不願意有太多親吻和前戲，但和解式性愛的時候會很溫柔體貼。他還會在對話的時候抱著我，緊緊地抱著我，好像真的很怕失去我一樣。此處有可能是我腦補幫他加戲了，但我的感覺就是這樣，可能他就是個有情感障礙的人，他就是沒辦法給我承諾，沒辦法克服他的陰暗自私的那一面。

「我覺得這跟他小時候的經歷相關。他從小失去了母親，父親要照顧整個家庭，可能對他缺少關愛。而且他遇到的那些女朋友都沒有辦法體諒他的脆弱，不能包容他。我這兩天腦子裡想到一個畫面，就是他告訴我他小時候總是一個人餓著肚子呆呆地坐在窗前，沒有人陪他，讓他感到自己被拋棄了。一想到這些，我就感覺滿難過的，覺得很愧疚，我的心又軟了下來。

「我現在最痛苦的是當我跟他說我想分手，要他搬出去時，他就會做一些浪漫的舉動：為我下廚；帶我去我們一直想去，但是他一直拖著沒去的地方，說可以慶祝我們的紀念日，但是他連我們的紀念日是幾號都忘了。後來，我還是堅持要分手，他卻說：『你要毀了我們三年的感情嗎？你跟那些拋棄我的人有什麼差別？』那個時候我覺得自己讓他失望了，我跟他的前任一樣出於自私的原因離開了他。他看起來那麼可憐，我覺得自己內心很硬，我覺得我是一個沒有同理心的人。」

當小艾分享到這裡，我感受到她對丹抱有強烈的虧欠感。在我們諮商的過程中，她會經常在哭的時候跟我道歉，喝水的時候感到抱歉，有的時候會因為網路狀況欠佳（很多時候是我這邊網路不好）感到不好意思，我能感覺到這種自責都成了一種條件反射，她會下意識地承擔起所有的責任，稍有閃失就會覺得很羞愧。

小艾的虧欠感很可能來自丹對她進行的被動攻擊，這也是在脆弱型自戀關係中常見的一種模式。

在第一章跟讀者們分享過，脆弱型自戀伴侶和其他自戀型伴侶不同的是，他們獲得認同的方式是透過示弱而獲得他人的同情，對自我價值感有消極的認知，無法接受任何形式的批評。他們一開始會表現得細膩、敏感、謙遜，一旦伴侶相信他們之後，他們就會開始迴避問題，用隱性攻擊和操縱的方法來管理自己的情緒，並對他人施加懲罰。這背後的邏輯可以用一句話總結，就是「因為我受苦了，你也應該受苦」。

他們擅長使用被動攻擊（passive aggression），即透過扮演受害者，利用他人的同理心，把自己的需要放在第一位。[10]跟這種類型的人在一起，你會感覺雖然對方沒有說任何「冒犯」你的話，但總是讓你感覺不舒服，總是需要你去承擔照顧者的角色，令你做出突破自己邊界的行為。

在小艾之前的經歷中，有一個很經典的被動攻擊例子就是她和朋友們出去旅行，把餵貓的事情拜託給丹，丹起初欣然接受了。在旅行的途中，當她感覺丹不太回覆她訊息的時候，她跟丹抱怨他回得慢這件事情。丹並沒有主動回應小艾的問題，卻對小艾進行了攻擊，責備她在外玩得那麼開心，根本不在乎自己的感受，一點不能體諒他定期去小艾家餵貓的辛苦。

當小艾把自己想要分手的決定表達出來後，丹不僅沒有意識到自己的行為對小艾造成的傷害，還質問她：「你就是要毀了我們三年的感情嗎？」、「你跟那些拋棄我的人有什麼差別？」遇到衝突，丹會透過發脾氣讓小艾感到愧疚，利用她的同理心讓她繼續留在這段關係中。使用被動攻擊的人不會因為自己做的事情對他人的影響產生情緒反應，反而會因為自己的行為被批評而變得情緒化。

「我能理解你同情他的過去，但是他在使用被動攻擊，利用你的同情心去迴避他的責任。」

「可是，他也是受害者……他會不會也是迴避型人格呢？」

「受到傷害和攻擊別人是兩碼事。很多人認為經歷過痛苦的人更能理解他人的痛苦，但遺憾的是如果你遇到一個脆弱型自戀伴侶，他受到的傷害會變本加厲地轉變為對你的傷害。即使他有迴避型傾向，這也不能成為他傷害你的理由。」

我經常遇到自戀型伴侶拿自己的心理狀況和情緒問題當成虐待別人的藉口。研究顯示，自戀型人格障礙患者往往也會出現其他心理疾病的症狀。[11]很多人會把攻擊性的主因歸咎於其他心理疾病，但是忽略了浮誇、特權感、共情力低、貶低他人、撒謊、出軌的核心並不是情緒管理問題，而是脆弱的自我，即自戀。

我繼續對小艾說：「自戀型人格障礙和迴避型依附模式不一樣的是，自戀的人在一開始會非常照顧你的感受，然後你們的關係會非常火熱，之後他就會迴避甚至攻擊伴侶，而迴避只是一種病態自戀的表現。如果是迴避型人格的話，他一開始不會創造出那麼美好的場景，讓你覺得遇到了真愛。他跟你的關係一靠近，就會有疏離感。即使他迴避，共情力也還在，不會對你進行攻擊和打壓。丹的行為不是因為迴避，而是自戀。」

「可是，他之前說到自己過去經歷的痛苦的事情還會流淚，我覺得他是有共情力的。為什麼他會對我這樣，是不是真的是我的錯？」

「真正的共情力不只是表達自己的情緒，還有另一個重要的部分是意識到自己的行為會對對方造成什麼樣的影響。遺憾的是，在你的分享中，當你嘗試表達自己脆弱情緒的時候，或者對他的某些行為表達不滿的時候，他並沒有意識到自己的行為對你造成的影響，更難理解你的感受。他只是在迴避問題或者對你進行被動攻擊讓你有罪惡感，他無法為自己的行為負責。」

「那我是否能夠幫助他成長呢？就像諮商師一樣幫他看到他身上的問題。」

「我不建議伴侶成為對方的諮商師，畢竟諮商師是每週見來訪者一次，而且也不需要獲得來訪者的情感支持。但是親密關係不一樣，你和這個人進入親密關係，你是有自己的情感需求的，你要二十四小時面對他，這是非常消耗人的。」

「我覺得好痛苦，感覺幫不了他，我拋棄了他……」

「理解你的痛苦，我相信放手不是一件容易的事情，特別是這個人小時候受過傷害。但現在他是成年人，你需要讓他長大。如果你救了他，你其實是在阻礙他的成長。你可以提供他成長的工具或者建議，但不要妨礙他為自己負責。」

「我明白了，感覺我沒有處理好自戀的部分，所以才想幫助他，其實還是想透過幫助他證明我自己。你這麼一說，我就明白了。」

4. 惋惜：忘不了曾經美好的回憶

很多倖存者告訴我，在處理情緒哀傷的階段，最難的就是面對過去美好的回憶。即使自己理性上知道對方是個自戀型伴侶，但是蜜月期和「吸回期」所經歷的心動體驗可能是人生的「精彩時刻」——美妙的交流、浪漫的旅行、燭光晚餐、激情的性愛、心動的承諾等，也會讓倖存者體驗到上癮般的快感。一旦離開這段關係，她們會從心理和身體上體驗到巨大的失落感，好似戒斷反應（abstinence reaction），也就是反覆、長期、高劑量使用某種成癮物質後，在減量或停用時出現的一系列症狀。[12]

在「戒斷」過程中，倖存者之所以渴望繼續留在關係中，或者再次努力去回到戀愛時的狀態，是因為沉溺於快感性回憶（euphoric recall）——只記得美好的部分，忘記痛苦的部分。[13]這是在一種非正常關係中的正常反應，也是創傷性連結的表現。因為倖存者無法改變現實，所以她會合理化自戀型伴侶的虐待行為，會選擇性地想起關係中積極的一面。快感性回憶雖然能保護我們不受到創傷的困擾，但可能會讓倖存者忽略在一段自戀型虐待關係中所經歷的傷害，無法看清伴侶和關係的本質。

療癒自戀型虐待創傷很重要的一個挑戰就是接受關係中情感的複雜性，即你在這段關係中的確體驗到了愉快幸福的感受，但這只是拼圖中的一塊，同時進行的還有伴侶的出軌、打壓、欺騙和拋棄，你需要對關係有一個現實的認知，整合好複雜的情緒。畢竟，良好的關係並不只是由「精彩時刻」組成，更重要的是「精彩時刻」之外的日常互動。

快感性回憶在療癒創傷的過程中自有它積極的意義。它的出現能夠幫助我們更瞭解到我們的脆弱，讓我們更尊重和關愛自己。如果你或者身邊的人經歷了一段自戀型虐待關係後，正在被美好回憶所困擾，不用急著回到關係中或者壓抑否定自己，花些時間去跟這些情緒相處，也許會有意想不到的收穫。

有位倖存者這樣描述這個時期的複雜感受：「現在只有我獨自悲傷，我好希望緊緊地抓住那個他所承諾的美好未來，可是一切都是謊言，我在這個人身上浪費了情感和時間。我是多麼願意相信他，但是他卻把我的信任踩在腳底。雖然很難，但是我現在選擇放下，開始學習愛自己。」

我要的是伴侶，不是人生導師

蓓兒曾問過我：「雨薇，大家在『有毒』關係的初期感受到自戀型伴侶給自己的愛，是不是都是那種很真誠、很熱烈、感天動地的愛呀？因為，我今天又回想起他對我的好，好像確實是教科書等級言情小說般的一片真心和無微不至，就感覺如果把我們那個時候的互動拍成電視劇，觀眾看到『他對我好』的那部分都會落淚。」

我告訴蓓兒：「是的，『有毒』關係初期都會讓人感到浪漫至極，但是不久之後就會讓人感到不適。」

「我就總是有一種矛盾的感覺。有句話是『愛一個人最好的方式就是幫助他成為更好的自己』，你覺得他的行為是在印證這句話嗎？一開始他要求我『每天都要保養』、『每週要讀至少一本書』、『不可以說負能量的話』、『不可以在公眾場合跟男生說說笑笑』，等等。我以前覺得有一個人管自己還滿好的，但我後面發現我如果沒有做到，他好像真的會生氣失望，於是壓力就好大……」

「那你覺得這種壓力感在告訴你什麼呢？」

「感覺好像那些並不是我想要的。」

「那你覺得什麼是『成為更好的自己』呢？」

「我覺得可能是按照自己的想法來？並不是說對方不能給我建議，而是以我的興趣愛好為主，不是以他認為重要的事情來。我需要的是一個理解我的伴侶，而不是一個『人生導師』。」

「那這段經歷對你的擇偶標準有什麼影響呢？」

蓓兒考慮了一下，跟我說：「我之前覺得高顏值、高學歷、家境好的人是有魅力的，而且我還希望我的伴侶能夠告訴我該怎麼做。現在雖然沒辦法一下子放下，但我確實覺得這些外在的東西不能滿足我的需要。我更希望有一個能夠尊重我、跟我共情的伴侶。長相、學歷和背景可能並不能保證一個人是有共情力的。」

「而且……」蓓兒皺起眉頭，一臉嫌棄地說，「我現在好討厭那些一味說教的人。我之前還以為那是自信的表現，我那時候真的好傻好天真，還以為遇到了一個『救星』。現在才明白那只是控制，因為他們的自我太脆弱了。」

小艾告訴我令她最為困擾的就是丹是個「渣」得不徹底的人，他也有善良的一面。

「耶誕節的時候他親手縫了一頂帽子給我。平安夜的時候我們裝飾聖誕樹，發現沒有放禮物的襪子，但是那個時候天已經很晚了，所有的商店都關門了。他小的時候參加過童子軍，手作比我厲害，就做了襪子給我。第二天一早起來，還準備了禮物給我和我的貓。當天他還給他的家人寄了一封信，回顧這一年中溫馨美好的時刻，還特地寫到我，最後附上了我們在聖誕樹下的合照。

「當時他帶我去他公司聚餐，感覺牛排快沒了，所以他沒有夾。那個時候我還覺得他很有公德心，會考慮別人。在他家人的聚會中他也比較克制，不會因為自己喜歡吃什麼就不顧別人。還有一次我們出門遠足，遇到很危險的地方，他還讓我踩著他的手走過去。有一對母女帶著自己的狗爬坡，因為很陡，狗爬不上去，他就幫忙把狗抬了上去。他不喜歡狗，還被狗劃傷，我就覺得他很紳士。

「很多小事加在一起，在他出軌之前我一直覺得他是個好人。從來沒有懷疑過他。」

小艾一口氣列舉了丹的「優點」，我能感覺到她真的很被這些打動。

「小艾，我相信你在那一刻的感受是真實的，因為你是一個重感情的人。但是，我可能想把關係的另一面也展現出來，想跟你一起探討。不知道你是否願意跟我一起做個練習？」

「好的。」

「那我們可以把關係的階段、當時的場景和你的感受三個部分寫下來。在剛才你說的經歷裡，有哪一個最讓你無法忘懷？」

小艾頓了一下，告訴我：「就是在耶誕節的夜晚我們一起縫襪子的經歷。」她說的時候聲音有些顫抖，淚水潤濕了雙眼。

「好的，那我們以『耶誕節』這個主題來梳理你的經歷，我們按照關係的階段、當時的場景和你的感受這三個部分來描述。那你如何描述耶誕節縫襪子的經歷呢？」

「在關係的初期，我們第一次過耶誕節。他很認真地縫襪子給我，跟我分享小時候在童子軍的見聞，還說有一天要帶我回家過節。那個時候我覺得很幸福，終於在這個陌生的國家有一種歸屬感了，彷彿自己也有了『家』。」

「那你如何描述第二次耶誕節的經歷呢？」

「第二次耶誕節是我們交往的第二年，他邀請我去他們家做客。我在他們家門口等了很久，他也沒有理我，只是跟他的侄子侄女們打電動，好像我不存在一樣。那個時候我覺得自己被晾在一邊，覺得生氣、委屈和不舒服。等聚會結束後，我跟他提起過這件事情，他沒有覺得自己做錯什麼，還埋怨我不懂事。這讓我覺得很愧疚。」

「那下一次呢？」

「第三次耶誕節也就是近期經歷的事情。我們的關係經歷了出軌、分手、原諒、復合、糾纏。他住在我家，我想跟他分手。這次耶誕節經歷很糟糕。他有一種想要霸佔我們家房子的架勢。他想邀請他們家二十幾人來我家吃飯。我跟他說這是我父母的家，我需要徵求他們的同意。但是他不僅不尊重我的意願，還說『你怎麼忍心讓我的家人們擠在那麼小的一個地方慶祝耶誕節？』我就覺得很莫名其妙，還很憤怒，心想：『這又不是你的家，你憑什麼批判我的決定？』」

「小艾，我聽到三次耶誕節你有不同的體驗和感受，特別是感受這個部分，我想把我聽到的回饋給你。我聽到你的情緒從幸福、有歸屬感，到生氣、委屈、不舒服、愧疚，再到莫名其妙、憤怒。如何理解這個過程中你情緒的變化呢？」

小艾立刻不知道該說什麼，她沉默了一會，告訴我：「我一想到過去美好的畫面，竟然忘記了他那麼糟糕的一面。」

「這很正常，」我告訴小艾，「這是認知失調的表現，你需要重新書寫你的經驗，而不是依照自己的情緒來。每當你又想到關係的美好，記得提醒自己故事的另一面。很多時候決定一個人品格的，不是他好的時候有多好，而是壞的時候能有多壞。他為你做手作不能抵消他對你的攻擊和打壓。如果需要，可以時常做我們剛做的這個練習或者把他『壞』的部分寫下來。等你混亂的時候，時常去看看。」

「好的。」

過了一段時間，小艾告訴我，她覺得寫日記對她療癒認知失調這個部分很有效。

「我寫下了我的經歷、感受、掙扎和他對我說的話。我會準確地引用他所說的話，那些話現在在我腦子裡揮之不去。我發現隨著時間的流逝，我忘記了他對我說的和做的許多卑鄙的事情。現在每當我讀那些日記時，我意識到經歷這一切不是我的問題，有問題的那個人是他。」

逃離婚姻的理由

李萍放不下的是那個「照顧者」的角色，她告訴我在這段關係中自己最放不下的就是小孩們。每當她看到小孩們幸福穩定的生活，她就念著張鵬的好，有一種「當一個賢慧的妻子、仁愛的母親」的衝動。

李萍有一天傳給我一則保姆虐童的社會新聞，她告訴我：「看了這則新聞我就感覺男人就應該在外工作，女人就要在內照顧好小孩。我不會請保姆，我會堅持一個人照顧小孩。我不會後悔。」

我問李萍：「之前你跟我分享過你帶小孩的過程中經歷的『兩難』選擇。有一天早上送小孩的路上，走到半路忽然想起煮了雞蛋但火沒有關。如果繼續送小孩，你就需要承擔著火的風險。如果回去，小孩就會遲到。你把小孩放在半路趕回家，之後又急匆匆趕到放小孩的地點送小孩上學……」

李萍的情緒突然變得很激動，打斷了我的分享，開始自己繼續把這個經歷講述出來：「接到小孩後，我用盡全力踩著單車，小孩嘴裡說：『你怎麼騎得這麼慢，你能不能快點！』我極力壓著情緒。小孩又說：『要遲到了！』然後我就說：『叫你爸回來開車送你！』我哭了一路，我一邊騎單車一邊哭。我跟小孩說：『你爸爸一個月給兩萬五，我什麼都要顧。你多久沒有見到你爸爸，我就多久沒有見到。你爸爸只知道吃喝玩樂，我在委曲求全、忍辱負重。等到你十八歲你就會明白今天媽媽說的每句話。』

「我是如此堅強的一個女人，此刻我可以脆弱，我可以痛，我可以哭泣，因為選擇就是需要放棄一些選擇。因為我的境遇你不知道，我可以不顧兩個小孩走得這樣瀟脫嗎？我可以做得到嗎？我可以自私到這樣的地步嗎？」

我告訴李萍：「我覺得到你壓抑了很多憤怒委屈的情緒，你希望照顧好你的小孩們，卻缺少支持和幫助。你所經歷的這一切很不容易，也很難做出兩全的選擇。無論你做出什麼樣的選擇，我都尊重你。沒有人有資格告訴你應該怎麼做。我能做的就是希望能夠讓你對伴侶有一個合理的期待，這樣不會失望，避免傷害自己。」

「我昨天傳訊息給他，就是很認真地跟他談分手這件事情，但是他完全不理會我，還叫我滾，把我推得好遠。是什麼讓我放不下呢，是小孩嗎？是自己的貪婪嗎？」

她說到這裡，又回到了認知失調的循環中，企圖透過努力獲得對方的認可。於是，我告訴她：「我發現在我們的交流過程中，你會時不時經歷情感的爆發，陷入從希望到失望再到情感爆發的循環。」

「雨薇，是我的錯嗎？是我自己沒控制好嗎？」

「不是，是對方的問題。但是如果繼續待在這段關係中，可能同樣的問題會重複發生。」

「就是說因為對方不改變，我們的關係會一直循環。」

「是的，沒有兩全的選擇，很遺憾。」

「我明白了，我會不斷提醒自己。」

王琪所懷念的是那個包容她的陳飛，她告訴我他們剛結婚的時候，陳飛一直扮演著情緒照顧者的角色。

「他知道我的原生家庭很糟糕，所以一開始很照顧我的情緒。」

當被問到是什麼讓她放不下的時候，她開始分享和陳飛之前的經歷。「我們是閃婚，結婚不久就發生了很多衝突和矛盾。那個時候我滿不懂事的，一發脾氣就坐在地上哭，像個小孩一樣，希望陳飛過來安慰我。他那個時候都會哄我，幫我點外送，送我禮物。」

「過了一段時間，當我們吵架的時候，我就不坐在地上哭了，而是從家裡跑出去，在社區裡溜達，等著他下樓找我……」王琪突然笑了起來，「現在想想那個時候的我真幼稚。不過我還是滿感謝他對我的包容。我記得有一次，我再一次地『離家出走』，這次我躲了起來，故意讓他找不到。沒想到我就看他提著外送，在樓下一直找我。他那個手忙腳亂的樣子我現在還記憶深刻，我當時還滿感動的。」

「當你想到這個經歷，你的感受如何呢？」

「我現在心裡還覺得暖暖的，還是有一點點被打動。」

「那你覺得這些感受在告訴你什麼呢？」

「我覺得對方還是滿包容我的吧，我覺得他之前的確承受了我不少的壞脾氣。」

這時，我就又需要扮演那個「壞人」，把陳飛的另一面展現出來。

「王琪，還記得對方最近在給你的長信裡說『一旦感覺壓抑，就想要走開，眼不見心不煩』，如何理解他對你的包容和想逃的一面呢？」

「會不會是我做得太過分了，讓他逃走呢？」

「那你覺得你做得過分的部分是什麼呢？」

「表達我的情緒？我在關係的初期的確不會處理情緒，但是之後我就再也不會讓對方承擔我的情緒感受了。我發現我在一直成長，他卻沒什麼情緒表達，也不願意改變。而且後來他總是拿我的原生家庭講，說我這種『咄咄逼人』的『女強人』性格都是因為缺少『完整』的家庭。這個人真糟糕！

「你這麼一問我突然意識到，可能我還是對他抱有一些幻想，我愛的不是那個真實的他，而是自己對他的一種想像。」

超過四分之一的女性遭受過親密關係暴力

雖然婭婭已經封鎖了阿亮，但她還是會不由自主地想念阿亮，因為對方能夠滿足她的性幻想和性需要。

我經常聽到來訪者告訴我，性是讓她們無法與『有毒』的人徹底分手，時不時被

「吸回」，卡在痛苦循環中無法自拔的重要原因。

因為自戀型伴侶急需證明自己的魅力，他們會非常刻意學習如何「表演」，製造浪漫的氣氛，讓整個性行為過程極富熱情。這會讓倖存者的大腦產生一種幻覺，好像性互動美妙非凡。

但是時間久了，倖存者慢慢會意識到，和伴侶的性體驗非常機械化，對方並不能真正感受到她們的情緒，或者對她們身體的反應有敏銳的覺察，而是需要嚴格完成一套標準化的流程，從而證明自己的魅力，一切都非常可測，甚至有點死板。

自戀型伴侶會不厭其煩地尋求倖存者的誇獎，還時不時把自己和倖存者的前任們相比，求勝欲很強。如果倖存者不小心說出他們不滿意的答案，傷害到他們脆弱的自我，他們會變得暴怒，對倖存者進行攻擊。

我經常聽到自戀型伴侶會以自己的性偏好為藉口要脅倖存者。他們會突破倖存者的邊界，要求她們嘗試無法接受的性行為。如果不滿足他們的性偏好，就會以出軌作為威脅。自戀型伴侶往往會說是倖存者不夠「開放」、「進步」、「有趣」、「包容」，才導致他們的不忠。其實，無論倖存者做什麼都無法滿足自戀型伴侶對於認可和關注的需要。因為自戀型伴侶很容易感到無聊，所以需要強烈的刺激。

自戀型伴侶會不斷尋找新的「獵物」和刺激的性行為去滿足情欲的無底洞。出於對刺激感強烈的需要，他們非常有可能嘗試不安全的性行為。我接觸過的來訪者遇到過各種各樣的情況，比如：無避孕措施的性行為（譬如不使用保險套，甚至故意讓女性懷孕，為其墮胎），在公共場所發生性關係（可能觸犯法律），患有性傳染病但不透露真實情況，等等。

當然，自戀型伴侶也有可能拒絕或者中途停止性行為，說倖存者表現不好或者身材太差，企圖透過羞辱對方從而進一步操控倖存者。

還有一些自戀程度比較高的伴侶會使用虐待性的手段。這些都是極度危險的訊號。如果倖存者不幸遇到，請立即離開和尋求幫助。

經歷自戀型虐待的倖存者，很大程度上會陷入混亂的狀態，把性和親密感搞混。真正的親密是關係中的雙方在當下全然坦誠地面對彼此，深度共情，跟伴侶的情緒、心理和靈性建立緊密的連接。良好的親密關係絕對是一個互惠互利的過程。伴侶能夠盡量依照對方可以接受的方式去滿足他的需要，而不是單方面地一味地索取／付出。

如果在這段關係中，只有透過性才能體驗到一種親密感，那麼很可能當事人陷在一段不健康的關係中。因為在日常缺少深度的情感交流，倖存者處於不安焦慮狀態，太渴望被對方看到了，所以才那麼渴求和自戀型伴侶身體上的結合。這樣會產生一種幻覺，即「對方是接納和需要我的」。但是，這很可能是一種創傷性的依附。

「我可能再也遇不到這種能夠給我極致性體驗的伴侶了。」婭婭一邊嘆氣一邊跟我說。

我問婭婭：「當你想到和阿亮的性關係的時候，現在感受如何？」

「我覺得有些羞恥又有些遺憾，我拚命不想讓自己想到這些，我害怕自己還會失心瘋一樣地去找他。」

「如果你願意的話，是否能夠探索一下，那些極致的性體驗滿足了你什麼樣沒有被看見的脆弱呢？」

婭婭努力想了很久，跟我說：「我不知道……」

「沒關係婭婭，如果你想到可以隨時分享給我。」

過了幾天，婭婭和我分享她做的一個夢，她說「我覺得裡面有很多隱含的脆弱和沒有被滿足的需要」。這個夢具體來說是這個樣子的：

我夢見我和阿亮出門買東西，我爸出現了。我立刻選擇離開阿亮，不辭而別，去找我爸。當我看到我爸的時候，我很驚訝，他穿著襯衫、筆直的褲子站在人群裡面，我跑過去拉著爸爸的手，好像是要給別人看一樣。周圍有其他認識的人，我覺得很驕傲很滿足。

我爸說他一個手指頭被咬了下來，我大驚失色。他說沒關係。手指頭後來被阿亮的狗找到了。我看了一下我爸給我的照片，上面的確是阿亮的狗。後來，我們一起去遊樂場買了一堆奇怪的東西，需要推個車把東西拉走。於是，我就去找手推車。

可是，等我推著手推車出來，發現爸爸不見了，我到處找他，打電話，是我媽媽接的。我媽跟我說他們在另一邊玩碰碰車，還說他們能夠看到我，還在描述著我這邊周圍的環境。

不知道為什麼我在夢裡勃然大怒，我叫他們立刻把碰碰車停下來。我感到很委屈，我的手裡推著很重的手推車，我一個勁地往前走，然後痛哭流涕地走向了一扇玻璃門。我跪倒在那裡，看到了手機的日期，今天是爸爸的生日。

後來爸爸和媽媽出現，我弟弟也來了。他們很開心地說著碰碰車多麼好玩，三個人還用我不熟悉的語言開始唱一首我不熟悉的歌，我完全插不進去。我埋頭大哭，等著他們來安慰我，想告訴他們我有多委屈。

我問婭婭，她是怎麼理解這個夢的。她告訴我：「我看見自己想要被關注，但是被爸爸媽媽忽視。我也看到阿亮的狗狗出現在夢中，好像那是阿亮『無害』的一面，但是他間接傷害了我和我最愛的家人。我想離開阿亮是因為我想要獲得那種被關愛的滿足感——被我爸爸看見，去找我爸爸。」

「讀完之後非常感動，想抱抱你，婭婭，謝謝你把這部分分享給我，我覺得這是很好的覺察。感覺你把在父親那裡沒有得到滿足的需求和期望，投射到了阿亮身上，渴望阿亮能夠接納你、關心你，因此忽略了阿亮給你帶來的傷害。這不是你的錯，意識到後給自己一些時間打破這種投射就好，你可能需要回歸到渴望被滿足的真正需求。」

「是的，我之前總是覺得無法一個人活，需要找一個男人為我負責。現在我覺得我其實需要好好工作，好好照顧自己，把這部分關愛給自己。」

出於篇幅的原因，我無法把五位來訪者所有的情緒哀傷經歷都囊括在內，這裡呈現的只是冰山一角。現實生活中她們所經歷的哀傷階段更加強烈、艱難和反覆，每一個人都是在一次次被情緒擊倒後，再次站起來，繼續向前，處理自我成長的課題。其中的艱辛大家可以透過下面幾組資料瞭解一下：

由聯合國開發計畫署、聯合國人口基金、世界衛生組織、世界銀行等多家國際機構聯合發布的報告指出，十五歲至四十九歲的女性人群中，有二十七%的女性曾遭受過親密伴侶的身體或性暴力。這可能是近年來調查面最廣、跨越時間最長的一次研究——涵蓋全球一百六十一個國家和地區的兩百萬名女性，收集了從二〇〇〇年到二〇一八年開展的三百六十六項調查研究和統計資料。[14]

全國婦聯二〇二二年統計資料顯示，在中國二·七億個家庭中，約二十五%存在家庭暴力。其中九十%受害者是女性，且受害人平均遭受三十五次家暴後才選擇報警；有三十%的女性曾遭受家暴，每七·四秒就會有一位女性被丈夫毆打。[15]

中國自二〇一六年三月一日起正式實施了首部針對家庭暴力的專門法《中華人民共和國反家庭暴力法》。該法實施以來，對預防和懲治家暴行為發揮了顯著作用，但在司法實踐中仍存在諸多難點。

二〇二二年三月八日，北京市千千律師事務所研究團隊發布了《遭遇家暴，賠償幾多？——千份涉家暴訴訟判決書分析》（以下簡稱《分析》）。《分析》選取了二〇一八年到二〇二〇年一審民事判決書一千零一十四份，其中原告自訴遭遇家庭暴力的離婚訴訟案件八百四十四份，原告自述遭遇家庭暴力提出離婚損害賠償的案件七十六份，原告自述遭遇家庭暴力提出生命權、健康權、身體權糾紛的賠償案件九十四份。其中九十二·四%的原告是女性。

結果顯示，原告舉證情況不樂觀，家暴總體認定比例偏低，獲得家暴損害賠償的比例極低。涉家暴的八百四十四份離婚案件中，被法院認定存在家暴的約六%，得到賠償支持的只有十二起，僅占一・四%。

家暴案件中的證據具有極強的隱蔽性，難以收集，原告舉證能力不足，提交的證據中最多的是出警紀錄，但其效力可能由於多種原因難以達到證明標準，多重困難下，家暴常常難以得到認定。

七十六份離婚損害賠償案件中，八十・二六%的原告提出的賠償要求被駁回，剩餘得到法院支持的案件中三分之二的原告得到的賠償金額在人民幣一萬元以下。[16]

倖存者遭遇自戀型虐待後離開或者留下看似是一個理性的決定，但是背後卻是需要經歷掙扎的過程。下一章，我會聚焦五位來訪者的選擇。

第四章

我該如何選擇：留下還是離開

我們從創傷知情，聊到了情緒哀傷，現在讓我們聚焦五位來訪者的選擇。

面對現實的選擇，很多來訪者都會被一個癥結所困擾，那就是對方是否真的（不）愛我。我會跟她們說：「看你對愛的定義是什麼。每個人對愛的理解和標準不同。重要的是對方愛的能力，是否能夠滿足你的需要。」

跟自戀型伴侶最好的結局是什麼？理想中，離開是最好的選擇，但是現實生活需要有太多權衡考慮的因素，所以每個人的選擇要依照各自的需要和情況而定。沒有最好的結局，任何選擇都會經歷掙扎和痛苦。無論是離開還是留下，只要認清現實，做出任何一種選擇都是一場英勇的戰役。

雖然自戀型虐待關係對一個人身心的損傷極大，但是出於種種原因倖存者選擇留下，這是個人的選擇，沒有人有資格去批判。即使選擇留下，這背後的動機也不盡相同。一些人經過權衡覺得可以接受伴侶的虐待行為，但是另一些人留在這段關係中是一個過渡，為了看清對方，進而以較好的方式離開這個人。

如果倖存者選擇留下，療癒之路會變得異常艱辛。倖存者需要時刻面對自戀型伴侶所實施的顯性和隱性的暴力，這勢必會讓倖存者長期經歷情感的起伏和身體的不適。留下還可能會面臨周圍親友和社會對於受暴婦女的偏見，讓當事人感到壓力和羞恥，更不敢去療癒和尋求幫助。

即使倖存者選擇離開自戀型伴侶，她所經歷的認知失調和創傷性連結的體驗也不會立刻消失，倖存者很可能會時刻陷入自我懷疑的循環中。倖存者一邊需要處理動盪的情緒，一邊需要重建自我。因為經歷一段自戀型虐待關係，倖存者可能再也回不到之前那種天真的狀態裡，對人會變得謹慎，甚至會很容易動怒。這是療癒過程中必經的階段。

不僅如此，主動離開一段自戀型虐待關係還有很多現實層面的問題需要解決。我接觸過的案例中，無論是分手還是離婚都是一個艱難的過程，沒有所謂「好好開始就能好好結束」的劇本。

來訪者需要在身心陷入低潮的狀態下，依然堅守自己的底線，做出為自己和所愛之人負責任的選擇。如果是分手，可能會面臨跟對方情感、經濟和社會關係的糾纏。如果是離婚，對方很可能會選擇拖延甚至報復。

如果分手或離婚涉及小孩，對方很可能會使用低劣的手段爭奪小孩的撫養權，故意不讓小孩與倖存者相見，讓小孩對倖存者心生怨恨，孤立倖存者。父母疏離症候群（parental alienation syndrome）在自戀型虐待家庭中很常見，具體是指父母中的一方針對另一方進行的以憎恨為目標的活動，利用小孩作為其敵對活動的工具。[1]

在我接手的案例裡，主動和自戀型伴侶離婚是極其艱難的。倖存者多次提出協議離婚的要求被自戀型伴侶拒絕是常態，很多時候離婚手續需要走起訴流程。在起訴過程中，自戀型伴侶不惜羞辱、算計、欺騙、隱瞞、操控倖存者和雙方的律師，從而維護自己的面子和利益。

由於司法體系和從業人員對自戀型人格和自戀型虐待瞭解甚少，他們很容易傾向於相信自戀型伴侶的論述，讓倖存者遭受心理和經濟上的二次傷害。在這個過程中倖存者會身心俱疲，很多人都會因此而放棄，繼續回到自戀型虐待的循環中。即使成功離婚，自戀型伴侶也會時不時出現，用共同債務、監護權、撫養費去繼續操控倖存者。

在這一章裡，我會透過上述五位來訪者的親身經歷，跟大家分享和講述不同個體所面臨的不同挑戰，以及如何基於現實的考量，做出最適合自己的選擇，同時幫助大家創建一個工具箱，裡面有技巧和資源能夠處理現實生活中的挑戰。

1. 留下：獨自咽下苦果

很多時候選擇留在一段自戀型虐待關係中就是選擇把苦果吞下。倖存者很容易認為自戀型伴侶的攻擊行為是自己造成的，進而對自己進行責備和打壓，產生身體不適和精神錯亂的感覺。

杜瓦蘇拉博士提出，如果選擇繼續留在一段自戀型虐待關係中，倖存者可以嘗試以下的幾個技巧：

首先，合理期待。在一段自戀型虐待關係中最難處理的就是期待一次次落空所帶來的絕望的感受。這是因為對方戀愛轟炸的舉措可能會讓我們繼續有所期待，可能會覺得這次對方真的痛改前非了，只要我再給他一次機會，關係就會改善。倖存者需要認清自戀型伴侶脆弱的實質，以及關係很可能會重複「戀愛轟炸－貶低打壓－拋棄吸回－戀愛轟炸」這個循環。自戀型伴侶的改變高機率是因為不想失去倖存者作為他的自戀供給對象，而非長期的、持續性的改變。保持一個合理的期待不會讓倖存者陷入大起大落的情緒中。

其次，完全接受。完全接受自戀型伴侶很難改變這一事實。即使改變，他也很難有維持一段深入長久的親密關係的能力。很多時候，倖存者總是希望透過自己的努力改變對方，這會讓倖存者陷入自責和無力感中。如果能夠接受並且認識到任何人（包括資深的心理諮商師在內）都無法完全改變自戀型伴侶脆弱的自我，倖存者們會更好地把握跟自戀型伴侶交往的分寸，把更多的時間和精力放在保護和關懷自己上。

最後，維護邊界，譬如採用「灰石」（gray rock）的溝通技巧。灰石旨在幫助一個人與自戀型伴侶互動，具體來說就是無論自戀型伴侶說什麼做什麼，都不要陷入他的情緒陷阱中。倖存者能做的就是把自己的底線表達出來，對方有任何的反應都要堅持自己的立場。

灰石的溝通技巧包括：只能透過簡訊、電子郵件進行書面交流，就事論事地簡單回覆，在訊息中不流露出任何情緒。它之所以得名，是因為灰色的岩石與周圍環境融為一體，並不突出。這種類型的交流讓自戀型伴侶感到無聊，所以會漸漸把注意力轉到其他人身上。[2]

當倖存者被迫與自戀型伴侶溝通時，灰石是一種理想的溝通方法，但是這種溝通方式很可能被自戀型伴侶利用，把倖存者描繪成為一個憤怒、刻薄、冷酷的人，可能不利於在司法程序中爭奪應得的利益和小孩的撫養權。「黃石」（yellow rock）是對灰石的改進。它的名字來源自看起來比灰色的岩石更友善、更溫暖、更吸引人的黃色岩石。透過黃石這一技巧，健康的一方能夠相對真實地面對自己。然而，它本質還是不滿足伴侶的自戀需要，不太可能長期吸引自戀型伴侶的興趣。

黃石溝通的重點是想像自己所寫的一切都是在法官或其他法律專業人員在場的情況下完成的。透過展示合理、禮貌的溝通方式，倖存者可以在司法系統中獲得更良好的印象。具體內容包括：

1. 想像自己在跟同事或老闆交流工作，態度彬彬有禮，忠於自己，不需要有太多情感的流露和跟話題無關的閒聊。請記住，你的溝通策略與自戀型伴侶怎麼看你無關，一切都與司法系統的專業人士對你的看法有關。

2. 以結果為主，專注於現在和不久的將來，不要檢討過去的事件。如果對方開始偏離主題，展露出虐待性的一面，開始打壓、貶低和挖苦你，可以提醒他回到問題的探討上來。比如：「雖然我不同意你對這件事的看法，但是我們先把它放一放，繼續回到暑假帶小孩的安排上來可以嗎？」

3. 當溝通取得進展時，記得認可和獎賞自己；當你的情緒被自戀型伴侶的某些言行觸發的時候，可以暫時遠離溝通現場，關懷好自己的情緒，再重新進行溝通。這是一個熟能生巧的過程，沒有人能夠一步到位地做好，只要不放棄就好。該休息就休息，該前進就前進，把握好節奏，照顧好自己。[3]

當倖存者開始使用灰石或者黃石的方式維護自己的邊界時，自戀型伴侶可能會變得暴怒，甚至會展現出攻擊性行為。如果在這一刻倖存者對自戀型伴侶的情緒做出了反應，無論是討好還是攻擊，都會再一次地陷入虐待循環中。

很多倖存者不理解為什麼表達憤怒也能滿足對方自戀的需要，這是因為自戀型伴侶的目的是控制。只要自己的言語和行為能夠觸發對方的情緒，就滿足了自戀者的需要。所以，面對對方的攻擊，更有效的方式是不去回應。時間久了之後，當自戀型伴侶意識到無法再從你的身上獲得控制感，他很有可能就會尋找新的目標。

需要強調的是，這裡的「黃石」和「灰石」溝通技巧跟「冷暴力」非常不同，因為這是倖存者被迫溝通的時候，可以保護自己同時留下爭取撫養權和應得利益時有效通訊證據的方式，而非一種冷暴力的方式，因為本意不是去控制和虐待自戀型伴侶。

試圖改變對方，最終只會拖垮自己

李萍和王琪決定留在關係中。李萍由於經濟和小孩的原因選擇留在這段關係中，她需要不斷承受張鵬對她的情感忽略和貶低打壓，打破自我責備的循環，把關注力放在自我滿足上。王琪雖然留在關係中，但是她現在不斷練習維護自己的邊界。和陳飛以及他的家人的互動過程中，她學習不再希望獲得對方的理解，不去捲入他家庭的鬧劇中，更關注自己的情緒和感受，並且探索自己的需要。

我會時不時收到李萍的訊息，從她的訊息裡能夠感覺到她還是會時常陷入情緒混亂和自我懷疑的漩渦中。每一次混亂都會幫助她更看清關係的本質，這個時候，她會跟張鵬提分手。張鵬會選擇拒絕或者忽略她的表達。自戀型伴侶不會輕易地結束關係，更不可能去真正共情和理解伴侶的痛苦。

李萍最近一次傳給我的訊息是一張她跟張鵬對話的截圖。在截圖裡，她跟張鵬說「我們離婚吧」，張鵬就傳了一個「滾」字，後面還加了一個笑臉的表情，就是嘴笑起來一條彎彎的線，被很多年輕人用作表示揶揄和嘲諷的那個。然後李萍的回覆是：無賴。李萍隨後問我：「雨薇，他這個『滾』字是什麼意思？為什麼後面加的笑臉的表情給我一種不寒而慄的感覺？」

當我問到李萍為什麼會有跟張鵬離婚的想法時，她告訴我：「就是剛剛發生的事情，他明明說了一句罵我的話，轉眼在我面前矢口否認，那一刻我震驚了。他又說需不需要每次談話我們都錄音。就是這句話讓我產生了自我懷疑，但自己又很快跳出了他的陷阱，我肯定他真的說過那些話！我覺察到他是不是運用了煤氣燈效應？」

「是煤氣燈效應，你的觀察很準確。」

「我在發冷，他好可怕啊……」

「保護好自己，對對方降低期待，接受他就是這個樣子，並且不要寄望於對方能夠滿足你的需要。」

「是的，我之前完全沒有意識到煤氣燈效應的恐怖，現在才意識到原來真的好可怕，很容易讓我懷疑自己。那如果他這樣對我的小孩們呢？如果他跟小孩們說『你媽是個神經病』，小孩們會不會受影響呢？我現在覺得我的大兒子多少還是受到了影響。他雖然讀書很優秀，外表看起來很懂事，但是我從他的發文和他畫的畫裡感覺到他很憂鬱。」

「我非常理解你對小孩們的關心。如果選擇繼續留在這段關係中，小孩們肯定會受影響。你能做的可能就是減少對他們的影響。如果直接告訴他們你們的爸爸是個有人格障礙的自戀者，他們很難理解，而且會造成他們的混亂。所以，如果可能的話，不用爭辯張鵬對你的批判，告訴小孩你愛他們，接受他們對你的感受。我相信長大之後，他們會有自己的判斷。在這個過程中，照顧好自己的情緒。」

「我明白了，我不會再接他的話了。我也盡量不當著小孩們的面說他的不好，或者表露太多自己的情緒。我應該把更多的精力放在照顧我自己身上，還有就是學習和健身。之前我都會把他給我的錢花在這個家和家人身上，不敢花在自己身上，覺得自己不配。但是現在我要為自己著想，我會減少家用，多為自己存點錢。他送給我的奢侈品我也收著，留著以後可以變賣。這樣如果有一天我離開了他，也能有本錢做點小買賣養活自己。」

雖然李萍還在經歷混亂的過程，但是隨著她對創傷療癒的瞭解不斷深入，以及練習合理期待、完全接受和維護邊界，她陷入情緒混亂的頻率越來越低，恢復情緒穩定狀態也越來越快。李萍告訴我，現在讓她釋放情緒，獲得掌控感的重要方式就是健身。

「之前健身是因為我生完兩個小孩後都重到八十幾公斤了，我身高還不到一百六，我跟我老公出去，別人都覺得我是他媽。那個時候我很自卑，把他出軌的責任都怪罪在我自己身上，覺得是我身材不好，所以他才出軌。

「我一開始健身的時候，他不允許。但是，我還是堅持了下來。後來，我把健身的焦點從減肥轉移到保持健康的身材和良好的心態上。我現在不去想他怎麼看我，每當我健身的時候，我覺得就能忘記所有的情緒，不再去想對方怎麼對不起我。」

「這是一個很好的打破情緒反芻的過程，不再讓你陷入想要改變對方和關係的封閉循環中。」

仍處在一段自戀型虐待關係中或者剛從一段自戀型虐待關係中離開的人，往往會經歷情緒反芻（rumination）的過程。

結合心理學家茱蒂絲．赫曼博士（Dr. Judith Lewis Herman）關於創傷復原的觀點，我觀察到自戀型虐待受害者的療癒過程整體包括三個階段：

一、創傷知情

二、情緒反芻

三、自我重建

在第一個階段，諮商師有必要讓來訪者瞭解和接受自己遭受了自戀型虐待這一事實，這是恢復主導權的關鍵。在第二個階段，受害者經歷情緒反芻的核心是希望解決不可解決的問題。情緒反芻在憂鬱症等心理和情緒問題中也很常見。[4]這不僅不會幫助當事人處理情緒，反倒會逃避問題的核心，強化創傷性連結。情緒反芻也是讓很多倖存者難以走出「有毒」關係的原因。

這三個階段並不是線性發展的，而是循環往復的。舉個例子，在來訪者開始重建自信的過程中，他很可能會想到親密關係中受自戀伴侶傷害的某個片段，下意識地去責備自己為什麼不早點離開，卻忽略了自己在不知情的情況下遭到了自戀型伴侶有意的欺騙（創傷知情），因此無法接受自己的選擇，陷入憤怒的情緒中（情緒反芻）。

有很多可以打破情緒反芻的方式，比如：做一些積極有意義的事情轉移自己的注意力，像是正念冥想、做放鬆練習、把對方所做的虐待性的行為記錄下來、做一些在關係中對方不允許你做的事情。這一系列的練習都是幫助你打破修復關係的幻想，接受現實，並且把注意力放在自己身上的關鍵。

他想靠試管嬰兒修補關係，我卻有了恨意

王琪近期經歷的一次情感衝擊是，有一天，陳飛突然傳訊息問她是否能夠接受試管嬰兒這件事情。

王琪把這段時間和陳飛互傳的訊息轉傳給我，裡面是這樣寫的：「你是否接受試管嬰兒，有一個我們的小孩？這麼問並不是想要否定和扼殺親密關係，只是考慮到壓力和年紀才有的想法，是獨立的問題，沒有關聯。」

王琪回覆：「我無法接受在自己身體沒問題的情況下去做這件事情，你有瞭解過什麼是試管嬰兒嗎？我覺得我們還年輕，不知道你指的壓力是哪方面的壓力？有小孩是兩個人都願意然後發生的一件美好的事，他的到來不是為了完成任務。」

之後，陳飛是這樣寫的：「我沒有瞭解過關於試管嬰兒的資訊。我以為世界上那麼多人做過，是科學、安全的。生小孩不是任務，不要誤解。試管嬰兒仍然是我的精子和你的卵子，同樣是我的意願。」

後來，陳飛又附上另一則訊息，裡面是這樣寫的：「我簡單總結一下，怕你想太多。第一，之所以想到試管嬰兒，是因為我真的認為小孩可以促進和加強我們之間的關係。第二，世界上這個技術廣泛傳播，那麼多人接受或主動採納，表示它有一定的科學性。第三，它應該比自然受孕有更高的成功率，這樣我的思想壓力會變小，不用一直想著讓你懷孕。第四，我不是說不想和你親密，只是我自己，每親密一次都希望你能懷孕。這同第三點。」

王琪的回覆簡明扼要，她說：「你是因為體驗到你想要的性，覺得我無法滿足你，所以不想跟我親密，但又想讓我生小孩，所以才想到試管嬰兒的嗎？」

陳飛說：「性真的只是生活中的一部分，我沒有那麼膚淺。不要過度看重。生活中更重要的是性格，以及是否輕鬆。我想要試管嬰兒，就是想促進和加強我們之間的關係。」

我問王琪溝通完後她感覺如何，她告訴我：「我沒有對他的內容做回覆，現在自己一個人坐著覺得千頭萬緒。對方沒有瞭解過試管嬰兒，卻希望我配合；對方沒有停止對我的傷害，不做正面回覆；對方說有了小孩我們的關係會加強，可明明我還在受傷中，怎麼能帶著一顆受傷的心去撫養一個小孩？聽起來我未來的日子就只剩下生小孩帶小孩了，我的情感需求呢？我的事業發展和我的前途呢？對方看似自圓其說的話讓我覺得很刺眼。

「他永遠得利，我一直被動，我不想配合了。我覺得這一切都是因為他自私自利、自以為是，剛才的瞬間我甚至有了恨意。我再次看清了這個人的真面目，一個企圖靠做試管來盡快讓妻子懷孕，然後把重建修補關係的重任壓在小孩身上的人，是真正的巨嬰，他還是在逃避他該承擔的責任。

「他以為他在理智地權衡利弊，對我來說卻是傷害在加劇，他只想著我可以變成他喜歡的樣子、他想要的樣子，而根本不尊重我，也沒有把我當作一個有血有肉的人來看待。」

我回覆道：「你沒有像之前一樣陷入揣測對方的目的，而是以自己的需要為主，去看對方具體在說和在做什麼，認可自己的情緒和感受。」

「雨薇，雖然乍看是今晚的變化，但我覺得是我一直在堅持覺察的結果，謝謝你陪著我。我覺得這週有必要再約個時間，好好鞏固一下我自己的一些想法。」

等到了和王琪正式諮商的那一天，她一出現就迫不及待地告訴我：「我非常不認同在現在這種情況下『生一個小孩就可以促進和增進感情』，這太扯了。我突然想到，他評價我強勢，其實另一方面在表明，他覺得自己弱，控制不了對方，所以就直接扣帽子說是女性強勢。

「我還沒有完全決定要離開他，但是我堅定地想要保持目前這種分居的狀態，絕對不想跟這個人住在一起。

「他上週又沒有經過我的允許買了好多奢侈品給我。我跟他說了好幾遍不要買，他說：『不行，一定要買。』他還繼續轉帳給我，還留言說是「零用錢」，我就想：你這是包養上癮嗎？我缺這點錢嗎？這就是不尊重人的表現。

「他可能覺得自己做得好得不能再好，但是我覺得他做得不能再糟。他想出軌就出軌，他想買什麼給我就買什麼，完全都是以他的想法為主，他把我當成什麼了？這讓我想起我爸跟一個阿姨保持了幾十年『好朋友』的關係，後來分手了是因為那個阿姨想跟他生個小孩。我爸知道這件事情之後立刻提出了分手，還跟我說他們現在就是『非常普通的朋友』。我就覺得他們好現實，他可以為你付出時間和金錢，但是如果這件事情對他無利的話，他就會立刻翻臉，離你而去。

「今天是我爸的生日。陳飛要我替他向我爸祝福生日快樂，我覺得很可悲。這是他第一次記得我家人的生日，還是因為前幾天我提到了。他明明有我爸的聯絡方式，但是他選擇讓我去說。在剛開始的幾秒鐘我的確有一種感動，但是之後很快我就覺得這算什麼啊。我們結婚這麼多年，他父母和他妹妹的生日都是我一個人在辦的。別以為他工作賺錢忽略我的父母就是合理的，我付出的時間和精力比金錢還重要。」

我回覆王琪：「你能夠越來越關注陳飛做了什麼，而不是聽他說了什麼，這很重要。同時，我覺得你也在不斷認可自己的感受，不陷入對方以自己的需要為中心的浪漫轟炸模式中。那你現在如何劃分跟他的關係邊界呢？」

「我最近臉上又長了很多痘痘，我覺得身體裡積壓了很多的情緒。幸好我知道求救，不會壓抑自己，不會用很多話術留住他的心。我現在已經有不想長久跟這個人生活下去的想法，只不過還沒有做出這個決定而已。不過很明確的是我不想生小孩。如果我有了小孩，就算不是道德綁架，但是我所有的考慮還是會以小孩為主。如果沒有小孩，我就可以做自己的選擇，走自己的路。

「我覺得他對我沒有吸引力，對他並不感興趣。我發現我們價值觀都不一樣。有一次，他們家庭群組裡分享了一個影片，他們會對別人的不幸遭遇幸災樂禍。這種人如果是我的朋友，我都會離他們越來越遠，更別說他們是我的伴侶和家人。

「他在表面上或者金錢上顯示出的大方會吸引人，但是他和他的家人一樣，其實很脆弱，容不得別人有其他的想法。他們很怕別人比他們厲害。我現在對我公婆笑瞇瞇，就像戴著面具一樣。我心裡跟他們很遠。我越笑瞇瞇，他們越沒有辦法影響到我。你們隨便怎麼說，我都不在乎。因為你們說的並不代表我。」

被PUA的人是罵不醒的

王琪突然停頓了一下，然後跟我說：「我現在說出的這些話，除了對你說之外沒有一個人能夠理解我。我周圍的人的生活也一團混亂。他們要嘛就勸我忍一忍，說什麼『不能又要錢又要愛情』，要嘛就勸我趕快離婚，這種男人不能要。我這麼優秀，他配不上我。我還有一個朋友，也剛離婚。她總是給我很多意見和建議。事情剛剛發生的時候，她跟我說不要主動聯絡這個人，後來我還是控制不住主動聯絡了陳飛。她知道後就跟我說：『怎麼這麼簡單的事情你都做不到？我的時間和精力也很寶貴，為了你的事情不斷地刺激自己的神經，對我來說也是種損傷。我圖什麼呢？累死累活只是要你做一點點，如果你什麼都不做，醫生都會覺得你無藥可救！』」

我聽到太多這樣的情況，自戀型虐待的倖存者的親友、助人行業的從業者、女權主義者都希望透過把自戀型伴侶「渣」的一面呈現出來，或者把深陷自戀型虐待關係的倖存者「罵醒」，讓倖存者離開一段「有毒」關係。我很理解大家急迫的心情，遺憾的是，現實比想像中要更複雜。雖然我們非常希望所愛之人能夠離開一個「有毒」的人，但是一味地勸人離開一段「有毒」的關係只會讓倖存者更加懷疑自己的感受，陷入無力的循環中，出於好意的勸說可能會對倖存者造成二次傷害。有的時候，親友甚至會把他們對其自戀型伴侶的無力感投射在倖存者身上，去譴責倖存者。

因為倖存者不是不知道自己經歷了什麼——她們甚至會天天學習瞭解自戀型人格障

礙的知識——可還是缺少離開這段關係的力量。這一方面是因為缺少外界有效的幫助；另一方面是由於被精神控制後，不信任自己的感受，無法完全打破對對方的幻想，時常陷入混亂的狀態中，所以無法真正離開。

多年輔導自戀型虐待倖存者的經歷讓我明白，離開是過程，而不是決定。這期間需要付出很多的努力。如果倖存者沒有一個合理的期待，覺得知道就能做到，很容易就會陷入自我責備的循環中。

倖存者並不是想離開就能離開，而是透過一次次認可自己的感受，不斷覺察關係中的虐待行為，看清對方自私的意圖，接受對方無法被改變的事實，打破對浪漫愛情的幻想，處理好哀傷的情緒，在生活的一點一滴中積累起力量，這樣才能離開這個人。

反倒是每一次突然下定決心的斷聯，可能一開始會覺得輕鬆暢快，但是不久就會覺得恐懼焦慮，再次陷入自戀型虐待的循環中。就像一位倖存者曾告訴我的：「該走的路還是要走，不能跳，否則反彈的威力會更大。」

我跟王琪說：「我聽到朋友們把自己很多的期待和想法強加給你，不知道這讓你感覺如何？」

「是的，我覺得她們是把自己代入了我的情境中。她們要嘛覺得女人就要知足，要嘛覺得應該立刻把男人甩掉。但是人的情感這麼複雜，哪有那麼快就能夠決定好？我覺得在這段關係中我還有很多部分沒有看清，所以即使我離開了陳飛，可能在下一段關係中也會遇到很多相同或者相似的問題。所以我還是需要繼續觀察對方，同時也要療癒我自己。我覺得我現在要跟我的這些朋友們保持距離。

「我現在越來越不擔心自己會變得糊塗，對方說了什麼讓我產生的感受，我都很清楚。我必須緊緊抓住自己的情緒，否則就會像我周圍很多女性朋友一樣很混亂，一開口就會說：『我老公是外界公認的好爸爸、好老公、好兒子，但是……我們之間沒有交流，發生矛盾他永遠躲在婆婆後面。』如果這個人不能讓我更開心，那他就不是適合的人。他優秀與否，對我來說不重要。陳飛經常說：『你不用考慮其他的，我保證你一輩子衣食無憂。』我心想你給我一億我也沒用，錢多點少點我自己都能賺，但是如果你滿足不了我，什麼都沒用。

「我在網路上寫作，讀者們以為我是『人生贏家』。他們看到的往往是自己得不到的東西。他們可能會覺得：怎麼到處都是不好的事情？總要讓我看到一點好的吧！所以他們就會關注一些美好浪漫的愛情故事，以改變乏味的生活。我很慶幸我結婚十年沒有生小孩，也一直在堅持工作。我自己這麼能賺錢的一個人都會遇到這種事情，難以離開，更別說其他人。我很難想像周圍的朋友們生了一個女兒，還要再生一個兒子，然後自己的工作沒有辦法養活自己，還要靠老公和父母的貼補。真的想想就覺得好難。雨薇，你一定要把我的故事講出來，讓更多人知道，女性一定要經濟獨立，要情感獨立。」

諮商快結束的時候，我問王琪現在怎麼看待這段關係。她告訴我：「我現在覺得陳飛出軌這件事情完全不是我的不幸，而是幫助我看清了這個人。我一開始找你諮商的時候覺得完蛋了，怎麼會這樣子，我要離婚了，我要孤獨終老了。我現在完全不這麼覺得。我現在覺得四十歲了也可以繼續談戀愛，繼續建立親密關係。世界上的人這麼多，我害怕什麼。我覺得整體上我要找一個價值觀一致，有共同語言，能夠面對衝突的伴侶。這比有錢沒錢、面子名譽重要得多。

「等我工作再忙一點，或者未來發展再明確一點，我就會盡快地離開。我現在覺得這個人在消耗我。我們之前共同生活了這麼久，在分居的這一年，我想了很多。我覺得現在讓我無法離開可能有兩個原因。第一個原因是過去的一些記憶和習慣，畢竟一起生活了十幾年，一想到離開，還是會有一些留戀。留戀就是留戀，我就學著克服。一想到我還有未來美好的生活，未來五十年比結婚十幾年重要多了，我就不害怕。

「第二個原因，也是讓我不願離開的最主要的原因，是我始終覺得我在過去也是一個

『有毒』的人。我也對他造成了傷害。那個時候的我情緒不穩定，想法很消極。他一直強調自己是很積極的人，因為脆弱，所以無法包容我的情緒，反而會攻擊我。他就覺得你這個人怎麼這麼糟，怎麼情緒這麼不穩定。但是，我情緒不穩定是有合理需求的，只是他給不了。雖然理性上這麼說，但是我情感上還是覺得自己帶給他很多傷害。我需要時間去接受。」

「給自己足夠的時間，王琪。」

「給自己足夠的時間」是我對遭遇到自戀型虐待的倖存者經常說的一句話。很多時候，在跟仍處在一段自戀型虐待關係中的倖存者交流的時候，我覺得自己彷彿走在鋼索上一樣，稍不留意就會把自己的期待和無力感投射在對方的身上。我非常能夠理解很多人會對陷入一段自戀型虐待關係中的倖存者有「哀其不幸，怒其不爭」的感覺。但是，有的時候知道卻不說透，相信當事人有這個能力去發現，允許她自己去體悟，也是一種愛與慈悲。

李萍和王琪像一面鏡子一樣，讓我更深刻地明白，對自己有耐心，給自己足夠的時間去看清一個人，做出適合自己的決定是一個漫長的自我鬥爭，也是在學習自我關愛的過程。改變說來容易，但是現實生活中的改變是一步步腳踏實地走出來的。

不僅如此，當遇到挑戰，她們所展示出來的脆弱、勇氣和創造力，給了我源源不斷的啟發。這讓我無論是在理論層面還是在實踐層面，對「自戀創傷療癒」這個議題都有了更深入的理解。

有關心理治療有效性的研究顯示，諮商會產生有效的結果，但諮商師和諮商療法的貢獻僅占十五%，而來訪者的貢獻占比最大，為三十%。[5]這個研究結果推翻了很多慣常的思維。

很多人認為找諮商師就像找醫生一樣，要找有名望的權威。似乎諮商的效果完全取決於諮商師的專業經驗和能力。雖然諮商師的確發揮了一部分的作用，但是諮商的有效性更取決於來訪者的意願、能力和處境。具體來說，就是來訪者是否有改變的意願，來訪者的專長和特性，來訪者所處的社會、文化和關係。

我需要不斷承認自己的無知，謙卑地向來訪者請教，讓她們告訴我自己的感受和想法。在我們這幾年斷斷續續的合作中，我經常會跟她們說：「如果我說了什麼讓你覺得不舒服的話，請隨時告訴我。」她們總是很理解地告訴我：「我會的，雨薇。」有的時候也會遇到解決不了的問題，但是她們依然選擇面對和信任我，我內在的不安全感在某種程度上也得到了療癒。我有幸受邀陪她們走這段路，她們也是我生命中的禮物。

2. 離開：漫長的療癒

無論是被動拋棄，還是主動離開，結束一段自戀型虐待關係都是件艱難的事情。

如果被自戀型伴侶所拋棄，倖存者很容易陷入自我懷疑和攻擊的情緒中。有些倖存者主動離開後，因為沒有經歷前任的吸回，會不斷懷疑自己的判斷，認為對方可能沒有自戀傾向，甚至懷疑自己才是那個「有毒」的人。

蓓兒在剛被分手的那段時間，自信被徹底打碎，需要處理很多對過去的哀傷和反芻的情緒，才能不斷打破認知失調和創傷性連結的困擾。這是一段困難重重的重建之路。

如果主動選擇分手，也面臨很多的風險。自戀的核心是脆弱的自我。選擇主動離開會讓自戀型伴侶的自我感到受到威脅，他們很可能會變得暴怒，甚至在言行上升級對倖存者的虐待。他們甚至會操控周圍的親友去攻擊和孤立倖存者，讓離開的過程變得更舉步維艱。

我還遇到過來訪者自述，有權勢的惡性自戀型伴侶不惜一切代價報復離開的自己，企圖摧毀她的生活，甚至威脅她的生命安全。

婭婭的伴侶雖然呈現惡性自戀型伴侶的特質，但是幸運的是對方無論在資源上還是能力上都不如婭婭，所以並沒有能力對她構成太大的威脅。小艾的伴侶雖然表現出隱性的特質，但是在分手過程中對她施行了脅迫和軟禁，已經侵犯到了她的人身安全。

如果倖存者想要主動離開自戀型伴侶，不要告訴對方自己的決定。如果兩個人保持同居的狀態，確保打包好重要物品，把危險的物品藏好，做好隨時離開的準備。如果無法離開，那就尋求相關機構幫助或者報警。

物理上的離開只是離開一段關係的開始，下一步是心理上的離開。這個離開就意味著倖存者對對方一切的狀態都保持一段距離。

這就需要倖存者無論是面對對方留戀的簡訊，還是在社群平臺發愧疚的感言或美好的瞬間，甚至是言語的騷擾和威脅，都採取冷處理的態度，非必要就不回覆，必要時就延遲回覆，回覆的時候只簡明扼要地把自己的想法表達出來，不向對方提供任何情感表達，拒絕被對方實行煤氣燈效應，也有意識地不對自己實行煤氣燈效應。

等到有一天，當自戀型伴侶過得好與壞不再過度影響倖存者的心情（看到對方過得不好會有一種竊喜很正常），倖存者能夠平靜地過自己的生活，學會享受獨處，重建自我價值感，心理上的離開才就此告一段落。

成功的父母，往往養出沒出息的小孩

我們諮商關係快結束的時候，蓓兒問我怎麼跟她的好友小楠說她「被分手」這件事情。

「我一方面害怕她批判我，覺得我太幼稚，遇人不淑，認為主要還是我的錯。另一方面我覺得身為好朋友，我應該告訴她實情。我怕有一天不經意間說到這段關係，她會責怪我沒有告訴她。我害怕失去這個重要的朋友。」

「那你覺得在之前相處的過程中，小楠是個什麼樣的人呢？」

「她滿講義氣的，很願意打抱不平的那種。」

「那你們之間有沒有遇到過衝突和矛盾呢？」

「好像沒有……她是『如果我朋友遇到問題，我會堅定站在她那一邊，一致對外』的那種人。」

「我覺得只要你信任她，並且覺得安全就可以嘗試說出來。不過，要合理期待，可能對方不能完全理解你的經歷。同時，可以一開始試探著說一點，看對方接受度如何。如果對方說了任何批判你的話，讓你感到不適，可以轉移話題。或者直接把自己的感受告訴她，希望她能夠尊重你的感受。」

「好的，雨薇。」

過了幾天，我收到了蓓兒的訊息，她告訴我：「我昨天約了小楠吃飯，然後聊到我分手的話題，我就講了大致實情，就是他一開始瘋狂追求，然後中間確實對我很好，很細心，但後面突然就說分開，並說了幾個理由。我也承認我在相處過程中肯定也有問題。因為怕小楠不瞭解自戀型人格，所以我沒有跟她說太多關於這方面的內容。

「小楠向我表達的意思就是，她覺得家豪就是沒那麼喜歡我了。雖然相處中我也有做得不太完美的地方，但小楠覺得這件事情主要的錯是在家豪身上，並且要我封鎖刪除不要回頭，努力專注在事業上。」

我回覆她說：「感覺小楠真的站在你的立場上想問題，並且給了你很多支持和鼓勵。」

「對的，就是這樣，小楠是邊界感很強的女生，一副『敢說我姐妹不好我就嗆你』的樣子。她昨天那麼做我覺得是想安慰我多一些，我也感受到了她的小心翼翼。讓我欣喜的是，她說我變了，更懂得人情世故了吧。以前我更加傾向於活在自己的世界裡，接受他人的付出，不會主動思考對方是否話中有話或者話中有需求，也不會有意識地觀察並記住別人的喜好，很遲鈍的。現在我反倒覺得這也是成長的必經之路。」

我問蓓兒，經過了這段時間的交流之後，她現在怎麼看她和家豪的這段關係，她回覆我：「我這段時間突然發現，一直以來自己的情緒都是被他所帶動和控制的。一開始他戀愛轟炸我的時候，我們彷彿有很多共同的話題，我很有自信、很開朗、很快樂。現在才明白這都是因為他有意為之，而不是因為我們真的契合。他只是想快速取得我的信任和依賴，或許他對那些話題實際上一點興趣都沒有。

「後期我不開心了，變得自卑，戰戰兢兢，一切以他為先，不斷討好他，不敢表達自己的觀點，這其實都是他的手段。他故意讓我感覺到他的冷漠，也不說他自己的需求，讓我自責，不斷反思，營造自己很忙很累的狀態讓我不敢打擾他。他對我傳給他的訊息也沒有什麼回應，也沒有一點興趣。這是因為他這個時候的目的就是想讓我主動說分手，他不想維繫這段關係也就沒有必要再演戲，再跟我聊天互動。

「這一切都是他設的一個局，演的一場戲。最後分手時數落我在他需要的時候沒有給他支持，跟我沒有共同話題沒辦法深入聊天。其實這些都不是我的缺點，我沒必要懷疑自己。分手的真正原因就是，他覺得我不好控制，所以放手了，又找了一堆所謂的理由，其實都是假的。沒有什麼真情實感，都是利己的目的。因為困在他的局裡，我內心就開始動搖，從而產生認知失調，懷疑自己的行為是不對的，自己是不夠好的，要按照他的指示『調整』，乖乖待在局中任他擺布，被榨乾價值。他的媽媽是這一切的幫凶。所以，我沒有錯，我只是被『選中』了而已。換個角度，這或許也是一份禮物吧。

「但很危險的是，我其實還沒有封鎖刪除他，只是在社交平臺上設定隱藏他的動態，我現在害怕點開他的頁面，我怕會看到傷害到我的東西，比如他介紹新歡的貼文之類的。一直拖著，怎麼辦呀？還有要把他媽媽刪除好友嗎？我顧忌的是，她是長輩，刪掉我會覺得有點沒禮貌。」

我告訴蓓兒：「看你的感受。如果你現在狠不下心，我很能夠理解，要做好對方可能會聯絡你的心理準備。」

「好的，我瞭解，我做一下心理建設，刪完告訴你。遲早都是要刪掉的。這種人可能覺得，分手後能跟他做朋友，有他聯絡方式，我都要感恩戴德吧。」

過了幾天，蓓兒傳訊息告訴我：「我想到了一個好辦法，我想拜託我的好朋友幫我封鎖刪除。還有一個問題就是，我爸還是會很憤怒，覺得有一口氣沒出。這幾天一直跟我說，想各傳一則訊息給他們一家三口，傳一段話。出氣了這件事他才能過去。你覺得我要不要極力制止？」

我告訴蓓兒：「能夠理解叔叔的憤怒，但是我覺得如果抱著『傳一段話就能出口氣』的期待去這麼做，可能一開始覺得很痛快，但是之後對方的回覆甚至是報復可能會讓他感到更氣憤。因為他們是不會承認錯誤，也不會善罷甘休的。所以，如果能夠控制好，不把情緒發洩在他們身上，找一些其他發洩情緒的途徑也許會更好。」

「我明白了雨薇，我會勸勸他。」

最後一次跟蓓兒交流時，她告訴我：「我覺得家豪本質上來說是媽寶男，與媽媽內心的連接永遠存在，而且他們就是共謀。他最後選擇的伴侶也是忠於父母的『最佳』選擇，而不是自己內心喜歡的那一個。

「家豪看起來很正派，我一度不敢相信他的一些行為，會為他找藉口，比如壓力太大等，而且我覺得，這種從小家教很嚴、管很緊、規矩很多的家庭出來的男生，如果表面看起來老實正派，有部分內心其實很渴望自由狂野，私下也會很開放。」

我回覆道：「關於家教森嚴這個部分很認同，男性對母親有一種既愛又恨的感覺，希望獲得母親的認可，但同時又厭惡女性，渴望逃離。這一點在親密關係中表現得很明顯，其實還是沒有完全脫離對母親的依賴，也跟母親看似體貼但內在是控制的行為有關。」

蓓兒繼續說：「我覺得很大一部分男生面對母親控制都不太敢直接面對、調整，有時候還要妻子幫他們完成和母親的脫離，但更多時候他們只是將妻子當成第二個媽。如果說前幾天還在迷茫困惑，那麼現在我醒過來了。

「我發現自我探索的過程，就是更加堅定地認識自己是個怎麼樣的人。當遇到別人評價自己（不論讚美還是批評）時，都能以平和客觀的心態看待。不會因為他人的評價而大喜大悲，情緒化，或者認知失調。任何壓力反應，比如逃避、攻擊等都是因為觸及了內心的創傷。這就解釋了為什麼對方會攻擊我，或者我會攻擊別人，都是源自內心的一些自卑等。找到原因之後，就更順暢啦。」

分手後的斷聯盲點

上次婭婭決定封鎖阿亮之後，她就沒有再回到關係中。但是，她還會時不時查看阿亮在社交平臺的動態，想知道對方近況如何。保持社交斷聯在當今社交媒體盛行的時代幾乎是不可能，這為療癒工作增加了難度。

一位經歷過自戀型虐待關係的社群夥伴告訴我：「分手前她跟我說：『我跟出軌對象只是玩一玩，到時候還是會跟你在一起，你這輩子就栽在我手裡了。』我通訊軟體封鎖了她，她用簡訊找我；手機號碼封鎖了她，她用行動支付找我；行動支付封鎖了她，她用拍賣平臺找我；拍賣平臺封鎖了她，她經常去我的唱歌平臺個人頁面，聽我的歌曲。我覺得她就像鬼一樣，陰魂不散。」

婭婭告訴我：「我還是會去查看他的社交媒體。之前可能會更頻繁一些，現在基本上保持在睡前和早起後滑手機的時候。」

「那你覺得是什麼會讓你想看對方的社交平臺呢？」

「我想知道他最近在做什麼，狀態如何，分開了之後怎樣了，會不會變了一個人，好奇對方是什麼狀態。」

「那你感覺如何呢？」

「想看到他的狀況，但是不想看到他過得好。就是有這些小小的邪惡想法。我還很害怕看到他跟他前女友曬恩愛，或者很快跟其他女生曬恩愛。我覺得我的潛意識裡還是沒有完全接受我們分開這個事實。」

「很理解這種感受，婭婭。理想的條件是當你離開這個人，就可以切斷跟他之間的關係。但是，如果現在一時間你做不到這件事情，慢慢來。當然，如果看對方的社交平臺已經對自己的情緒和生活造成了困擾，這是我們需要關注的。但是如果你感到情緒起伏在慢慢下降，就不用太糾結這件事情。可以先從每天減少看他的社交平臺的頻率和時間開始，比如這週一天看兩次，一次看半個小時，那挑戰下週一天看兩次，一次看二十分鐘，慢慢來。」

「之前在自戀型人格障礙小組的貼文裡，我看到留言說要徹底不看不聯絡伴侶，就覺得我這麼做是不對的，現在感覺聽到了不同的意見。」

「如果沒有準備好就完全切斷聯絡，『後座力』會使你責備自己，陷入之前美好的回憶。這需要花一段時間慢慢處理好。能夠把持好自己，有意識地減少就好。斷聯經常陷入的盲點是『我一定要如何如何』，沒關係，給自己足夠的時間。」

「但是我覺得現在他發的動態好像變了個人一樣，跟之前很誇張的那種模式相比，現在比較正面，彷彿在表達愧疚、傷心的情緒。他經常動不動就會發一些名言警句，還會發一些出去散步、郊遊的照片。會不會是他改變了呢？」

「首先，自戀型伴侶在分手後可以按照你喜歡的方式發文，希望博取你的注意力很正常。我之前遇到自戀型伴侶為了吸回前任，會把前任單獨分組，發一些僅前任可見的貼文，迎合前任的期待，進行定點攻擊。其次，不知道看到他貼文的內容，會不會讓你回憶起之前相處的一些瞬間呢？」

「最後幾次拉扯，有一次我說要徹底離開他，他會說『終於體會到我對你造成的傷害，有想哭的感覺』。他說很多事情他自己不成熟，只能向前看。我現在一想到自己主動離開了他，就感覺『他完全跟我沒有關係了』，『他要徹底從我的生活中消失了』。會不會因為他年紀還太小，男生又成熟得晚，我做得太過分了？」

我能感覺到婭婭又陷入了認知失調的模式裡，我問她：「你覺得這幾次分手和復合的糾纏過程中，他是如何表現的？」

她想了想，告訴我：「他會先示弱，表達出有想改變的意思，讓我回頭。但是那個時候我就感覺到我們的關係很脆弱，根本不堪一擊。情人節的時候我送他禮物，我跟他說我愛他。他聽了之後跟我說：『不要跟我說這種噁心的話。』接到了禮物之後還莫名其妙地跟我說：『你是不是做了很多對不起我的事情？』我當時就很納悶。後來我過生日的時候，我想要他買我喜歡的手鍊給我，他看了一眼覺得太貴了就什麼都沒送我。」

「那你覺得對方的行為在表達著什麼呢？」

「在他眼裡我並不重要。」

「那你現在感覺如何？」

「他這麼說，我就覺得很憤怒。我很想報復他。為什麼他可以得逞？為什麼他可以把幾個女生耍得團團轉？」

我經常聽到來訪者說有關報復的想法。當來訪者逐漸接受自戀型伴侶真實一面的時候，憤怒是一種經常出現的情緒。很多時候我們處理憤怒的方法就是希望對方得到懲罰。雖然小說和電視劇常出現這種情節，但是在結束一段自戀型虐待關係後，「正義」往往是缺席的。很多病態自戀者擁有很多權力和資源，能言善辯，極具迷惑性。他們不僅會利用權力保護自己，還有可能繼續傷害更多的人。所以，如果我們還抱有「善有善報，惡有惡報」的期待，只會更加失望。

我一般告訴來訪者，報復病態自戀者就面臨著自身安全受到威脅的風險。如果希望透過報復對方能感覺到好受些，那說明自己可能還陷在這段關係中沒有走出來。對方的一舉一動還是會牽動著自己，消耗著自己的心理能量。我覺得最好的報復就是從他們的手裡奪回自己的自由，不再被他們虐待性的行為，諸如冷暴力、煤氣燈效應操控、缺少共情力所困。當切斷了自戀型伴侶控制自己心理的線，你便獲得了真正的自由，這是對他們最好的報復。

我把這些想法告訴了婭婭，最後補充道：「我的責任是把所有可能發生的都告訴你，最後把決定權交給你。無論怎麼做，我都會支持你。我希望你安全第一。」

「明白了雨薇，我再好好想想。」

當我再收到婭婭的訊息的時候，她告訴我她發布了一部抖音影片，把阿亮所有的事情都曝光了出來。

「我還是控制不住自己，把他所有的噁心事都說了出來，分享給了我們共同的朋友。我看到他的一位朋友還幫我按了讚，那一刻我覺得很解氣。」

我問婭婭阿亮有沒有對她做出什麼事情。婭婭告訴我：「他就很憤怒地用各種平臺傳訊息給我，叫我趕快把那個影片刪除，他甚至揚言要找到我，給我顏色看看。我搬了家，他也不太清楚我公司在哪裡，所以他根本找不到我。我覺得我當眾羞辱了他，很爽。」

我還是隱隱地有些擔心婭婭的情況，於是回覆道：「聽到你感到了解氣和釋放，為你開心。請確保自己的安全，保護好自己。」

「好的雨薇，謝謝你的關心，我會的。」因為婭婭切斷了一切跟阿亮的聯絡，阿亮沒有再聯絡和攻擊婭婭了。

後來當我問到她現在情況如何的時候，她告訴我自上次發完影片後，經歷了短暫的一段情緒高亢期，但是很快情緒又跌到了谷底。

「那個時候我覺得無法放鬆自己，身體是緊繃的，還有痠痛的感覺。白天工作無法集中注意力，到了晚上會感覺憂鬱，暴飲暴食，用食物去調節自己的情緒。睡得很不好，整晚睡不著覺，掉髮很嚴重。後來，我去看了醫生，被診斷出有ＰＴＳＤ，現在在吃藥穩定自己的狀態。我現在還好，一直都按時回診，各個方面都還行，謝謝你惦記著我。」

看見他的出軌日記，我終於徹底醒悟

婭婭離開的故事暫時告一段落，讓我們把鏡頭轉向小艾。小艾還面臨著丹住在她家，不願意離開這件棘手的事情。後來，經過和親人朋友商討後，她決定報警。

「我的一個年長的朋友知道了這件事情，把她的一個律師朋友介紹給我。我跟律師說完之後，律師憤怒地跟我說：『如果你是我女兒的話，我心疼死你了，我都想把那個男的殺了。你一定要報警，保護好自己。』上週還有一天，我們大吵一架，我說要跟他分手。他一開始跟我說：『你要毀了我們三年的感情嗎？』之後乾脆進入我房間，把手放在我的肚子上，逼我跟他對話。早上六點醒來，他躺在我的床上，繼續逼我對話，就是一種嚴刑拷問的感覺。最後是我求他，他才肯走。我害怕極了，奪門而出。等到了晚上，丹還把我們家門反鎖了。那一刻我就下定決心要跟他分手。

「我也通知了他爸爸，告訴他如果他兒子明天下午之前不走，我就會報警。他爸爸去了他也沒開門，一直把自己反鎖在裡面。丹告訴他爸爸，他想跟我當面談。我去找他，他的態度非常差。他告訴我他怒不可遏，說自己也是住在這裡的，我有什麼權利趕走他。他還說這裡的警察來了可能只是和我們進行一次對話，即使下驅逐令也至少需要一兩個月時間才能執行。最後他又求我讓他住到那時再找房子、搬走。

「那個時候我信以為真，還好我的朋友知道丹可能會耍賴，所以幫我報警。警察來了，丹說自己因為要跟我分手，沒有一天睡好覺的，感覺太累了，能不能明天再聊。他還強調，我離家出走的那一天，他一夜都沒睡，就是在等我回來，結果我一直都沒回家，所以他就放棄了，不得已把家門反鎖。他真的像奧斯卡影帝一樣，擺出一副『我都這麼慘了，你怎麼還要把我趕出去』的樣子，總是一種受害者的姿態。其實，把主人反鎖在外，主人是可以報警的，算是緊急呼叫。

「搬出去之後，他還嘗試用郵件和簡訊跟我聯絡，我都沒回他。他來搬東西的那天，我們都哭了，我那個時候還在想，為什麼要到這個地步呢。可是，第二天我無意間在他的房間裡發現了一本日記。我才發現原來在我們認識之前，他和一個已婚已育的女人保持性關係已經有一段時間了。日記裡詳細記錄了他們兩人之間的互動。那個女人還自稱是他的奴隸，總是想要跟他發生性關係。翻閱他的日記，很多關係初期的奇怪情形都對上了，比如，有一次我們約好第二天要吃飯，結果晚上我傳訊息給他確定地點，他一整晚都沒回我。原來他一整晚都和那個女人在一起。

「那個時候我們認識沒幾個月，還在熱戀期。他總是會帶我回家，對我很殷勤。現在我對他的印象完全被顛覆了。如果我沒發現這本日記，以我的個性，今後還有可能回到關係中，至少也會成為朋友。現在我才發現之前所有的不安全感是真實的。所有他不回我訊息的時候，基本上都在和這個女人鬼混。我和這個女人的生日只差一天，也就是說他前一天剛幫她過完生日，第二天就幫我過生日。

「我在他其他的日記裡看到，他寫給那個暗戀對象的好幾封告白信，還說什麼『愛你好像呼吸一樣那麼容易』。而他跟我說『我愛你』三個字不是那麼輕易能說出口的，需要經過幾十年的磨合才行。但是，他在日記裡跟一個從未交往過的女生這樣告白，太可怕了。我對他的幻想一下子就被擊碎了。

「我才發現我們在一起的三年，有兩年他都是沒有工作的，而且找各種各樣的藉口不去工作。之前沒有跟他住在一起的時候，我覺得他可能是一直在做自己喜歡的事情，比如寫小說、設計遊戲，後來才發現他只是拿著補助，沒日沒夜地打遊戲，自己的偉大理想還在原地踏步。之前他還辯解，說：『大公司很邪惡，他們應該多繳點稅，普通人多不輕鬆，總是在做一些沒有意義的工作。應該提供房子和生活費給普通人，這樣他們才能真正做自己熱愛的事情。』他跟前任分手，都是前任的錯。他跟我在一起，都是我的錯。他找不到工作，都是社會的錯。」

過了一段時間，當我們再次見面的時候，我問小艾感覺如何。

她告訴我：「他這段時間開始想挽回我了，傳訊息告訴我他有多想我，繼續騷擾我，我看到的第一反應就是噁心。我完全沒有搭理他，我現在對他的感覺只有恨，覺得他這個人很自私邪惡。」

「雖然恨他，但是不知道為什麼我還是會夢到他，甚至會做一些跟他有親密行為的夢。在夢裡我還是會體驗到那種溫存的感覺，我真的覺得好羞恥。」

我告訴小艾：「很多時候夢在表達壓抑的情緒。在日常生活中，當我們感到不安全的時候，會下意識地壓抑很多情緒。但是這些情緒並不會因為被壓抑了就消失，反倒會在我們做夢的時候，也就是我們的防禦機制比較放鬆的時候，被釋放出來。所以，做夢並不是代表著你還愛著他，或者你很留戀你們的親密接觸，而是大腦在處理已經跟他分開這一事實。」

「這麼一說的確是，我們兩個後期基本上也沒有什麼交流了，可能唯一的親密感就是透過性獲得的。而且他在整個過程中也並不是很在乎我的感受，也不怎麼採取避孕措施，所以我總是感到很緊張，不能完全放鬆。還有一件讓我放不下的事情是我跟他在一起的時候，他拍了很多我的私密照片，我很害怕他利用這些照片勒索我。雖然我知道這不是我的錯，我也可以尋求法律途徑解決，但是我還是覺得很恐懼。」

「那你覺得是什麼讓你感覺恐懼呢？」

「就是一種不確定性，不知道他會自私到利用照片做些什麼。」

「以我的經驗來看，脆弱型自戀伴侶會過度注重自己的隱私，總是有一種受迫害的傾向。他把你的照片，特別是跟你一起的照片洩露出去的可能性不大。而且你已經想到了解決辦法。我覺得可能這種恐懼更多的是來自一種因為被背叛，對他的信任被擊碎，處在一種震驚的狀態裡。這種感覺好像過去的一切都是一個騙局，你也很難預測對方未來的行為，整段關係都被否定掉了，所以，你會有一種恐慌感。不知道是否可以這樣理解呢？」

說到這裡，我看小艾突然流下了眼淚。她說：「抱歉，我情緒有點激動⋯⋯」她擦了擦眼淚，繼續說：「就是，我覺得自己為什麼這麼傻，在這種人身上浪費了這麼多時間。分手後，自己怎麼恢復得這麼慢，還是沒辦法徹底放下這段關係。」

「我聽到了很多自我責備，不知道是什麼讓你會有這種想法呢？」

「我前陣子見了一個朋友，她有過很多戀愛經歷，我一直把她當成我的戀愛顧問，她經驗豐富，並且還同時跟好幾個男生約會，我覺得她懂得比我多。我跟她說了我分手的這件事情，我告訴她我很難過，還對丹很留戀。然後她就說我傻，說我應該高興，跟那個窮鬼在一起是沒有未來的。但是我就是好不起來，感覺自己很差勁，很委屈。」

「我聽到對方在那一刻沒有看到你的情緒，反倒會把自己的想法強加給你。」

「是的！這麼一說我覺得她好像是女版的我前任一樣。自己不奮鬥，總是希望透過找一個有錢的男朋友發家致富。在一段關係中不斷出軌、說謊，沒有同理心。我在跟她交往過程中有很多時候都感覺不舒服，但是因為一個人在海外生活太孤獨了，我很需要跟相同文化背景的人聊聊天，吐吐槽。因為很多事情只有在同個國家長大的人才明白，所以我跟這個朋友一直有聯絡。」

「小艾，我看到很多夥伴在經歷了一段『有毒』關係後，突然發現自己的氣質會吸引很多相似的朋友。這很正常，是因為你覺醒了，而且有辨別能力了。很多夥伴會擔心自己是不是變得『挑剔』了，但我覺得這反倒是件好事，你越來越清楚自己的邊界在哪裡，把那些『有毒』的人排除在外。沒有人有資格告訴你應該怎麼選擇，以及為你的療癒設定一個時間線。給自己足夠的時間。」

過了一段時間，我收到了小艾的訊息。她告訴我：「我深深地反思了自己以前的交友原則。我以後不能因為排解寂寞而交朋友了。她明顯無法共情我的處境，我封鎖了她，我需要為自己創造一個安全的空間去療癒自己。」

「支持你，小艾！為你的決定感到開心。」

後記

創傷療癒作為一種意義的追尋

這本書斷斷續續寫了一年多。感謝本書的編輯葉嘉瑩的邀請，讓我有機會能夠系統性地整理輔導自戀型創傷的理念和經驗。同時也感謝編輯宋文倩的協助，沒有她們的支持和鼓勵，這本書不會有今天的呈現。隨著這兩年思考和實踐的不斷深入，我的心境發生了改變，對自戀型創傷這一議題有更深入的看法，比如：從政治經濟的視角探討自戀，性別結構對於青少年時期男性發展的影響，女性自戀的特徵，以新自由主義、個人主義為基礎的西方理論（如心理學、女性主義）的去殖民化、本土化過程，等等。

我發現討論自戀型創傷這一議題的時候，應該把它放在一個更大的社會背景和更複雜的權力關係之中去理解。由於本書篇幅有限，不能一一展開，略顯遺憾。希望未來有機會跟大家繼續分享，歡迎批評指正。

當初聚焦自戀型虐待的療癒工作，是因為我本人也曾是一個自戀型虐待的倖存者。

我曾「愛」一個人愛到失去理智，放棄了一切，為愛走天涯。我想要一個真正懂我、理解我的人，他能看到我內心的衝突、精神上的空虛、環境上的不適應。他能夠撫平我的創傷，把我從泥沼裡面拯救出來。那個時候，我相信只有他才能給我關心。

我就想要追求那種瘋狂愛的感覺。我能感覺到自己被深淵裡釋放出的一種巨大的暗能量所吸引著，無法逃脫。那一刻我拋下了一切，就想看看深淵的盡頭到底是什麼。

直到愛成了控制打壓和妥協忍讓，直到我有一天起來渾身痠痛，精神恍惚，無法集中注意力，直到有一次無意間翻到他的聊天紀錄，發現了他的所有祕密。

那一刻我僵住了，沒有哭鬧和對峙，但有一種釋懷的感覺。

我終於明白，我無法滿足他脆弱的自尊心，我也無法給予他想要的認可和關注，我更無法改變他的自私和逃避。

我不知道誰能夠拯救他，但我知道那個人不是我。

於是，我選擇拯救我自己。

我沒有及時離開他，因為這對我來說太痛苦了。一方面是因為還對他有期待，另一方面是我已經背叛了全世界，無力馬上回頭，所以，我選擇從心理上漸漸地離開這個人。

這個過程是極其痛苦的。對抗認知失調的過程就是把自己賦予他身上的光輝一點點剝掉，每剝一層就像撕掉一層皮一樣痛苦。最後留下的，是他最真實、最赤裸的一面。當他的光環不再，我知道時間到了。

就像很多自戀型虐待的倖存者所經歷的一樣，離開自戀型伴侶對我來說也是一場無比狼狽的糾纏，現在想起來還心有餘悸。

幸運的是，在這個過程中我有足夠的資源去接受專業性的幫助，也有人堅定地站在我的身旁信任我、支持我。我深知不是每個人都有這樣的條件去療癒自己，所以那一刻我下定決心，當我療癒整合好這段經歷，我要為像我一樣的倖存者們做些什麼。

你問我後悔嗎？我不後悔。如果再讓我活一次，我依然會這麼選擇。因為如果不經歷這一切，我無法真正面對自己的創傷，去認真學習愛的功課。

愛不僅有教科書裡所講的平等、溝通、尊重和誠實，還有自私、傷害、恐懼和無可奈何。當美好的泡泡被戳破的時候，我才意識到，愛不是一個抽象的概念，而是用心經營生活的一種能力。

於是，我不再一味地批判和抱怨，開始積極地承擔起療癒的責任，改變自己低自尊的狀態。

在療癒的過程中，我逐漸明白，缺愛不是藉口，自己需要為自己的情感創傷負責，不能希求任何人成為你的拯救者，或是幻想自己未來能夠奇蹟般地被改變。我之前無法分辨愛和控制，也不會愛自己，更不會愛別人。

在情緒哀傷的過程中，我經歷了無數次情緒被觸發的時刻。每當這個時候，我會告訴自己你值得被愛，你可以表達出來，你不再是那個小時候需要看人臉色的無助的小孩。

當我有了邊界感後，我學習克服內疚自責的情緒，告訴自己這不是自私，而是維護自己利益和規則的正當行為。

當我接觸一個人，我越來越不太在意他擁有什麼，也不在意他說什麼，而是在意每次遇到衝突的時候，他的反應是什麼，如何去做出選擇。

我一度對自己的經歷感到羞恥，也因為看到自戀者繼續逍遙法外，沒有受到懲罰而感到憤怒，但是我沒有選擇沉默，我使用我的方式開始「復仇」。

受到很多倖存者的鼓勵和啟發，我開始學習助人的知識和技巧，渡人渡己。我做Podcast，呼籲更多人關注自戀型創傷這一議題。我創建社群，邀請更多有相同或類似經驗的夥伴互助療癒。我無法改變過去，但是我可以決定當下，影響未來。自戀型創傷療癒不只是一個個人被療癒的課題，也涉及諸多社會性的議題，需要更多的關注、探討和改變。

對我來說，自戀型虐待逐漸從一個如鯁在喉的經歷，到創傷性的身分，再到一個連結他人，創造改變，實現自我的契機。

因為自身的經歷以及跟來訪者合作過程中所觀察到的相似體驗，我開始閱讀相關的研究文獻，結識了有四十多年研究和臨床經驗的心理學家拉瑪尼·杜瓦蘇拉博士，接受了她系統性的培訓，開展了輔導自戀型虐待受害者的工作。

大部分尋求諮商幫助的是自戀型虐待關係中的受害者，他們的伴侶往往是不在場的，這就為諮商的過程帶來了困難。我需要從來訪者的敘述中把支離破碎的情節串聯起來，盡量客觀地講述並解釋她們的經歷、情感和選擇。

有讀者可能會問：「只聽一面之詞，會不會不太客觀呢？」其實，親密關係暴力的案例幾乎都是需要依靠受害者的記憶來還原真相的，一個原因是涉及私人領域的問題缺少目擊者，另一個原因是施虐者很少會承認這些虐待。儘管存在這些挑戰，創傷心理學家經過研究發現，受害者對於創傷事件的敘述是有很強的可信度的。

我跟蓓兒、李萍和婭婭進行的是短期的合作，諮商時數加起來大概十個小時，斷斷續續持續了兩到三個月的時間。在和長程諮商的來訪者小艾和王琪的交流過程中，我們已經保持諮商關係一年有餘。

在這裡我想表達對這五位來訪者的敬佩之情。感謝她們有勇氣去講述自己所經歷的創傷性的體驗。出於個人的安全和隱私考慮，所有當事人都採用虛構的名字，相關的身分資訊也經過了模糊化處理。我希望這五位主角的故事能夠成為一個啟示，讓更多有相似經歷的人奪回自己的選擇權，書寫自己親密關係的結局。

經歷過並戰勝自戀型創傷的倖存者們是我見過的最真實、最勇敢的一群人。他們學會原諒過去的自己，跟之前的傷痛和解，在當下的生活中樹立好自己的邊界，並且對他人充滿慈悲與愛。

對於很多倖存者來說，經歷了自戀型虐待關係，才能深切地瞭解自己的核心創傷，並且賦予創傷以意義。這個階段用英文來說是Thriving，中文的意思是茁壯成長。馬雅・安傑洛（Maya Angelou）說過：「我的人生使命不僅僅是生存，而是茁壯成長；帶著激情、慈悲、幽默和個性去這麼做。」

有位來訪者曾感嘆道：「雨薇，陷入自戀關係中是不是成長的必經之路？我經歷過之後，發現周圍有一個好朋友也在經歷同樣的事情，但是我發現無論怎麼勸她好像都沒有用。我想像一下那個時候的自己，好像也是這樣。必須自己經歷，才能夠明白。」

我覺得她所言極是。經歷自戀型虐待本身可能不會讓一個人變得深刻，往往是經歷苦難後，有了主動性，掙扎著去反思、改變、成長，這個過程才真正讓人打破對於愛的幻想，感受到什麼是真正的愛。

我遇到過很多倖存者不斷挑戰自己，選擇去做那些自己想做，但因為受困於一段不健康的關係從未有機會做的事情。有些人培養了受益一生的興趣愛好，熱愛生活，積極過好每一天。有些人重返學校學習，成為律師、社工和諮商師，或者在自己的工作中盡可能創造機會，幫助陷入自戀型虐待關係中的受害者和倖存者。在這些行動中，他們把個人的力量凝結起來形成集體的力量，不僅尋找到了人生的意義，還在積極創造超越個體的改變。

就在今天的工作中，一位正在療癒自戀型創傷的來訪者這樣告訴我：「我曾因為自戀的父親對我造成的傷害感到羞恥和憤怒。我不知道怎麼面對自己的軟弱，所以一度被他吸血吸到情感麻木，身體僵硬。後來，我踏上了療癒的旅程，深入地為小時候的自己哀傷，開始學習接納真實的自己。那個時候我極度痛苦，整夜失眠，每天掉髮。我一度覺得自己失去了共情力，變成了我的父親。

「直到有一天，我再也不願意進入那種關係中，我覺得自己起死回生了。我意識到我不再需要摒棄過去的自己，我的過去成為我生命中的一部分，甚至是重要的部分。我想成為一名諮商師，幫助更多的人療癒在原生家庭中所經歷的自戀型虐待。我覺得我找到了自己的使命。」

自戀型男友識別指南

你的男朋友是否有以下表現？符合的請打✓

1. 聊天的時候總是只談論自己，對你的想法缺少興趣。

□是　□否

2. 剛認識就對你很熱情，主動追求你，你覺得遇到了靈魂伴侶。

□是　□否

3. 好勝心強，容易跟你產生矛盾和爆發爭吵。

□是　□否

4. 即使沒有獲得相應的成就，也認為自己能力很強、與眾不同。

□是　□否

5. 期待你能經常誇獎他和稱讚他。

□是　□否

6. 從不站在你的立場思考，總是希望你順從他。

□是　□否

7. 一旦你質疑他或者拒絕他的要求，他就會情緒失控甚至暴怒。

□是　□否

8. 缺乏同理心，從不關注你的感受和需求。

□是　□否

9. 不會為改善關係努力，每次你想好好聊聊，他往往會逃避。

□是　□否

10. 當你指責他時，他會扮演「受害者」的角色，推卸責任。

□是　□否

11. 經常冷暴力，態度疏遠冷淡，對你漠不關心，不回覆訊息。

□是　□否

12. 否認自己說過的話、做過的事，讓你經常懷疑自己的判斷。

□是　□否

13. 你經常感到失望沮喪，懷疑自己是不是做錯了什麼。

□是　□否

14. 干涉你的衣著、言行和交友，要你時刻告知他自己的位置。

□是　□否

15. 對你處處不滿意，挑剔你做得不好。

□是　□否

16. 挖苦嘲諷你的生活習慣和興趣愛好，經常貶低你。

□是　□否

17. 永遠不會真誠道歉，不承認他做錯了或者傷害了你。

□是　□否

18. 有意無意地提到童年的悲慘遭遇，以及被前任傷害的經歷。

□是　□否

19. 善於在外人面前樹立良好形象，來獲得他人的正面評價。

□是　□否

20. 忠誠專一度低，和其他異性關係密切甚至出軌。

□是　□否

21. 當你想結束這段關係時，他會向你示好和做出承諾。

□是　□否

22. 在感情深入發展的時候忽然提出分手，然後迅速失聯。

□是　□否

參考文獻

序章

1. Ahmad B O. Selfie-liking and its relationship to some personality Traits among a sample of university students[J]. AL-ADAB JOURNAL, 2022, 1（142）: 372-395.
2. Wells R, Ham R, Junankar P N. An examination of personality in occupational outcomes: antagonistic managers, careless workers and extraverted salespeople[J]. Applied Economics, 2016, 48（7）: 636-651.
3. Krizan Z, Herlache A D. The narcissism spectrum model: A synthetic view of narcissistic personality[J]. Personality and Social Psychology Review, 2018, 22（1）: 3-31.
4. Di Sarno M, Frisina S, Madeddu F, et al. Interpersonal perceptions in treatment sessions: Pathological narcissism predicts self-rater discrepancies[J]. Journal of Clinical Psychology, 2023, 79（4）: 1002-1020.
5. Lenzenweger M F. Narcissistic personality disorder studied the long way: predicting change in narcissistic pathology during college[J]. American Journal of Psychotherapy, 2023, 76（1）: 15-25.

6. American Psychiatric Association D, American Psychiatric Association. Diagnostic and statistical manual of mental disorders: DSM-5[M]. Washington, DC: American psychiatric association, 2013.
7. Yakeley J. Current understanding of narcissism and narcissistic personality disorder[J]. BJPsych advances, 2018, 24（5）: 305-315.
8. Northrup C. Dodging Energy Vampires: An Empath』s Guide to Evading Relationships that Drain You and Restoring Your Health and Power[M]. CA: Hay House, Inc., 2018.

第一章

1. Lynch J, McGregor A, Benson A J. My way or the highway: Narcissism and dysfunctional team conflict processes[J]. Group Processes & Intergroup Relations, 2022, 25（4）: 1157-1171.
2. McGinley E.「Neither rhyme nor reason」: migrating to the rigidity of narcissism as a defence against chaos and pain[M]//Enduring Migration through the Life Cycle. London and New York: Routledge, 2018: 89-105.
3. Sleep C E, Crowe M L, Carter N T, et al. Uncovering the structure of antagonism[J].Personality Disorders: Theory, Research, and Treatment, 2021、12（4）: 300–311.
4. Crowe M L, Edershile E A, Wright A G C, et al. Development and validation of the Narcissistic

Vulnerability Scale: An adjective rating scale[J]. Psychological assessment, 2018, 30（7）: 978.

5. Brunell A B, Buelow M T. Homogenous scales of narcissism: Using the psychological entitlement scale, interpersonal exploitativeness scale, and narcissistic grandiosity scale to study narcissism[J]. Personality and Individual Differences, 2018, 123: 182-190.

6. Day N J S, Townsend M L, Grenyer B F S. Pathological narcissism: An analysis of interpersonal dysfunction within intimate relationships[J]. Personality and mental health, 2022, 16（3）: 204-216.

7. Howard V.（Gas）lighting Their Way to Coercion and Violation in Narcissistic Abuse: An Autoethnographic Exploration[J]. Journal of Autoethnography, 2022, 3（1）: 84-102.

8. Hyde J, Grieve R, Norris K, et al. The dark side of emotional intelligence: the role of gender and the Dark Triad in emotional manipulation at work[J]. Australian journal of psychology, 2020, 72（4）: 307-317.

9. 杜瓦蘇拉．為什麼愛會傷人：親密關係中的自戀型人格障礙 [M]．呂紅麗譯，杭州：浙江大學出版社，二〇二三。

10. Di Pierro R, Fanti E, Gallucci M, et al. Narcissus going public: Pathological narcissism and reactions to public vs. private exposure in ego-relevant events[J]. Journal of Psychopathology and Behavioral Assessment, 2023, 45（1）: 136-149.

11. Fielding-Singh P, Dmowska A. Obstetric gaslighting and the denial of mothers』realities[J]. Social Science

& Medicine, 2022, 301: 114938.

12. Knapp D R. Fanning the flames: Gaslighting as a tactic of psychological abuse and criminal prosecution[J]. Alb. L. Rev, 2019, 83: 313.

13. Maté G. Beyond the medical model: Addiction as a response to trauma and stress[M]//Evaluating the brain disease model of addiction. London and New York: Routledge, 2022: 431-443.

14. Batchelder A W, Glynn T R, Moskowitz J T, et al. The shame spiral of addiction: Negative self-conscious emotion and substance use[J]. PloS one, 2022, 17（3）: e0265480.

15. Perel E. The state of affairs: Rethinking infidelity[M]. New York: Harper, 2017.

16. Hackman C L, Pember S E, Wilkerson A H, et al. Slut-shaming and victim-blaming: A qualitative investigation of undergraduate students』perceptions of sexual violence[J]. Sex education, 2017, 17（6）: 697-711.

17. Logan M H. Stockholm syndrome: Held hostage by the one you love[J]. Violence and gender, 2018, 5（2）: 67-69.

18. Wilson J K. Cycle of violence[J]. The Encyclopedia of Women and Crime, 2019: 1-5.

19. 鄢芳，李現紅，張椰．家庭冷暴力量表的初步編制及評價[J]．中國全科醫學，2019,22（03）:312-318.

20. Braddock L.「What it is like to be me」: from paranoia and projection to sympathy and self-knowledge[J]. Philosophical Explorations, 2023, 26 (2): 254-275.
21. Germain M L. How NPD Leaders Perceive Themselves and Others[J]. Narcissism at Work: Personality Disorders of Corporate Leaders, 2018: 71-84.
22. Birkley E L, Eckhardt C I, Dykstra R E. Posttraumatic stress disorder symptoms, intimate partner violence, and relationship functioning: A meta-analytic review[J]. Journal of Traumatic Stress, 2016, 29 (5): 397-405.
23. Foulkes L. Sadism: Review of an elusive construct[J]. Personality and Individual Differences, 2019, 151: 109500.
24. Shafti S S. Malignant Narcissism: Concealed Side of Psychopathy[J]. Biomedical Journal of Scientific & Technical Research, 2019, 22 (1): 16310-16315.
25. Shafti S S. International Journal of Psychiatry and Mental Health[J]. Int J Psychiatr Ment Health, 2020, 2: 8-16.
26. Howard V. Recognising narcissistic abuse and the implications for mental health nursing practice[J]. Issues in mental health nursing, 2019, 40 (8): 644–654.
27. Koehn M A, Okan C, Jonason P K. A primer on the Dark Triad traits[J]. Australian Journal of

Psychology, 2019, 71（1）: 7-15.

28. Kübler-Ross E, Kessler D. On grief and grieving: Finding the meaning of grief through the five stages of loss[M]. New York: Simon and Schuster, 2005.

29. Durvasula R S.「Don『t You Know Who I Am?」: How to Stay Sane in an Era of Narcissism, Entitlement, and Incivility[M]. New York: Post Hill Press, 2019.

第11章

1. Whelpley C E, Holladay-Sandidge H D, Woznyj H M, et al. The biopsychosocial model and neurodiversity: A person-centered approach[J]. Industrial and Organizational Psychology, 2023, 16（1）: 25-30.

2. Miles G J, Smyrnios K X, Jackson M, et al. Reward-punishment sensitivity bias predicts narcissism subtypes: Implications for the etiology of narcissistic personalities[J]. Personality and Individual Differences, 2019, 141: 143-151.

3. Casale S, Banchi V. Narcissism and problematic social media use: A systematic literature review[J]. Addictive Behaviors Reports, 2020, 11: 100252.

4. 杜瓦蘇拉．為什麼愛會傷人：親密關係中的自戀型人格障礙[M]．呂紅麗譯，杭州：浙江大學出版社，二〇二二。

5. Ambardar S. Narcissistic personality disorder[R/OL]. Medscape,（2023-03-27）[2023-04-11]. https://emedicine.medscape.com/article/1519417-clinical?form ＝ fpf.

6. 壹心理，二〇一九中國心理諮商行業人群洞察報告，[R/OL]，壹心理官網，（2020-01-16）[2022-01-25]. https://www.xinli001.com/info/100456611.

7. Harrington C. What is「toxic masculinity」and why does it matter?[J]. Men and masculinities, 2021, 24（2）: 345-352.

8. Lamb S, Koven J. Sexualization of girls: Addressing criticism of the APA report, presenting new evidence[J]. Sage open, 2019, 9（4）: 1-15.

9. Ward L M, Seabrook R C, Grower P, et al. Sexual object or sexual subject? Media use, self-sexualization, and sexual agency among undergraduate women[J]. Psychology of Women Quarterly, 2018, 42（1）: 29-43.

10. Bevens C L, Loughnan S. Insights into men』s sexual aggression toward women: Dehumanization and objectification[J]. Sex Roles, 2019, 81（11-12）: 713-730.

11. Real T. Fathering Our Sons; Refathering Ourselves: Some Thoughts on Transforming Masculine Legacies[M]//Cultural Resistance. London and New York: Routledge, 2013: 27-43.

12. Gallup. Global Emotions Report[R/OL].（2022-06-29）[2023-04-17]. https://img.lalr.co/cms/2022/06/29185719/2022-Gallup-Global-Emotions-Report-2022_compressed.pdf.

13. Illouz E. Emotions as commodities: Capitalism, consumption and authenticity[M]. London and New York: Routledge, 2017.

14. Chang S S E, Jain S P, Reimann M. The role of standards and discrepancy perfectionism in maladaptive consumption[J]. Journal of the Association for Consumer Research, 2021, 6（3）: 402-413.

15. Cisek S Z, Sedikides C, Hart C M, et al. Narcissism and consumer behaviour: a review and preliminary findings[J]. Frontiers in psychology, 2014, 5: 232.

16. Fromm E. The art of loving: An enquiry into the nature of love[M]. New York, NY: Harper, 1956.

17. 韓炳哲・愛欲之死[M]・宋娀，譯・北京：中信出版社，二〇一九。

18. Fossati A, Feeney J, Pincus A, et al. The structure of pathological narcissism and its relationships with adult attachment styles: A study of Italian nonclinical and clinical adult participants[J]. Psychoanalytic Psychology, 2015, 32（3）: 403.

19. Bowlby J.Attachment：Attachment and Loss Series, Vol 1 [M]. New York: Basic Books,1982.

20. Mikulincer M, Shaver P R. Attachment in Adulthood: Structure, Dynamics, and Change[M]. New York: Guilford Publications, 2016.

21. Bartholomew K, Horowitz L M. Attachment styles among young adults: a test of a four-category model[J]. Journal of personality and social psychology, 1991, 61（2）: 226.

22. Reis S, Huxley E, Eng Yong Feng B, et al. Pathological Narcissism and Emotional Responses to Rejection: The Impact of Adult Attachment[J]. Frontiers in Psychology, 2021, 12: 679168.

23. Campbell W K, Miller J D. The handbook of narcissism and narcissistic personality disorder[M]. Hoboken, NJ: John Wiley & Sons, 2011.

24. Foster G A. Malignant Narcissism and the Toxic Family[J]. Disruptive Feminisms: Raced, Gendered, and Classed Bodies in Film, 2016: 55-76.

25. Links P S, Stockwell M. The role of couple therapy in the treatment of narcissistic personality disorder[J]. American Journal of Psychotherapy, 2002, 56（4）: 522-538.

26. Lancer D. Codependency addiction: Stages of disease and recovery[J]. Global Journal of Addiction & Rehabilitation Medicine, 2017, 2（2）: 21-22.

27. Gondolf E W, Fisher E R. Battered women as survivors: An alternative to treating learned helplessness[M]. Lanham: Lexington Books/DC Heath and Com, 1988.

28. Overstreet N M, Quinn D M. The intimate partner violence stigmatization model and barriers to help seeking[M]//Social Psychological Perspectives on Stigma. London and New York: Routledge, 2016: 109-

122.

29. van Breen J A, Barreto M. Mind the gap! Stereotype exposure discourages women from expressing the anger they feel about gender inequality[J]. Emotion, 2023, 23（1）: 124.

30. Yarnell L M, Stafford R E, Neff K D, et al. Meta-analysis of gender differences in self-compassion[J]. Self and identity, 2015, 14（5）: 499-520.

31. Kuehner C. Why is depression more common among women than among men?[J]. The Lancet Psychiatry, 2017, 4（2）: 146-158.

32. Hoggett P. Shame and performativity: Thoughts on the psychology of neoliberalism[J]. Psychoanalysis, Culture & Society, 2017, 22（4）: 364-382.

33. Walker L E A. The battered woman syndrome[M]. New York: Springer publishing company, 2016.

34. Febo M, Blum K, Badgaiyan R D, et al. Dopamine homeostasis: brain functional connectivity in reward deficiency syndrome[J]. Front Biosci（Landmark Ed）, 2017, 22（4）: 669-691.

35. Festinger L. Cognitive dissonance[J]. Scientific American, 1962, 207（4）: 93-106.

36. Koch M. Women of Intimate Partner Abuse: Traumatic Bonding Phenomenon[D]. Minnesota: Walden University, 2018.

37. Urbonaviciute G, Hepper E G. When is narcissism associated with low empathy? A meta-analytic

review[J]. Journal of Research in Personality, 2020, 89: 104036.

38. Minuchin S, Montalco B, Guerney B, et al. Families of the Slums‥ An Exploration of Their Structure and Treatment[M]. New York: Basic Books,1967.

39. Boszormenyi-Nagy I K. Between give and take: A clinical guide to contextual therapy[M]. London and New York: Routledge, 2013.

40. Winnicott D W. Ego distortion in terms of True and False Self[M]//The Person Who Is Me. London and New York: Routledge, 2018: 7-22.

41. Vanwoerden S, Kalpakci A, Sharp C. The relations between inadequate parent-child boundaries and borderline personality disorder in adolescence[J]. Psychiatry research, 2017, 257: 462-471.

42. World Health Organization. Child sexual abuse: A silent health emergency: report of the Regional Director[EB/OL].（2004-06-18）[2023-03-26].https://apps.who.int/iris/handle/10665/1878.

43. Assink M, van der Put C E, Meeuwsen M W C M, et al. Risk factors for child sexual abuse victimization: A meta-analytic review[J]. Psychological bulletin, 2019, 145（5）: 459.

第三章

1. Kessler D. Finding Meaning: The Sixth Stage of Grief[M]. New York: Scribner, 2020.

2. Solomon A H. Loving bravely: Twenty lessons of self-discovery to help you get the love you want[M]. Oakland, CA: New Harbinger Publications, 2017.

3. World Health Organization. Complex post traumatic stress disorder.[R/OL].（2019-05-25）[2023-03-29].https://icd.who.int/browse11/l-m/en#/http%253a%252f%252fid.who.int%252ficd%252fentity%252f585833559.

4. 皮特・沃克・不原諒也沒關係：複雜性創傷後壓力綜合症自我療癒聖經[M]・嚴菲菲譯，北京：北京科學技術出版社，二〇二三。

5. Cloitre M. Complex PTSD: Assessment and treatment[J]. European Journal of Psychotraumatology, 2021, 12（sup1）: 1866423.

6. Hestbech A M. Reclaiming the inner child in cognitive-behavioral therapy: The complementary model of the personality[J]. American journal of psychotherapy, 2018, 71（1）: 21-27.

7. Malti T. Toward an integrated clinical-developmental model of guilt[J]. Developmental Review, 2016, 39: 16-36.

8. Baldassar L. Guilty feelings and the guilt trip: Emotions and motivation in migration and transnational caregiving[J]. Emotion, Space and Society, 2015, 16: 81-89.

9. Bradshaw J. Healing the shame that binds you: Recovery classics edition[M]. Deerfield Beach, FL: Health

Communications, Inc., 2005.

10. Allen J J, Anderson C A. Aggression and violence: Definitions and distinctions[J]. The Wiley handbook of violence and aggression, 2017: 1-14.

11. Coleman S R M, Oliver A C, Klemperer E M, et al. Delay discounting and narcissism: A meta-analysis with implications for narcissistic personality disorder[J]. Personality disorders: theory, research, and treatment, 2022, 13（3）: 210.

12. Fernandez D P, Kuss D J, Griffiths M D. Short-term abstinence effects across potential behavioral addictions: A systematic review[J]. Clinical psychology review, 2020, 76.

13. Jones L. Trauma-Informed Risk Assessment and Intervention: Understanding the Role of Triggering Contexts and Offence-Related Altered States of Consciousness（ORASC）[M]//Trauma-Informed Forensic Practice. London and New York: Routledge, 2022: 49-73.

14. World Health Organization. Violence against women[EB/OL].（2021-03-09）[2023-02-13]. https://www.who.int/news-room/fact-sheets/detail/violence-against-women.

15. 光明網．聽她說—尚麗平代表：幫助困境女性需要社會力量.[R/OL].（2023-03-13）[2023-05-16].https://v.gmw.cn/2023-03/13/content_36427125.htm.

16. 北京市千千律師事務所．遭遇家暴，賠償幾多？——千份涉家暴訴訟判決書分析.[R/OL].

（2022-03-15）[2023-04-20].https://mp.weixin.qq.com/s/f_A7BGa-ku6wOjOecQ2iqGw.

第四章

1. Montagna P. Parental alienation and parental alienation syndrome[M]//Psychoanalysis, Law, and Society. London and New York: Routledge, 2019: 188-200.
2. 杜瓦蘇拉・為什麼愛會傷人：親密關係中的自戀型人格障礙 [M]・呂紅麗譯，杭州：浙江大學出版社，二〇二三。
3. Swithin, T. Implementing yellow rock communication when co-parenting with a narcissist.[EB/OL].[2023-03-13].https://www.onemomsbattle.com/blog/implementing-yellow-rock-communication-when-co-parenting-with-a-narcissist.
4. Watkins E R, Roberts H. Reflecting on rumination: Consequences, causes, mechanisms and treatment of rumination[J]. Behaviour Research and Therapy, 2020, 127.
5. Norcross J C.Psychotherapy Relationships That Work: Evidence-Based Responsiveness[M]. New York: Oxford University Press, 2011.

高寶書版集團
gobooks.com.tw

NW 308

不要太努力愛一個只愛自己的人
五段真實諮商故事，看見自戀型愛情的真相，學習辨識、修復與離開

作　　者　邱雨薇
責任編輯　陳柔含
封面設計　黃馨儀
內頁排版　賴姵均
企　　劃　陳玟璇

發 行 人　朱凱蕾
出　　版　英屬維京群島商高寶國際有限公司台灣分公司
　　　　　Global Group Holdings, Ltd.
地　　址　台北市內湖區洲子街88號3樓
網　　址　gobooks.com.tw
電　　話　(02) 27992788
電　　郵　readers@gobooks.com.tw（讀者服務部）
傳　　真　出版部　(02) 27990909　行銷部 (02) 27993088
郵政劃撥　19394552
戶　　名　英屬維京群島商高寶國際有限公司台灣分公司
發　　行　希代多媒體書版股份有限公司/Printed in Taiwan
法律顧問　永然聯合法律事務所
初版日期　2025年10月

原書名：戀愛中的暴君

本作品中文繁體版通過真故傳媒（banquan@zhenshigushi.net）授予英屬維京群島商高寶國際有限公司台灣分公司獨家發行，非經書面同意，不得以任何形式，任意重製轉載。

國家圖書館出版品預行編目(CIP)資料

不要太努力愛一個只愛自己的人：五段真實諮商故事,看見自戀型愛情的真相,學習辨識、修復與離開 / 邱雨薇著. -- 初版. -- 臺北市：英屬維京群島商高寶國際有限公司臺灣分公司, 2025.10
　面；　公分. --

ISBN 978-626-402-334-4（平裝）

1.CST: 性別關係　2.CST: 戀愛心理學　3.CST: 自戀
4.CST: 人格心理學

544.7　　114011739

凡本著作任何圖片、文字及其他內容，
未經本公司同意授權者，
均不得擅自重製、仿製或以其他方法加以侵害，
如一經查獲，必定追究到底，絕不寬貸。
版權所有　翻印必究

GOBOOKS
& SITAK
GROUP©